Andrea Nahles
Frau
gläubig
links

Andrea Nahles

Frau
gläubig
links

Was mir wichtig ist

PATTLOCH

Bibliografische Information: Deutsche Nationalbibliothek
Die Deutsche Nationalbibliothek verzeichnet diese Publikation
in der Deutschen Nationalbibliografie; detaillierte bibliografische
Daten sind im Internet über http://dnb.d-nb.de abrufbar.

© 2009 Pattloch Verlag GmbH & Co. KG, München
Lektorat: Carmen Dollhäubl
Umschlaggestaltung: ZERO Werbeagentur, München
Umschlagfoto: FinePic®, München, H. Henkensiefken
Satz und Gestaltung: Hartmut Czauderna
Druck und Bindung: CPI – Ebner & Spiegel, Ulm
Printed in Germany

ISBN 978-3-629-02239-4

Bitte besuchen Sie uns im Internet:
www.pattloch.de

5 4 3 2 1

Inhalt

Vorwort

Dieses Buch war lange geplant, doch seine Entstehung nahm einen anderen Verlauf, als ich dies noch im Frühjahr 2009 vorgesehen hatte. Ursprünglich wollte ich vor allem über Zukunftskonzepte sozialdemokratischer Politik schreiben. Doch dann kam der Abend des 27. September 2009, an dem meine Partei eine der wohl bittersten Wahlniederlagen ihrer Geschichte erlebte. Über dieses Ereignis, das mich auch persönlich stark berührt hat, und seine Folgen einfach hinwegzugehen, schien mir nicht nur unredlich, sondern schlicht unmöglich. So ist dieses Buch beides geworden: eine Aufarbeitung des Gewesenen und gleichzeitig das Plädoyer für einen Neuanfang.

Geschrieben ist es aus der Perspektive meiner Generation, der heute knapp Vierzigjährigen. Es soll kein Generationen-Manifest sein, aber sehr wohl eine Aufforderung an meine Altersgenossen, nun endlich auch politisch Verantwortung zu übernehmen. Denn obwohl ich rechnerisch zur »Generation Golf« zähle, habe ich mir den apolitischen Lifestyle vieler meiner Altersgenossen nie zu eigen gemacht. Wir alle tragen Verantwortung für die Bedingungen, unter denen wir leben – und wir sollten diese Verantwortung ernst nehmen. Die Berliner Band »Die Ärzte« hatte 2003 einen Hit, in dem es heißt: »Es ist nicht deine Schuld, dass die Welt ist, wie sie ist.

Es wär' nur deine Schuld, wenn sie so bleibt.« Das ist ein Motto, dem wir uns alle verschreiben sollten. Denn ändern kann man viel, wenn man sich nur anstrengt und engagiert – ganz egal, ob in zivilgesellschaftlichen Organisationen, karitativen Ehrenämtern oder politischen Parteien.

Für mich jedenfalls gehören die Parteien nach wie vor zu den wichtigsten Instrumenten des Wandels. Die postmoderne Parteienverachtung vieler professioneller Politikbeobachter kann ich nicht teilen. Wir brauchen die Parteien, um die politische Willensbildung in einer großen Gesellschaft zu organisieren. Doch auch Parteien müssen der gesellschaftlichen Modernisierung folgen. Sie müssen nah am Puls der Gesellschaft agieren. Umso mehr sorge ich mich um die Situation der Sozialdemokratie. Nach elf Jahren Regierungsbeteiligung im Bund, einer Serie schwerer Wahlniederlagen und einem nicht zu übersehenden Vertrauensverlust der Menschen gegenüber meiner Partei will ich hier Wege aufzeigen, wie wir mit den Menschen wieder ins Gespräch kommen können und was sich bei uns ändern muss, um im zweiten Jahrzehnt des 21. Jahrhunderts zu alter Stärke zurückzufinden.

Trotzdem soll dieses Buch kein verlängertes Sitzungsprotokoll sein. Ich schreibe über meine subjektive Sicht der Dinge und meine Vorstellungen von der Zukunft. Beim Schreiben habe ich festgestellt, dass sich die Politikerin Andrea Nahles und die Privatperson Andrea Nahles nicht voneinander trennen lassen, und so werde ich auch als private Person immer wieder einmal hervorblitzen. Ich erzähle deshalb aus meinem eigenen Leben, weil ich glaube, dass wir den Schlüssel zu einer guten Gesellschaft nur in uns selbst finden können. Wir alle müssen uns überlegen, woraus für uns ganz persönlich ein gutes

Leben besteht. Die Aufgabe einer erneuerten Sozialdemokratie muss es dann sein, eine Politik zu entwerfen, die dieses gute Leben möglichst vielen Menschen ermöglicht. Dazu soll dieses Buch beitragen.

Zum guten Leben gehören vor allem gute Menschen. Von diesen war ich auch bei der Abfassung dieses Buches umgeben. Mein Dank gilt meinen politischen Mitstreitern Thorben Albrecht, Thymian Bussemer und Jörg Suckow. Dem Pattloch Verlag möchte ich ebenfalls danken: Jürgen Bolz hat mich als Lektor die ganze Zeit hindurch hervorragend betreut, Regina Carstensen sorgte dafür, dass Akademisches und Subjektives in einem ausgewogenen Verhältnis zueinander stehen, und Carmen Dollhäubl hat kompetent die Schlussredaktion des Textes übernommen. Die Zusammenarbeit mit ihnen allen war mir Vergnügen und Bereicherung zugleich.

Berlin, November 2009
Andrea Nahles

Die Welt hinter Weiler

1988 war das Ende der alten Bundesrepublik noch nicht abzusehen. Die Mauer stand seit 27 Jahren unverrückbar, auch wenn sie durchlässiger geworden war, der Kalte Krieg schien eingedämmt und die Zweistaatlichkeit Deutschlands von Dauer. Kaum jemand ahnte, welcher Sturm des Aufbruchs schon wenige Monate später über Deutschland, Europa und die Welt hinwegfegen sollte.

Wer wie ich Anfang der 1970er-Jahre geboren wurde und ab Mitte der 1980er-Jahre am politischen Geschehen teilnahm, ist in einer anderen Welt groß geworden als die Generation vor uns. Wir wuchsen nicht mehr in der unmittelbaren Erwartung eines atomaren Erstschlags auf, die Schikanen und Demütigungen an der deutsch-deutschen Grenze bestanden zwar fort, hatten aber für uns Westdeutsche eine Milderung erfahren. Die Deutschen jenseits der Mauer erlebten diese Jahre als eine Zeit der Erstarrung und des wirtschaftlichen Niedergangs, es regte sich leiser Protest, und die Unzufriedenheit wuchs trotz der Reiseerleichterungen, die das SED-Regime gewährte, nachdem Erich Honecker 1987 die Bundesrepublik besucht hatte – was ihn unter anderem auch ganz in die Nähe meines Heimatortes, nach Trier führte – und mit den Ehren eines Staatsgasts empfangen worden war.

Die deutsche Einheit schien damals in weiter Ferne zu sein, und viele, gerade in der westdeutschen Linken, hatten sich damit abgefunden, hielten Nationalstaaten für Relikte des 19. Jahrhunderts, bezeichneten die Bundesrepublik gern als »postklassischen Nationalstaat« und rechneten fest damit, dass dieses merkwürdige staatliche Gebilde ohnehin irgendwann in den Vereinigten Staaten von Europa aufgehen würde.

Die Bundesrepublik Deutschland war Ende der 1980er-Jahre ein saturiertes Land. Unter dem Einfluss des nach dem Zweiten Weltkrieg eingeschlagenen Weges der Sozialen Marktwirtschaft und der Systemkonkurrenz mit dem Ostblock war in Westdeutschland ein Sozialstaat aufgebaut worden, der auch den kleinen Leuten einen Anteil am Wohlstand sicherte. Die Erwirtschaftung gesellschaftlichen Reichtums schien durch die exportstarke deutsche Industrie auf ewig gesichert. Zu lösen waren nur die Verteilungsfragen.

Und nicht zu vergessen: Man dachte und lebte damals zunehmend grün. Nach mehr als einem Jahrzehnt aufwühlender Auseinandersetzungen um Waldsterben, die Atomenergie und die Vergiftung der Flüsse waren ökologische Ideen überall im Land angekommen. Nur dass sie je nach Parteizugehörigkeit unterschiedlich akzentuiert waren: Während die Konservativen ihr Herz für die Bewahrung der Schöpfung entdeckten, sahen die SPD und die Gewerkschaften in der Umweltzerstörung eine weitere negative Auswirkung des Kapitalismus. Bei den Grünen, die in diesem Jahrzehnt zum Schrittmacher des Zeitgeistes wurden, existierten alle denkbaren Lesarten parallel.

Immerhin hatte Helmut Kohl nach dem Schock der Reaktorkatastrophe von Tschernobyl 1986 erstmals einen Umweltminister berufen, gegen Ende des Jahrzehnts gab es erste Anzeichen für eine Erholung des deutschen Waldes, und letztlich glaubte das ganze Land, man werde die Probleme schon so oder so in den Griff kriegen. Dass wir uns bereits ein Jahr später mit den Altlasten von Bitterfeld, dem verseuchten Chemie-Standort der DDR, herumschlagen würden – das ahnte Ende 1988 im Westen keiner. Es herrschte Zukunftsoptimismus, was paradox war, denn wir befanden uns im Grunde in einer Phase des geschichtlichen Stillstandes. Von heute aus betrachtet hat man das Gefühl, Nachkriegsdeutschland sei erst im Jahr 1989 in die Weltgeschichte zurückgekehrt, aus der es sich 1945 verabschiedet hatte.

In diesem Jahr, 1988, trat ich in die SPD ein, genau 125 Jahre, nachdem die Partei gegründet worden war. Mein Parteibuch vermerkt den 22. Oktober 1988 als Beitrittstag. Ich dachte damals allerdings weniger in historischen Dimensionen, von den Feierlichkeiten im Berliner Reichstag zum Parteijubiläum hatte ich nichts mitbekommen. Mich interessierten in erster Linie lokale Belange. Begonnen hatte ich mein politisches Engagement in einer Bürgerinitiative gegen den Bau von zwei Müllverbrennungsanlagen: In Mayen sollte eine herkömmliche, im nicht weit davon entfernt liegenden Kaisersesch eine Sondermüllverbrennungsanlage errichtet werden. Mein Standpunkt war klar: Wir könnten viel mehr Müll einsparen als bisher und damit auch auf die Anlagen verzichten, wenn wir anders mit Verpackungen umgehen würden. Viele taten die Bürgerinitiative damals als Spinnerei ab, aber am Ende wurden beide Verbrennungsanlagen nicht gebaut, unter anderem, weil die SPD im jeweiligen Stadtrat dagegen stimmte – das grüne Denken war auch bei uns in der Eifel angekommen. Mir hat diese Erfahrung gezeigt, dass man in seinem Umfeld etwas bewegen kann, wenn man sich mit Gleichgesinnten zusammentut. Deswegen lag der nächste Schritt für mich auf der Hand: Ich musste in eine Partei eintreten. Dass ich den Weg in die SPD wählte, hatte wohl vor allem mit meinem Gerechtigkeitssinn zu tun.

Am 9. März 1989, wenige Monate nach meinem Parteieintritt, gründete ich einen SPD-Ortsverein in meiner Heimatgemeinde. In dem kleinen Eifel-Dorf Weiler, in dem meine Familie seit Generationen lebte, kam das einem mittleren Aufruhr gleich. Meine Eltern waren darüber nicht erbaut. Gegen den Parteieintritt hatten sie keine Einwände erhoben, aber dass ich einen Ortsverein gründen wollte, war ihnen nicht geheuer. Musste das wirklich sein? Wie konnte ich nur eine derartige Unruhe ins Dorf bringen? In unserer Gemeinde war es doch bisher meist friedlich zugegangen! Ihre Bedenken waren mir nicht egal, doch gegen meine Beweggründe und die meiner Mitstreiter wogen diese Bedenken wenig. Einige Freunde und Bekannte hatten genau wie ich den Eindruck, dass auch Weiler andere Antworten auf die offenen Zukunftsfragen brauchte als die immergleichen Rezepte, die nie hinterfragt wurden. Genau dieses Gefühl, dass es Zeit für eigene Antworten war, leitete mich damals. Und die SPD schien mir am ehesten bereit, neue Wege zu gehen, vor allem, weil sie eine Vereinbarkeit von Ökonomie und Ökologie anstrebte, die mir zukunftsweisend vorkam. So wurde die SPD vor über zwanzig Jahren zu meiner politischen Heimat.

Zur Gründung des Ortsvereins kam Hans-Dieter Gassen vorbei, der damalige Kreisvorsitzende der SPD Mayen-Koblenz. Für uns Parteineulinge grenzte das an ein Wunder: Hans-Dieter Gassen war tatsächlich annähernd eine Stunde mit dem Auto gefahren, weil er gehört hatte, dass in einem der kleinen Eifeldörfer ein SPD-

Ortsverein das Licht der Welt erblicken sollte – übrigens ein Ortsverein, der zunächst nur ein Mitglied hatte, denn außer mir war noch keiner aus unserer Runde der jugendlichen Politik-Aspiranten der Partei beigetreten. Das änderte sich allerdings rasch, an diesem Tag unterschrieben sieben Mitschüler und Freunde ihren Mitgliedsantrag. Das Ganze erforderte durchaus Mut, denn es war klar, dass wir im Dorf nicht nur Zustimmung ernten würden – auch 125 Jahre nach Gründung der SPD wurden Sozialdemokraten in manchen Teilen Deutschlands in erster Linie als Störenfriede gesehen –, aber davon ließen wir uns nicht abhalten.

Zunächst dominierten bei unserer politischen Arbeit die praktischen Probleme. Da keiner von uns wusste, wie man eine Ortsvereinssitzung leitet, nahm ich das in die Hand und fuhr in die Nachbarorte Monreal und Mayen. Dort gab es bereits SPD-Ortsvereine, und ich schaute mir deren Sitzungen an. Als Nächstes besuchten wir Neugründer gemeinsam ein Seminar der Friedrich-Ebert-Stiftung zum Thema Kommunalpolitik.

Juso wurde ich übrigens, ohne es zu wissen. Als ich in die SPD eintrat, war mir nicht klar, dass alle Parteimitglieder unter 35 Jahren automatisch den Jungsozialisten, der Jugendorganisation der SPD, angehören, die innerhalb der SPD den Status einer Arbeitsgemeinschaft hat. Ich ahnte damals nicht, dass ich nur wenige Jahre später zur Bundesvorsitzenden dieser Organisation gewählt werden würde. Doch der Reihe nach.

Um die Jahreswende 1990/91 wurde ich Kreisvorsitzende der Jungsozialisten und übernahm damit auch Aufgaben, die über den Bezugsrahmen meines Heimatortes Weiler hinausreichten. Zur gleichen Zeit wurden mein Schulfreund Reiner Hermann und ich in den Gemeinderat von Weiler gewählt. Ich war dort die einzige Frau. Heute ist übrigens meine Mutter die einzige Frau im Gemeinderat …

In dem Parteibuch, das ich 1988 bei meinem Eintritt in die SPD erhalten habe, ist das Godesberger Programm abgedruckt. Die SPD atmete damals noch den Geist Willy Brandts. Sie war seit sechs Jahren im Bund in der Opposition – keiner hätte zu diesem Zeitpunkt gedacht, dass es noch weitere zehn Jahre dauern würde, bis sie wieder den Kanzler stellt – und hatte sich fernab der Macht zunehmend linken und ökologischen Ideen geöffnet.

Im Jahr meines Parteieintritts beschloss die SPD eine Frauenquote von mindestens vierzig Prozent für alle Ämter und Mandate. Vor allem aber befand die Partei sich in einem programmatischen Diskussions- und Orientierungsprozess, der am 20. Dezember 1989 mit der Verabschiedung des Berliner Grundsatzprogramms abgeschlossen wurde. Dieses neue Parteiprogramm sollte das legendäre Godesberger Programm von 1959 ersetzen, mit dem die SPD seinerzeit die Öffnung von der Klassen- zur Volkspartei vollzogen hatte. Das Berliner Programm war lange und sorgfältig vorbereitet worden. Es trug in seinen analytischen Passagen die Handschrift Erhard Epplers und war politisch auf Oskar Lafontaine zugeschnitten, der als Vorsitzender der Antragskommission auch maßgeblich an seiner Entstehung beteiligt war. Keine Frage: Theoretisch war das Berliner Programm auf der Höhe der Zeit. Es bekannte sich zum demokratischen Sozialismus, zum ökologischen Umbau der Industriegesellschaft und zur Gleichstellung von Mann und Frau. Doch die Berühmtheit des Godesberger Programms, für das Willi Eichler tonangebend gewesen war, hat das Nachfolgepapier nie erreicht. Die ersten Sätze des Godesberger Programms üben auf mich wie auf Hunderttausende andere Sozialdemokratinnen und

Sozialdemokraten nach wie vor eine starke Anziehungs-
kraft aus:

*»Das ist der Widerspruch unserer Zeit, dass der Mensch die
Urkraft des Atoms entfesselte und sich jetzt vor den Folgen
fürchtet;*

*dass der Mensch die Produktivkräfte aufs höchste entwickelte,
ungeheure Reichtümer ansammelte, ohne allen einen gerechten Anteil an dieser gemeinsamen Leistung zu verschaffen;*

*dass der Mensch sich die Räume dieser Erde unterwarf, die
Kontinente zueinanderrückte, nun aber in Waffen starren-
de Machtblöcke die Völker mehr voneinander trennen als je
zuvor und totalitäre Systeme seine Freiheit bedrohen.*

*Darum fürchtet der Mensch, gewarnt durch die Zerstörungs-
kriege und Barbareien seiner jüngsten Vergangenheit, die
eigene Zukunft, weil in jedem Augenblick an jedem Punkt
der Welt durch menschliches Versagen das Chaos der Selbst-
vernichtung ausgelöst werden kann. Aber das ist auch die
Hoffnung dieser Zeit, dass der Mensch im atomaren Zeitalter
sein Leben erleichtern, von Sorgen befreien und Wohlstand
für alle schaffen kann, wenn er seine täglich wachsende Macht
über die Naturkräfte nur für friedliche Zwecke einsetzt;*

*dass der Mensch den Weltfrieden sichern kann, wenn er die
internationale Rechtsordnung stärkt, das Misstrauen zwischen den Völkern mindert und das Wettrüsten verhindert;*

*dass der Mensch dann zum erstenmal in seiner Geschichte
jedem die Entfaltung seiner Persönlichkeit in einer gesicherten
Demokratie ermöglichen kann zu einem Leben in kultureller
Vielfalt, jenseits von Not und Furcht.*

Diesen Widerspruch aufzulösen, sind wir Menschen aufgerufen. In unsere Hand ist die Verantwortung gelegt für eine glückliche Zukunft oder für die Selbstzerstörung der Menschheit.

Nur durch eine neue und bessere Ordnung der Gesellschaft öffnet der Mensch den Weg in seine Freiheit. Diese neue und bessere Ordnung erstrebt der demokratische Sozialismus.«

Eine solche Prägnanz in der Analyse erreichte das Berliner Programm nicht. Aber es hatte ein starkes Einheit stiftendes Potenzial; es bündelte sämtliche damaligen politischen Strömungen in der SPD und spiegelte auch viele gesellschaftliche Diskurse wider; vor allem integrierte es ökologische und friedenspolitische Bewegungen, die sich Anfang der 1980er-Jahre von der SPD abgewandt hatten. Es enthält zudem das schönste Bekenntnis zur Demokratie, das mir in der sonst ja oft drögen politischen Sprache jemals begegnet ist: »Der Mensch, weder zum Guten noch zum Bösen festgelegt, ist lernfähig und vernunftfähig. Daher ist Demokratie möglich. Er ist fehlbar, kann irren und in Unmenschlichkeit zurückfallen. Darum ist Demokratie nötig. Weil der Mensch offen ist und verschiedene Möglichkeiten in sich trägt, kommt es darauf an, in welchen Verhältnissen er lebt. Eine neue und bessere Ordnung, der Würde des Menschen verpflichtet, ist daher möglich und nötig zugleich.«

Wir Jusos haben uns in den 1990er-Jahren noch oft und leidenschaftlich auf dieses Berliner Programm bezogen. In der SPD hat es ein höheres Ansehen als außerhalb der Partei.

Das liegt daran, dass die Weltanalyse dieses Programms schon vor seiner Verabschiedung durch die politischen Ereignisse überholt war: Sechs Wochen vor dem Berliner Parteitag war die Mauer gefallen, ein Ende der deutschen Zweistaatlichkeit war absehbar, und auf Deutschland als Ganzes kamen Probleme zu, die aus der privilegierten westdeutschen Sicht vor dieser Epochenscheide nicht absehbar waren. Denn die Konkursmasse der DDR bestand nicht nur aus gigantischen ökologischen Problemen. Durch die Vereinigungspolitik von Helmut Kohl drohte dort schon nach wenigen Monaten der wirtschaftliche Kahlschlag, einer ganzen Volkswirtschaft drohte das Aus.

Es war Oskar Lafontaine, der 1989/90 die Kosten der deutschen Einheit am klarsten erkannte (auch wenn er sie aus heutiger Sicht viel zu niedrig ansetzte) und dafür plädierte, den Menschen in Ost und West reinen Wein einzuschenken, statt ihnen »blühende Landschaften« zu versprechen. Ich selbst pilgerte damals als Studentin in Bonn mit einigen Kommilitonen zu einer Wahlkampfveranstaltung mit Oskar Lafontaine. Wir waren nach seiner fulminanten Rede fest davon überzeugt, dass »Oskar« die Wahl gewinnen würde. Doch trotz eines hervorragenden Stimmergebnisses bei Erst- und Jungwählern war das Gegenteil der Fall; den Preis für die Ehrlichkeit, im Wahlkampf zu sagen, dass die Einheit nicht umsonst zu haben sei und Steuererhöhungen unausweichlich kommen würden, haben er und die SPD bei den ersten gesamtdeutschen Wahlen im Dezember 1990 gezahlt, und ich musste schmerzhaft lernen, dass nicht alles immer den geraden Weg geht.

Dies war die sozialdemokratische Welt, in die ich Ende der 1980er-Jahre eintrat. Kohl war der Einheitskanzler, und an diesem Nimbus konnte niemand rütteln, obwohl im Lauf des nächsten Jahrzehnts immer deutlicher wurde, dass seine christlich-liberale Regierung den Prozess der deutschen Einheit nur unzureichend managte und der Reformstau im Land immer größer wurde. Auch die Bundestagswahl 1994 verloren die Sozialdemokraten beinahe erwartungsgemäß, während sich das Personalkarussell an der Spitze der Partei immer schneller drehte: Hans-Jochen Vogel war von 1987 bis 1991 Bundesvorsitzender, Björn Engholm von 1991 bis 1993, Rudolf Scharping von 1993 bis 1995. Dann kam Oskar Lafontaine und sorgte für ein neues Selbstbewusstsein.

Doch letztlich kämpfte die Partei bis 1998 damit, dass sie keinen Vorsitzenden fand, der aus dem Schatten Willy Brandts heraustreten konnte, dass ihr Berliner Programm keine wirklichen Antworten auf die neue Situation eines wiedervereinigten Deutschlands bereithielt und dass es nicht gelang, in der immer deutlicher werdenden Bündnisfrage – dem Umgang mit der PDS, die im Osten zur großen Regionalpartei erstarkte – eine zukunftsweisende Lösung zu finden. Gerade die Frage des Grundsatzprogramms ist meines Erachtens für emanzipatorische Parteien von großer Bedeutung, weil es eine Selbstvergewisserung widerspiegelt, die notwendig ist, um mit den gesellschaftlichen Kräften in einen Dialog über die Gestaltung künftiger Politik eintreten zu können. Die SPD wird – anders als die Konservativen – immer an ihren programmatischen Grundsätzen gemessen werden.

Dann trat Gerhard Schröder auf den Plan. Der niedersächsische Ministerpräsident hatte sich schon länger für eine Kanzlerkandidatur ins Gespräch gebracht, doch die Entscheidung, wer 1998 gegen Helmut Kohl antreten sollte, lag beim Parteivorsitzenden Oskar Lafontaine. Nachdem Schröder im Frühjahr 1998 bei den Landtagswahlen in Niedersachsen 47,9 Prozent der Stimmen und damit erneut die absolute Mehrheit errungen hatte, rief ihn Oskar Lafontaine einen Tag später, am 2. März 1998, zum Kanzlerkandidaten der SPD aus. In einem furiosen Wahlkampf führten Schröder, Lafontaine und der Wahlkampfmanager Franz Müntefering die SPD nach sechzehn Jahren zurück in die Regierung. Zum ersten Mal seit 1972 wurde die SPD mit 40,9 Prozent der abgegebenen Stimmen stärkste Partei im Bundestag, zum ersten Mal in der Geschichte der Republik wurde eine amtierende Bundesregierung abgewählt. Die Grünen steuerten 6,7 Prozent zum Wahlergebnis bei, und am 27. Oktober 1998 konnte die erste rot-grüne Koalition auf Bundesebene vereidigt werden.

Rot-Grün war das Traumprojekt einer Generation: Endlich waren die in unzähligen Metamorphosen zu Realpolitikern gereiften Achtundsechziger bei ihrem Marsch durch die Institutionen ans Ziel gekommen. Mit Gerhard Schröder und Otto Schily saßen zwei ehemalige RAF-Verteidiger am Kabinettstisch, Jürgen Trittin war in ultralinken Kadergruppen groß geworden, und Joschka Fischer hatte seine politische Laufbahn als Frankfurter Sponti und Straßenkämpfer begonnen. Auch die grüne Gesundheitsministerin Andrea Fischer und ihre sozialdemokratische Nachfolgerin Ulla Schmidt gehörten einst kommunistischen Gruppierungen an. Ihre Koalition wurde zum Schlussstrich unter der politischen Ideengeschichte der alten Bundesrepublik; schon 1998 sagten viele, diese Generation sei zehn Jahre zu spät an die Schaltstellen der Macht gekommen.

Rot-Grün machte sich flugs daran, den von Kohl hinterlassenen Reformstau aufzulösen und stieß einige wichtige gesellschaftliche Modernisierungsprojekte an, etwa die Einführung der Homo-Ehe, die doppelte Staatsbürgerschaft und die Liberalisierung des Zuwanderungsgesetzes. Überschattet aber wurde der Start der rot-grünen

Regierung von einem außenpolitischen Ereignis: dem Kosovo-Krieg, den die NATO im ehemaligen Jugoslawien führte. Anders als beim Golfkrieg 1991 konnte sich die Bundesrepublik diesmal nicht von ihren internationalen Verpflichtungen freikaufen, denn die NATO brauchte für ihren Luftkrieg die deutschen Soldaten in den AWACS-Aufklärungsflugzeugen. Fischer und Schröder hatten den USA schon vor ihrem Amtsantritt zugesagt, eine deutsche Beteiligung am Kosovo-Krieg nicht zu blockieren und diese auch innenpolitisch durchzusetzen. Neben Joschka Fischer tat sich auch Verteidigungsminister Rudolf Scharping als leidenschaftlicher Propagandist der militärischen Intervention im Kosovo hervor. Ihre Einschätzung beruhte zum Teil auf Fehlinformationen; in Ermangelung eines eigenen Aufklärungssatelliten waren die Europäer auf die Berichte der USA angewiesen. Anders als beim späteren Afghanistan-Einsatz lag kein UN-Beschluss vor; es entbrannte eine öffentliche Auseinandersetzung um die völkerrechtliche Legitimation des Vorgehens und um die Militarisierung der deutschen Außenpolitik. So begann Rot-Grün nicht mit einem Aufbruch zu neuen Ufern, sondern mit einer Vertrauenskrise innerhalb der eigenen Anhängerschaft.

Zur gleichen Zeit, als die Auseinandersetzung um den Kosovo-Krieg die öffentliche Diskussion beherrschte, verlor die rot-grüne Regierung mit ihrem Finanzminister Lafontaine eine ihrer tragenden Säulen und die SPD mit Oskar einen Parteivorsitzenden, der nicht nur entscheidend zum Wahlsieg 1998 beigetragen, sondern den »Laden« auch sonst zusammengehalten hatte. Lafontaine trat zurück, maßlos enttäuscht über die, aus seiner Sicht, von Gerhard Schröder gebrochene Verabredung, die Geschicke der neuen Regierung gemeinsam – gleichberechtigt und auf Augenhöhe – zu führen. Entzündet hat sich diese Auseinandersetzung an der Steuer- und Abgabenpolitik der neuen Bundesregierung. Oskar Lafontaine kritisierte, dass die Senkung der Lohnnebenkosten vom Bundeskanzler und seinen engsten Beratern zum Fetisch erhoben wurde. Schröder beabsichtigte, mit der geplanten Steuerreform die oberen Einkommensgruppen überproportional zu entlasten; allerdings sollte der Eingangssteuersatz ebenfalls gesenkt werden. Lafontaines Rücktritt war einer Mischung aus persönlicher und politischer Frustration geschuldet; sein Abschied war ein schwerwiegender Verlust für die SPD und führte schließlich zum Entstehen einer neuen linken Partei im Westen. Ich persönlich verdanke Oskar Lafontaine viele wichtige Einblicke in den politischen Betrieb und habe ihn immer für seine Fähigkeiten, strategisch zu denken und zu handeln, bewundert. Mit seinem Rücktritt und dem, was folgte, hat er jedoch aus meiner Sicht der linken Politik und ihrer Mehrheitsfähigkeit in Deutschland massiven Schaden zugefügt – das halte ich für unverzeihlich. Auf der anderen Seite habe ich nie verstanden, warum die damalige SPD-Führung keinerlei ernsthafte Versuche gemacht hat, ihn für eine verantwortungsvolle Aufgabe zurückzugewinnen.

Das innenpolitische Markenzeichen der Regierung Schröder-Fischer schälte sich erst in der zweiten Amtszeit von Rot-Grün, lange nach Lafontaines Abgang, heraus: die Agenda 2010.

Bis heute ist selbst für Insider umstritten, welche Gesetze und Initiativen die Agenda 2010 im Einzelnen ausmachen, was ihr zuzurechnen ist und was nicht. Noch unklarer ist, was der eigentliche Grund für den Agenda-Prozess war: die drückende Haushaltsnotlage in Schröders zweiter Amtszeit und die daraus resultierende Absicht, die Sozialausgaben zu senken? Der Wunsch, nach einem eigenen großen innenpolitischen Reformprojekt? Welche Rolle spielte die neoliberale Ideologie, die sich in dieser Zeit auch in den Köpfen der führenden Sozialdemokraten festgesetzt hatte? War das Anliegen, Arbeitslosen künftig bessere Jobchancen zu verschaffen, der Auslöser, oder die ehrliche Sorge um ein zukunftsfähiges Sozialsystem? Je nachdem, wen man fragt, bekommt man bis heute unterschiedliche Antworten von den damaligen Akteuren.

Auf jeden Fall war die Überraschung groß, als Gerhard Schröder am 14. März 2003 im Deutschen Bundestag eine Regierungserklärung abgab. Nachdem er lange über außenpolitische Fragen gesprochen hatte, kam er zum Kern seines Ansinnens:

»Meine Damen und Herren, wir können es nicht dabei belassen, die Bedingungen für die Wirtschaft und die Arbeitsmärkte zu verbessern. Wir müssen auch über das System unserer Hilfen nachdenken und uns fragen: Sind die sozialen Hilfen wirklich Hilfen für die, die sie brauchen? Ich akzeptiere nicht, dass Menschen, die arbeiten wollen und können, zum Sozialamt gehen müssen, während andere, die dem Arbeitsmarkt womöglich gar nicht zur Verfügung stehen, Arbeitslosenhilfe beziehen. Ich akzeptiere auch nicht, dass Menschen, die gleichermaßen bereit sind zu arbeiten, Hilfen in unterschiedlicher Höhe bekommen. Ich denke, das kann keine erfolgreiche Integration sein. Wir brauchen deshalb Zuständigkeiten und Leistungen aus einer Hand. Damit steigern wir die Chancen derer, die arbeiten können und wollen. Das ist der Grund, warum wir die Arbeitslosen- und Sozialhilfe zusammenlegen werden, und zwar einheitlich auf einer Höhe – auch das gilt es auszusprechen –, die in

24

der Regel dem Niveau der Sozialhilfe entsprechen wird. Wir kommen gleichzeitig den Menschen entgegen, denen wir mehr abverlangen müssen. So werden wir damit Schluss machen, dass Langzeitarbeitslose, die einen Job annehmen, sämtliche Ansprüche auf Transferleistungen verlieren. Deswegen werden wir eine bestimmte Zeit Langzeitarbeitslosen, die eine Beschäftigung aufnehmen, deutlich mehr als die bisherigen fünfzehn Prozent der Transfers belassen. Das soll und wird ein Anreiz für die Aufnahme von Arbeit sein. Ich denke, wir setzen damit ein eindeutiges Signal für diejenigen Menschen in unserer Gesellschaft, die länger als zwölf Monate arbeitslos sind. Niemandem aber wird künftig gestattet sein, sich zu Lasten der Gemeinschaft zurückzulehnen. Wer zumutbare Arbeit ablehnt – wir werden die Zumutbarkeitskriterien verändern –, der wird mit Sanktionen rechnen müssen.«

Damit war die Katze aus dem Sack, und die Hartz-Gesetze waren geboren. Ihre Genese war in der Tat eigenwillig, denn drei Faktoren kamen zusammen: erstens eine geradezu alarmistisch geführte Diskussion um die Haushaltslage, die vor allem vor dem Hintergrund der damals fetischhaft hochgehaltenen Maastricht-Kriterien zu verstehen war (Was würden wohl die Akteure von damals zur Neuverschuldung des Bundes in der gegenwärtigen Finanzkrise sagen?); zweitens der echte Wille der Regierung Schröder, die hohe Sockelarbeitslosigkeit zu reduzieren; und drittens ein gesellschaftliches Klima, das die tradierten Begriffe von Leistung und Gerechtigkeit neu definierte und einen großen Diskurs um »soziale Hängematten« in unserem Land auslöste.

Das alles schmolz in der Chiffre Hartz zusammen. Der VW-Personalvorstand Peter Hartz war schon im Februar 2002 von der Regierung Schröder beauftragt worden, mit

Hilfe der Kommission »Moderne Dienstleistungen am Arbeitsmarkt« Vorschläge zur Arbeitsmarktpolitik und zur Reform der Arbeitsvermittlung zu erarbeiten. Anlass dafür war unter anderem, dass Statistiken der Bundesanstalt für Arbeit über ihre Vermittlungserfolge geschönt waren, wie nun bekannt wurde. Zudem war ihre bürokratische Arbeitsweise in die Kritik geraten. Die Hartz-Kommission legte im August 2002 einen Bericht mit detaillierten Empfehlungen vor, wie man binnen vier Jahren die Arbeitslosigkeit in der Bundesrepublik halbieren könne.

Peter Hartz hatte auf diesem Feld Erfahrung. Der langjährige Arbeitsdirektor in der Stahlindustrie, der 1993 von Ferdinand Piëch zu Volkswagen geholt worden war, hatte in Wolfsburg nicht nur eine drohende Entlassungswelle abgewendet, von der 30 000 Mitarbeiter betroffen gewesen wären, sondern hatte sich auch jahrelang ehrenamtlich für die Bekämpfung der Arbeitslosigkeit eingesetzt. Die Blaupause für den Bericht seiner Kommission bildeten lokale Wolfsburger Erfahrungen. Es ist nämlich Tradition in Wolfsburg, dass das Unternehmen, weil das VW-Werk und die Stadt gleichzeitig gegründet worden waren, der Stadt zu jedem runden Jubiläum ein großes Geschenk macht – 2008 war es zum Beispiel eine internationale Schule. 1998 bestand das Geschenk in dem Versprechen, die Arbeitslosigkeit in Wolfsburg zu halbieren. Dazu arbeitete die Unternehmensberatung McKinsey ein Konzept aus, das eine bessere Arbeitsvermittlung, aber auch die Gründung von Leiharbeitsfirmen am Standort Wolfsburg sowie die Förderung von Gründerinitiativen vorsah. Zu besichtigen ist dies alles heute noch in den modernen Gebäuden entlang der ICE-Trasse Berlin-Hannover, in denen die Wolfsburg AG ihren Sitz hat. Die Begrifflichkeiten aus dem Bericht der Hartz-Kommission haben schon bei der Gründung der Wolfsburg AG Pate gestanden: vom Job-Floater bis zur Ich-AG.

Kaum jemand weiß, dass das ursprüngliche Hartz-Konzept auf der Leistungsseite keine Kürzungen vorsah, auch wenn die heutige Praxis anders aussieht. Außerdem wurde zum ersten Mal die Tatsache anerkannt, dass die fehlenden Möglichkeiten zur Kinderbetreuung vielen Frauen eine Arbeitsaufnahme unmöglich machten; deshalb wollte Hartz die Klärung der Kinderbetreuungsfrage zu einem Aufgabenbereich der Arbeitsvermittlung machen. So klug dieser Gedanke war – umgesetzt wurden Vorschläge wie dieser kaum.

Im Gesetzgebungsprozess und vor allem im Vermittlungsausschuss, in dem die Union an Weihnachten 2004 in langen Nachtsitzungen mächtig am Konzept der rot-grünen Regierung herumschraubte, wurde aus dem Hartz-Konzept mehr als nur eine Modernisierung der Arbeitsvermittlung: Hartz IV war geboren. Ich möchte nicht missverstanden werden: Ich halte viele Teile der Hartz-Gesetze für richtig, sinnvoll und notwendig. Die Zusammenlegung von Arbeitslosen- und Sozialhilfe tat Not, damit Arbeitslose nicht länger zwischen Bund und Kommunen hin und her geschoben werden können. Auch dem Prinzip eines stärkeren Forderns und Förderns am Arbeitsmarkt stimme ich zu – der Art und Weise, wie es umgesetzt wurde, hingegen nicht.

Mittlerweile ist deutlich geworden, wie stark die Hartz-Gesetzgebung vom neoliberalen Zeitgeist geprägt war und wie sehr manche ihrer Folgen dem Willen der Menschen in diesem Land widersprechen. Unter dem Dauerfeuer eines hippen, aber an sozialen Realitäten wenig interessierten Hauptstadtjournalismus und dem andauernden Druck aus Brüssel, Deutschland im globalen Wettbewerb besser zu positionieren, hatten auch die Sozialdemokraten zur Jahrtausendwende aufgehört, Arbeitnehmer als sehr wohl leistungsbefähigte und eigenverantwortliche, gleichwohl aber schutzwürdige Individuen zu betrachten. Dazu kamen die gezielten Kampagnen mächtiger Lobbyisten wie der Initiative Neue Soziale Marktwirtschaft, die vom Arbeitgeberverband Gesamtmetall bis heute mit vielen Millionen Euro alimentiert wird. Jeder galt fortan als seines eigenen Glückes Schmied, und nur noch die, die im Kampf um die Futtertröge der Gesellschaft auf der Strecke blieben, sollten rasche, aber möglichst kurz andauernde Hilfe bekommen.

Zu dieser Ideologie passte der Begriff des »Arbeitskraftunternehmers«. Er stammt von den beiden Soziologen G. Günter Voß und Hans J. Pongratz, die deutlich auf die Probleme dieser neuen Arbeitsformen hingewiesen haben. Der Begriff wurde dessen ungeachtet von den Machern der Arbeitsmarktreformen vereinnahmt. Dabei ist er ein Widerspruch in sich, denn ein Unternehmer ist dann Unternehmer, wenn er Kapital einsetzen kann – ob er dagegen seine Arbeitskraft einbringt oder nicht, ist für die Definition des Unternehmers unerheblich. Dazu passt auch der idiotische Begriff der Ich-AG und all die trendigen Anglizismen, die die SPD zum Entsetzen ihrer Stammwählerschaft in die sozialpolitische Diskussion hineingetragen hat. Im Klartext: Ich habe nichts gegen Existenzgründungen; wohl aber habe ich etwas gegen systematische Selbstausbeutung.

Wirklich um die Ohren gehauen wurden uns Sozialdemokraten aber nicht all die merkwürdigen Begriffe, die vor allem Wolfgang Clement populär machte, sondern ein Begriff, der geradezu zum Kainsmal der SPD geworden ist: Hartz IV. Warum?

Aus meiner Sicht ist der eigentliche Sündenfall von Hartz IV die Beschränkung der Bezugsdauer des Arbeitslosengeldes I, also die Tatsache, dass alle Arbeitslosen nach einem Jahr auf das Hartz-IV-Niveau absinken, unabhängig davon, wie lange und wie viel sie in die Arbeitslosenversicherung eingezahlt haben – diese Regelung hat zu einer nachhaltigen Verunsicherung der Bürgerinnen und Bürger geführt. Erst nach langem innerparteilichen Ringen in der SPD wurde 2008 die Bezugsdauer für über Fünfzigjährige altersabhängig verlängert. Das konnte aber nicht mehr verhindern, dass das elementare Gerechtigkeitsgefühl der Arbeitnehmerinnen und Arbeitnehmer verletzt und Hartz IV zum Symbol für soziale Kälte wurde; die SPD steht seitdem nicht mehr für gerechten Ausgleich.

Dazu ein Beispiel aus meinen Bekanntenkreis: Die Eltern einer Freundin sind jetzt knapp über sechzig. Es sind fleißige Leute, die beide früh angefangen haben zu arbeiten: er als Fernmeldetechniker, sie als Laborantin. Sie haben zwei Kinder großgezogen und sich – wie viele andere Menschen in Deutschland auch – einen gewissen Wohlstand erarbeitet. Sie wohnen in einer schönen Eigentumswohnung und besitzen eine zweite kleine Wohnung, die sie vermieten. Viel mehr aber haben sie nicht. Als der Vater der Freundin 53 war – das war noch vor den Hartz-Gesetzen – gab seine Firma die Schließung des Berliner Standorts bekannt, weil dieser nach Auslaufen der Berlin-Förderung nicht mehr wettbewerbsfähig war. Für den Vater meiner Freundin bot sich keine neue Perspektive. Er hatte sich zwar körperlich und geistig fit gehalten, war vielseitig interessiert, doch im Beruf hatte er jahrzehntelang als Gruppenleiter die immer gleichen Produktionsvorgänge überwacht – was durchaus eine verantwortliche Tätigkeit war. Nun signalisierte ihm sein

Arbeitgeber, er könne ihn am neuen Standort nicht mehr brauchen. Ein Umzug hätte auch seine Frau den Job gekostet und einen Schulwechsel der Kinder erzwungen. All das hätte zusammen so viel gekostet, wie der Vater der Freundin bis zur regulären Pensionierung noch verdient hätte. Für ihn ging die Geschichte damals relativ glimpflich aus. Seine Firma beschäftigte ihn noch eine Zeit lang als »Nachhut« am Berliner Standort, dann war er eine Weile arbeitslos und wurde schließlich frühverrentet. Die damit verbundenen Abschläge kann er verschmerzen, denn die Familie lebt sparsam, die Wohnung ist schon lange abbezahlt.

Wie anders wäre diese Geschichte im Hartz-IV-Zeitalter verlaufen! Da hätte dieser Mann, der, als er arbeitslos wurde, schon 35 Jahre lang in die Rentenversicherung eingezahlt hatte, noch fünfzehn Monate lang 67 Prozent seines Netto-Gehalts bekommen. Danach hätte er eine neue – wahrscheinlich minderqualifizierte – Stelle annehmen oder sich der Bedürftigkeitsprüfung nach Hartz IV unterziehen müssen. Er hätte wohl zunächst kein Geld bekommen, zumindest bis die vermietete Eigentumswohnung verkauft und der Erlös aufgebraucht gewesen wäre. Diese Familie, wie es sie zu Hunderttausenden in unserem Land gibt, hätte künftig in der ständigen Angst vor dem Absturz in die Armut gelebt.

Man mag dagegen einwenden, dass die in Deutschland praktizierte Mischung von Altersteilzeit, zeitweiliger Arbeitslosigkeit und Frühverrentung, die gerade in großen Unternehmen gerne praktiziert wird, um Mitarbeiter mit Mitte fünfzig für immer nach Hause zu schicken, zu Lasten der Sozialkassen und damit der Allgemeinheit geht.

Das ist aber nur die eine Seite der Medaille. Die andere Seite ist: Können wir umgekehrt jemanden, der über dreißig Jahre lang gearbeitet hat, nach nur einem Jahr Arbeitslosigkeit einfach von jeder Form von Sozialtransfers ausschließen, solange er noch eigenes Vermögen hat, das einen bestimmten Betrag übersteigt?

Der Hartz-IV-Skandal besteht für mich darin, dass den mittleren Schichten unserer Gesellschaft gesagt wurde: Wenn ihr abstürzt, dann seid ihr bald genauso tief unten wie diejenigen, die schon immer unten waren, die noch nie gearbeitet haben. Und vielen, die keine Arbeit mehr hatten, hat man das Gefühl gegeben, sie seien selbst an ihrer Lage schuld. Dies hat das Gerechtigkeitsempfinden der Mittelschicht tief verletzt. Und deswegen rührt Hartz IV auch an den Grundfesten unseres Sozialstaats. Denn der ist ja keinesfalls nur dazu da, diejenigen zu unterstützen, die ihr Leben nicht aus eigener Kraft finanzieren können. Er ist vielmehr eine elementare Absicherung für die arbeitende Mitte unser Gesellschaft, ein Sicherheitsnetz für alle, die den Schwankungen des Arbeitsmarktes ausgesetzt sind. Gleichzeitig sorgt ein funktionierender Sozialstaat – auch durch Umverteilung – dafür, dass die Gesellschaft nicht zu stark auseinanderdriftet, dass ihr Zentrum in der Mitte bleibt. Das ist die eigentliche Leistung des deutschen Sozialstaats, auf den die Menschen mit Recht stolz sind. Eine Gesellschaft ist eben mehr als eine Gemeinschaft von Menschen, die ständig Höchstleistungen erbringen. Sie besteht aus vielen sehr verletzlichen Individuen, die von ihren Eliten noch etwas anderes erwarten als nur die Aufforderung, einen wettbewerbsfähigen Standort zu schaffen und zu erhalten.

Ich schrieb im Jahr 2003, nach den SPD-Präsidiumsberatungen zur Agenda 2010, in einem Artikel: »Die sozialpolitische Glaubwürdigkeit der SPD wird für ein Jahrzehnt beschädigt bleiben, wenn wir diesen vorgeschlagenen Kürzungen nachgeben.« Damit meinte ich vor allem die absprachewidrige Absenkung des Arbeitslosengeldes II auf die Höhe der damaligen Sozialhilfe. Heute wissen wir: Ohne die Umsetzung von Hartz IV in dieser Form gäbe es keine Linkspartei und keinen tiefgreifenden Vertrauensverlust bei der SPD.

Die Rente mit 67 wirkte dann nur noch als Katalysator einer ohnehin laufenden Entwicklung. Sie war nicht Teil des rot-grünen Umbauprojekts, sondern wurde eine Legislaturperiode später von CDU/CSU und SPD im Koalitionsvertrag für die Große Koalition festgelegt. Ursprünglich hatte die Union eine Anhebung des formalen Rentenalters gefordert, während die SPD eine Erhöhung des realen Renteneintrittsalters (das immer noch weit unter 65 Lebensjahren liegt) wollte. Die Union setzte sich durch, für die Umsetzung des Vorhabens war der sozialdemokratische Arbeitsminister Franz Müntefering zuständig. Diese Umsetzung freilich misslang gründlich. Dabei war vieles an den Ausgangsprämissen der Rente mit 67 richtig. Heute sind mehr Arbeitnehmerinnen und Arbeitnehmer mit Mitte sechzig noch geistig und körperlich fit, viele wollen sogar noch länger arbeiten. Und der demografische Wandel führt auch dazu, dass ältere Arbeitnehmer länger gebraucht werden. Ebenso wahr ist aber – Kurt Beck hatte das seinerzeit ebenfalls angesprochen –, dass keinesfalls alle Arbeitnehmer länger arbeiten können.

Statt von vorneherein ein kluges Modell für flexible Renteneintritte zu entwickeln, das den Dachdecker, die Krankenschwester und den Arbeiter in der Produktion früher in die Rente gehen lässt, statt für eine Verlängerung der durch die Bundesanstalt für Arbeit geförderten Altersteilzeit zu plädieren, wurde die Rente mit 67 ohne jede Relativierung und Vorankündigung umgesetzt. Die

Union als eigentlicher Ideengeber spielte in der nachfolgenden Diskussion keine Rolle mehr, die geballte Enttäuschung der älteren Arbeitnehmer und vieler Rentner und Rentnerinnen – die zwar nicht betroffen waren, aber die Maßnahme schlicht ungerecht fanden – entlud sich gegenüber der SPD. Erneut hatte die SPD in ihren traditionellen Milieus Kredit verspielt, wenngleich einige Medien die Maßnahme als mutigen Schritt lobten. Aber das, was wir brauchen – einen Weg hin zu mehr individueller Gerechtigkeit beim Ausstieg aus dem aktiven Arbeitsleben –, ist mit der aktuellen Regelung der Rente mit 67 nicht erreicht.

Für meine Begriffe, ich betone das noch einmal, waren viele Ziele der Reformen absolut richtig. Das gilt für das Kernanliegen der Rente mit 67 genauso wie für die Arbeitsmarktreformen. Zum Beispiel halte ich es allemal für besser, arbeitslose Menschen zu aktivieren und in den Arbeitsmarkt zu integrieren, als sie mit Transferleistungen ruhigzustellen. Leider scheint die – positive! – Tatsache, dass Sozialhilfeempfänger durch Hartz IV erstmals voll in die aktive Arbeitsmarktförderung einbezogen wurden, eines der bestgehüteten Geheimnisse der deutschen Politik zu sein. Auch dass zur Agenda 2010 ein vier Milliarden Euro schweres Ganztagsschulprogramm, die Schaffung von 200 000 neuen Krippenplätzen und eine erhebliche Förderung der energetischen Gebäudesanierung gehören, weiß kaum jemand in unserem Land.

Doch der Kern der Agenda war die aktivierende Arbeitsmarktpolitik. Das von Rot-Grün ausgegebene Ziel des Forderns und Förderns haben wir allerdings definitiv nicht erreicht. Durch die Absenkung der Transfereinkommen auf das Existenzminimum zwangen und zwingen wir die Menschen, jede noch so niedrig bezahlte Arbeit anzunehmen. Das Versprechen aber, möglichst viele Menschen so gut zu qualifizieren, dass sie Aussicht auf eine vernünftige, angemessen entlohnte Arbeit haben, lösen wir immer noch viel zu selten ein.

Heute wissen wir auch: Viele der Förderer der Agenda 2010 hatten sich über die Jahre ein neoliberales Gesellschaftsbild zu eigen gemacht. Wolfgang Clement beispielsweise, seinerzeit Ministerpräsident in Nordrhein-Westfalen, zog mit seiner Staatskanzlei in das »Stadttor 1«, ein ultramodernes Bürohochhaus direkt am Rhein in Düsseldorf, in dem vor allem Unternehmensberatungen, Immobilienfirmen und Anwaltskanzleien residieren. Aus seinem lichtdurchfluteten Amtszimmer im zehnten Stock konnte er wunderbar auf die Stadt hinunterblicken und über den Dingen stehen. Wenn es noch eines Symbols bedurfte, wem die führenden Agenda 2010-Politiker sich verpflichtet fühlten, Clement hatte es mit der neuen Staatskanzlei geschaffen. Dass er, nachdem er Ende 2008 aus der SPD ausgetreten ist, bei der Bundestagswahl 2009 mit einer Wahlempfehlung für Guido Westerwelle an die Öffentlichkeit getreten ist, scheint mir da nur konsequent.

Clement & Co. sahen sich nur noch als kühle sachliche Manager des Standorts Deutschland. Sehr freundlich formuliert haben sie versucht, das Land an die Globalisierung anzupassen – auf eine etwas sozialere Weise als die anderen Parteien das tun würden. Nur reicht das bei weitem nicht aus für eine sozialdemokratische Partei – weder in Deutschland noch anderswo auf der Welt.

Dabei war am Anfang noch alles stimmig: Mit dem Slogan »Gerechtigkeit und Innovation« hatte die SPD im Wahljahr 1998 zwei Schlagwörter gesetzt, die eine ideale Klammer bildeten. Das Begriffsduo brachte den

Aufbruch der New Economy in Einklang mit den klassischen Werten einer sozialdemokratischen Arbeitnehmerpartei. Allerdings hielt die Klammer nicht lange. Im Regierungsalltag und nach dem Platzen der ersten Spekulationsblasen im Jahr 2000 fielen Inhalt und Anspruch dieses doppelten Versprechens auseinander. Die neue Leitidee hieß folgerichtig: »Sicherheit im Wandel«. Auch hier bildete der Slogan einen durchaus breiten innerparteilichen Konsens ab. Bei der Konkretisierung nach der Bundestagswahl 2002 wurde dann aber schnell klar: Agenda 2010 und »Sicherheit im Wandel«, das war für viele eben nicht dasselbe. Es gab zwei Grundströmungen in der sozialdemokratischen Partei und ihrer Anhängerschaft: Viele erlebten den neuen globalen Wettbewerb negativ. Sie wollten Sicherheit vor dem Wandel. Andere, darunter auch die Regierungsspitze, glaubten, wenn man vorneweg geht und den Wandel selbst in die Hand nimmt, löst sich die Gerechtigkeitsfrage ohne weiteres Zutun. Das mag überspitzt formuliert sein, aber während die einen den Wandel in einer globalisierten Welt gern durch Parteitagsbeschlüsse verhindert hätten, meinten die anderen, man könne in erster Linie durch Bildung und durch ein Zurückfahren der staatlichen Umverteilung ein neues erfolgreiches sozialdemokratisches Modell etablieren. Beides – das muss man heute nüchtern feststellen – mündete in eine nachhaltige Schwächung der sozialdemokratischen Partei. Auch weil es nie gelang, einen echten Konsens zwischen diesen beiden Ansätzen herzustellen. Die Gründung der Linkspartei etablierte auf Dauer eine Konkurrenz der Realitätsverweigerer und Globalisierungsskeptiker. Die Versprechen einer modernen Sozialdemokratie, des »Dritten Wegs«, zündeten nicht; stattdessen hatte die SPD mit Mitgliederverlusten zu kämpfen. In ganz Europa gingen sozialdemokratische

Regierungen in die Opposition. Wo sie in der Regierung blieben, wie in England und Deutschland, erschöpften sie sich in Sozialreformen, die teilweise notwendig und sinnvoll waren, die Erwartungen und Bedürfnisse eines großen Teils der Wählerschaft und der Parteibasis aber nicht erfüllen konnten.

Das Grundproblem der Agenda-Politik war, dass sie eben nicht die gestaltende, emanzipatorische Antwort auf einen durch die Globalisierung verschärften Standortwettbewerb war, sondern rein reaktiv versuchte, das Land an veränderte Bedingungen mehr schlecht als recht anzupassen. Während der 1990er-Jahre hat sich die für die alte Bundesrepublik typische Balance von Kapital- und Arbeitnehmerinteressen mehr und mehr zugunsten der Arbeitgeberseite verschoben. Der sozialstaatliche Grundkonsens zerbrach allmählich. Immer vehementer forderten die Lobbyisten der Kapitalseite Steuersenkungen, einen Ausstieg aus der paritätischen Finanzierung der Sozialsysteme, eine Lockerung des Kündigungsschutzes und eine grundlegende »Modernisierung« des Standortes Deutschland. Die Agenda-Politik war neben allem anderen auch ein Versuch, diesen Forderungen entgegenzukommen. Selbstredend bin ich der Meinung, dass man über die Forderungen der Wirtschaft sprechen muss, wenn man die Dynamik unserer Volkswirtschaft nicht zum Erliegen bringen will. Das Problem war der apodiktische Ton der Unausweichlichkeit, der die Reformen begleitete, die Tatsache, dass alle Akteure so taten, als gäbe es zu den vorgestellten Maßnahmen absolut keine Alternative. Reformen nach dem TINA-Prinzip – there is no alternative – widersprechen aber schon in ihrer Anlage jedem sozialdemokratischen Gestaltungsanspruch, der voraussetzt, dass man prinzipiell an die Veränderbarkeit der Welt glaubt.

Erst mit dem Hamburger Programm aus dem Jahr 2007 haben wir Sozialdemokratinnen und Sozialdemokraten begonnen, eigene Antworten auf die Herausforderungen der Globalisierung zu entwickeln. Es ist das erste Programm einer deutschen Partei, das auf die Globalisierung nicht passiv reagiert, sondern eine aktive und zuversichtliche Gestaltungsperspektive entwickelt – vor allem, weil wir dort konsequent auf eine europäische Harmonisierung der Wirtschafts- und Sozialpolitik drängen und eine Unterbindung des ruinösen innereuropäischen Standortwettbewerbs fordern. Mit dem Hamburger Programm hat die deutsche Sozialdemokratie ihre Sprachlosigkeit angesichts der Folgen der Globalisierung überwunden. Darauf bin ich bis heute stolz. Vor allem das Europa-Kapitel, an dem neben mir und anderen auch der viel zu früh verstorbene Detlev Albers intensiv mitgewirkt hat, scheint mir tatsächlich eine in praktische Politik übersetzbare Vision von einem Europa jenseits der Nationalstaaten zu enthalten, die das Papier zum derzeit fortschrittlichsten Parteiprogramm in ganz Europa macht.

Kurt Beck als Parteivorsitzender wies mit dem Hamburger Programm erstmalig einen Weg, der die verhärteten Fronten innerhalb der SPD überwinden sollte. Er ging auch wieder aktiv auf die Gewerkschaften zu. Beck war zu einigen Korrekturen der bisherigen Regierungslinie bereit, um die SPD gegenüber wichtigen Teilen ihrer Wählerschaft wieder attraktiv zu machen. Er strebte danach, die auseinanderdriftenden Flügel der Partei zusammenzuführen, aber das wollten nicht alle akzeptieren. Nach meiner Auffassung sind die heftigen und unfairen Abwehrreaktionen gegenüber dem von Kurt Beck eingeleiteten Kurs der Öffnung dafür verantwortlich, dass er sich genötigt sah, als Parteivorsitzender zurückzutreten.

Welchen politischen Preis die deutsche Sozialdemokratie für ihre neoliberalen Anwandlungen zahlen muss, beginnen wir seit dem 27. September 2009 zu ahnen. Dieser Weg hat uns seit 2003 vom Kanzleramt in die große Koalition und nun – mit einem historisch niedrigen Wahlergebnis – in die Opposition geführt. Verlorene Landtagswahlen säumen unseren Weg. Seit den 1970er-Jahren hat die Partei mehr als die Hälfte ihrer Mitglieder verloren. Unsere Kernklientel, die Arbeiter, erreichen wir immer weniger. Sie haben, was mich zutiefst erschreckt hat, bei der Bundestagswahl 2009 zu elf Prozent die neoliberale FDP gewählt. Es ist also allerhöchste Zeit für einen Neuanfang.

Für eine Kultur des Zweifels

Viele Menschen dürften das kennen: Man hört oder liest irgendwann etwas, und für den Rest des Lebens begleitet und prägt es einen. Bei mir ist es eine bemerkenswerte Rede, die Willy Brandt 1981 an der Universität in Bologna gehalten hat und die von der Kultur des Zweifels handelt. Brandts Rede hat mich überrascht, denn von einem Politiker wird gemeinhin Führungsstärke und Gewissheit erwartet und nicht das abwägende Urteilen über die eigene Politik. Ich glaube, das ist es, was Willy Brandt von allen anderen Politikern unterschied: Er traf Entscheidungen, manchmal sehr harte, doch im Grunde seines Herzens war er ein Zweifler, der die Dinge immer wieder prüfte und seine Entscheidungen und Ziele hinterfragte.

Wer zweifelt, der hört auch zu, nimmt andere Argumente auf und versetzt sich gedanklich in die Lage des jeweils anderen. Ich möchte dafür plädieren, dass wir in der Politik generell und in der SPD ganz besonders eine neue Kultur des Zuhörens und Zweifelns etablieren. Wenn wir wieder einen echten Dialog mit unseren Anhängerinnen und Anhängern wagen, haben wir eine reelle Chance, das Politische wiederzubeleben und auf diesem Weg an Attraktivität zu gewinnen.

Unbestreitbar ist, dass demokratische Politik nur dann erfolgreich sein kann, wenn sie andere für sich und ihre

Ziele gewinnt. Das setzt ein selbstsicheres Auftreten der Akteure voraus; sie müssen überzeugt sein von dem, was sie tun. Äußern sie Fragen oder Zweifel, macht es das nicht unbedingt leichter, andere zu überzeugen. Aus diesem Grund erscheint eine Kultur des Zweifels auf den ersten Blick als das genaue Gegenteil eines selbstbewussten Führungsstils. Und meistens betrachten wir Politiker den Zweifel als etwas, was unser Vorankommen behindert.

Ab und an gibt es in der Politik aber Ausnahmeerscheinungen wie Willy Brandt, die begeistern können und dennoch Zweifel zulassen. Entscheidend dabei ist, dass sie die Zweifel nicht im Stillen mit sich herumtragen, sondern sie offen aussprechen und die anderen in die eigene Entscheidungsfindung einbinden. Das erfordert ein gehöriges Maß an Souveränität.

Deshalb halte ich es für grundlegend falsch, wenn behauptet wird, wer Zweifel habe, sei schwach und könne keine eindeutige Position beziehen. Das ist Unsinn, eine reine Schutzbehauptung. Der Zweifel ist ein Instrument, der uns davor bewahrt, selbstgefällig zu werden und Irrtümer zu wiederholen, ohne sie zu hinterfragen. Der Zweifel ist schlicht und ergreifend die Grundlage für Verständigung, die Eintrittskarte zum demokratischen Diskurs. Wer keinen Zweifel kennt, ist nicht zur Empathie und zur konstruktiven Diskussion fähig und damit im Grunde nicht demokratietauglich. Das alles macht den Zweifel so wichtig.

Bemerkenswert an Brandts Bologna-Rede ist für mich die Stringenz, mit der er dem Zweifel das Wort redet – eine Stringenz, die sich auch in seiner Biografie wiederfindet. Brandt hatte die seltene Gabe, die Perspektive anderer einzunehmen und doch gleichzeitig eine klare Linie zu verfolgen Diese Qualität ermöglichte die deutsche Verständigung mit Osteuropa und die Aussöhnung mit Polen. Sie ermöglichte es Brandt, zunächst unüberwindbar scheinende Barrieren aus dem Weg zu räumen. Er selbst hat es so formuliert: »Der Zweifel träumt nicht, denn er geht vom Bestehenden aus, das er in Frage stellt. Aber durch das Bestehende hindurch ist er dem Traum, den Zielsetzungen einer Politik verschwistert, die über den Tag hinaus will.«

Willy Brandt bleibt bis heute der einzige Bundeskanzler, der Zweifel offen zuließ. Wir sollten von ihm lernen.

Ich glaube, im Reformprozess der Agenda 2010 haben wir Sozialdemokraten den eigentlich gebotenen Zweifel unterdrückt. Wir haben uns dazu gezwungen, den einmal eingeschlagenen Weg zu gehen, obwohl wir wussten, dass Zweifel angebracht waren. Wir haben die Reformen als alternativlos hingenommen, es wurde keine Diskussion zugelassen, und damit haben wir die Chance vertan, eine Reformpolitik zu entwerfen, die wir den Menschen vermitteln können.

Die Agenda galt lange Zeit als gesetzt, und bei jedem Änderungsvorschlag wurde das Zentimetermaß hervorgeholt, um nachzumessen, wie weit man sich damit vom ursprünglichen Konzept entfernen würde. Mit dieser Fixierung auf die Agenda – der übrigens sowohl die Befürworter als auch die Gegner erlegen sind – haben wir jede intellektuelle Regung in der SPD abgewürgt. Eine offene Debatte über neue politische Ideen war nahezu unmöglich.

In einer schweren Wirtschaftskrise, wie wir sie derzeit erleben, ist eine derartige intellektuelle Selbstbeschränkung aber tödlich für eine Partei. Wenn wir über politische Konsequenzen aus der Wirtschaftskrise reden, dürfen wir uns nicht weiterhin selbst Fesseln anlegen.

Wir brauchen den Zweifel. Willy Brandt sagte zu Recht: »Der Zweifel ist produktiv. Er stellt das Bestehende in Frage.«

Die gegenwärtige Krise wirft grundlegende Fragen auf: Ist es richtig, darauf zu vertrauen, dass sich das in der Vergangenheit Bewährte auch in Zukunft bewähren und die Gesellschaft mit der Überwindung der Krise in eine neue Prosperitätsphase eintreten wird? Oder ist es angebracht, an diesen angeblichen Gewissheiten zu zweifeln und sich auf die Suche nach einem neuen, modifizierten Wirtschafts- und Gesellschaftsmodell zu machen? Für mich ist klar: Die Krise erfordert ein kritisches Hinterfragen der bisherigen Politik – erfordert eine Kultur des Zweifels. Und das gilt nicht nur für die SPD, sondern für uns alle. Erst damit gewinnen wir die Möglichkeit, aus den Fehlentwicklungen der Vergangenheit zu lernen.

Dass auch wir als Partei am gesellschaftlichen Lernprozess teilnehmen, und zwar in exponierter Stellung, liegt in der Natur der Dinge, denn Parteien tragen im demokratischen System ganz wesentlich zur politischen Willensbildung bei.

Die SPD hat in ihrer langen Vergangenheit viele gesellschaftliche Lernprozesse gemeistert: die Domestizierung des Kapitalismus zur sozialen Marktwirtschaft, die neue Ostpolitik, die gesellschaftspolitische Öffnung, die Gleichstellung der Frau, die Teilnahme Deutschlands an internationalen Militäreinsätzen, die Integration von Zuwanderern und die Reform des Sozialstaats – um nur einige dieser Herausforderungen zu nennen. Keiner dieser Lernprozesse verlief schmerzfrei – weder für die Gesellschaft noch für die SPD. Sobald man sich aber auf sie eingelassen hat, kam es zu einem lebendigen Austausch zwischen beiden.

Sehr zu meinem Leidwesen ist diese Art von konstruktivem Austausch in den letzten zehn Jahren ausgesprochen rar geworden. Die SPD hat sich nicht mehr als eine lernende Organisation begriffen und entsprechend agiert. Die logische Konsequenz: Immer weniger Menschen trauen der SPD zu, die anstehenden Probleme zu lösen – und das schlägt sich in besorgniserregenden Wahlergebnissen nieder. Wo allzu oft »Basta« gesagt wurde und wird, bleiben Lernen, Weiterentwicklung und Erneuerung auf der Strecke.

Erfolgreiche Lernprozesse benötigen Zeit – so drängend die anstehende Fragen auch sein mögen. Auf die Herausforderungen der finanzmarktgetriebenen Globalisierung beispielsweise versucht die Sozialdemokratie seit mindestens anderthalb Jahrzehnten angemessene Antworten zu finden.

Seit die Globalisierung Eingang in die politischen Debatten gefunden hat, gab es innerhalb der Partei sehr unterschiedliche Auffassungen über zentrale Fragen: Welche Aspekte des Wandels sind wünschenswert und welche sind gefährlich? Wie sollen soziale Sicherheit und Gerechtigkeit unter den neuen Bedingungen aussehen? Heute zeigt sich, dass alle damaligen Ansätze zu kurz griffen. Wir erleben neue soziale Ungleichheiten und Unsicherheiten. Die Globalisierung schafft enorme Werte, produziert aber gleichzeitig viele Verlierer, und die Finanzmarktkrise deckt die Schwächen der unregulierten Marktwirtschaft schonungslos auf. Deshalb sind Konzepte für die Gestaltung einer globalisierten Wirtschaft und transnationaler Politik heute dringender denn je – sie zu entwickeln, bleibt die Herausforderung zukünftiger Politik. In diesem Zusammenhang ist eine Sozialpolitik geboten, die Flexibilisierung nicht ignoriert, aber wo nötig begrenzt, und die echte Vorsorgekonzepte entwickelt, statt mit diesem Begriff Sozialkürzungen zu bemänteln.

Die SPD darf sich nicht scheuen, Verantwortung für die Regierungszeit der vergangenen Jahre zu übernehmen. Wir können selbstbewusst die Errungenschaften unserer Regierungspolitik vertreten, sollten aber auch kritische Fragen zulassen. Vor allem müssen wir offen darüber reden, wie weit und vor allem warum die SPD auf neoliberale Positionen eingeschwenkt ist. Bei aller Kritik, die ich an der Politik Gerhard Schröders übe, sie war eine mögliche sozialdemokratische Antwort auf die Herausforderungen der Globalisierung und der Versuch, dem neoliberalen Mainstream eine Alternative entgegenzusetzen. Ob sie mutig genug war, darüber kann man diskutieren; dass sie mehr war als eine schlichte Kapitulation, steht für mich fest. Wenn, dann muss man uns vorwerfen, den Wandel nicht konsequent genug gestaltet zu haben.

Eine der größten Schwächen der Regierung Schröder war die mangelhafte Kommunikation. Damit will ich mich nicht auf die Seite jener schlagen, die behaupten, die Agenda 2010 an sich wäre gut, sie sei nur schlecht vermittelt worden. So argumentierten viele SPD-Politiker, die von der Agenda überzeugt sind und sich nicht erklären können, warum weite Teile der Bevölkerung das anders sehen und sich gerade Menschen aus den traditionellen sozialdemokratischen Wählerschichten enttäuscht von der SPD abwenden.

Die Kommunikation um die Agenda war geprägt durch eine Logik der Sachzwänge. Es ging nicht um eine Vision, nicht um die Vermittlung von politischen Standpunkten, sondern die Kernbotschaft der SPD lautete: »Entweder wir modernisieren oder wir werden modernisiert«. Das klang ausgesprochen technokratisch und vermittelte den Eindruck, Politik werde von oben herab diktiert.

Man muss sich stets vor Augen halten, dass Wähler nicht nur rational über ihre Parteipräferenzen entscheiden, sondern dass auch ihre kulturelle Einbettung und ihre individuellen Lebensentwürfe und -erwartungen Einfluss auf die Wahlentscheidung haben. Politische Botschaften sollten deshalb idealerweise eingebunden sein in emotionale und kulturelle Bezüge und in Wertesysteme – genau das haben wir Sozialdemokraten in den Jahren 2003 bis 2005 versäumt. Der amerikanische Psychologe Drew Westen bringt es auf den Punkt: »Die Vernunft ist der Sklave des Gefühls, nicht andersherum.«

Wenn ein Redner auf einer Wahlveranstaltung spricht, muss er eine emotionale Verbindung zu den Zuhörern aufbauen. Dies funktioniert jedoch nicht mit rhetorischen Tricks, sondern nur auf der Basis gemeinsamer oder vergleichbarer Erfahrungen und Wertvorstellungen. Dazu bedarf es aber einer Politik, die sich nicht aus Einzelmaßnahmen zusammensetzt, sondern eine umfassende, auf Werten basierende Leitidee vertritt; die eine Vorstellung davon hat, wie die Zukunft im Sinne des Gemeinwohls gestaltet werden soll. Um es auf eine kurze Formel zu bringen: Die Menschen wollen Sinn und nicht »Spin«!

Zwar hat Gerhard Schröder dies intuitiv richtig verstanden und im Wahlkampf 2005 mit einer rhetorischen Resozialdemokratisierung wieder verstärkt Gefühle und Werte angesprochen, indem er die soziale Ungerechtigkeit der Vorschläge des CDU-Finanzexperten Paul Kirchhof gegeißelt und seine eigene Herkunft aus einfachsten Verhältnissen in den Mittelpunkt gestellt hat. Doch letztlich hat auch er es nicht vermocht, das Konzept der Agenda mit einer politischen Vision zu verknüpfen. So blieb letztlich alles Reden über die Agenda einer Verwaltungssprache verhaftet, weil dem Agenda-Konzept die Logik der Verwaltung zugrunde liegt.

Willy Brandt war sich dieser Zusammenhänge bewusst. Er hat bereits in seiner Bologna-Rede angemerkt: »Der Zweifel sollte auch die Grundlage von Politik sein, die ihren Begriff verdient. Eines Handelns nämlich, das mehr leistet, als nur das Bestehende zu verwalten, sondern die Möglichkeiten des Morgens auslotet.«

Der Ton der Agenda entsprach nicht dem sozialdemokratischen Menschenbild, sondern bediente sich konservativer Vorbilder. In Zeiten einer auseinanderklaffenden Verteilungsschere müsse der Appell für mehr Eigenverantwortung und die Diffamierung von Verteilungsgerechtigkeit zwangsläufig zu einer Entfremdung zwischen der SPD und ihrer Wählerschaft führen, resümiert ein Thesenpapier des Parteivorstands. Ich möchte es noch deutlicher formulieren: Dem Konzept der Agenda 2010 und der Art, wie sie kommuniziert wurde, fehlte und fehlt das nötige Einfühlungsvermögen. Aber ohne Empathie kann demokratische Politik nicht erfolgreich sein.

Genauso wenig erfolgreich sein kann Demokratie aber ohne das Engagement der Bürgerinnen und Bürger. Mich erschrecken die abnehmende Wahlbeteiligung und das Phänomen der Politikverdrossenheit, von dem glücklicherweise noch nicht alle befallen sind.

Vor einem Jahr habe ich etwas erlebt, was mir trotz aller Unkenrufe Mut macht. Ich war eingeladen in der Katholischen Akademie in Berlin. Die Gäste konnten mich auch zu Persönlichem befragen, etwa zu meinen Beweggründen, Politik zu meinem Beruf zu machen. Die Veranstaltung war gut besucht, die Leute waren sehr freundlich, sie stellten zahlreiche Fragen, und es wurde viel gelacht. Plötzlich stand ein Mann auf und meldete sich zu Wort: »Ich bin verdrossen. Parteiverdrossen. Politikverdrossen. Was machen Sie jetzt mit einer solchen Aussage? Wie gehen Sie damit um?«

Diese Frage wurde mir sicher schon hundertmal gestellt. Und jedes Mal ärgerte ich mich darüber – und hätte gern zurückgefragt: »Merkt ihr denn gar nicht, wie unsinnig diese Frage ist? Habt ihr immer noch nicht begriffen, dass unsere Demokratie dringend Menschen braucht, die sich engagieren? Warum nehmen denn so wenig Menschen ihre politischen Geschicke selbst in die Hand? Ich ziehe mit den gleichen Leuten in den Wahlkampf, mit denen ich das schon vor zwanzig Jahren gemacht habe. Ich kenne Ortsvereine, in denen während dieser Zeit kein einziges neues Gesicht hinzugekommen ist. Wie soll das denn in dreißig Jahren aussehen? Wer macht dann den Job? Irgendeiner wird die Demokratie schon für euch erledigen, denkt ihr, nicht wahr?!« Zu gern hätte ich in solchen Situationen meinen Verdruss über die Politikverdrossenheit anderer zum Ausdruck gebracht, habe es mir letztlich jedoch nie gestattet.

An diesem Abend allerdings fragte ich mich: Warum eigentlich nicht? Versuch es doch wenigstens mal, Andrea! Die Weltfinanzmärkte standen gerade in Flammen, und die Politik musste den Feuerwehrschlauch auspacken und die Brandherde löschen – ein Grund mehr, mit meiner Meinung nicht hinter dem Berg zu halten. Und so sagte ich zu dem Mann: »Wissen Sie was? Darauf werde ich Ihnen keine Antwort geben. Ich wundere mich, dass sie mich überhaupt so etwas fragen.« Gemurmel machte sich im Raum breit. Ich fuhr fort: »Wie kommen Sie dazu, sich in der Welt, in der wir uns gerade bewegen, den Luxus der Politikverdrossenheit zu leisten? Wer ist denn noch da, wenn wir vom Platz gehen? Der Staat, den Sie so frustrierend finden, sind wir, die

Bürgerinnen und Bürger, also auch Sie. So leid es mir tut, aber auch Sie müssen mithelfen, damit wir weiterhin in einer funktionierenden demokratischen Gemeinschaft leben können.«

Ich sprach freundlich, aber bestimmt, sagte weiter, dass eine Demokratie nicht ohne Demokraten auskomme; fragte den Mann, wer denn in der Krise aktiv geworden sei. Ob denn nicht seit September 2008 das Vertrauen in die Fähigkeiten der politischen Klasse, in den Staat und in die Regierung hierzulande deutlich gewachsen wäre? Das sei doch etwas sehr Positives und ein gutes Zeugnis für die Demokratie in Deutschland – vor allem, weil die Einschätzung der Bevölkerung in Ländern wie Frankreich, England und den USA zur selben Zeit genau entgegengesetzt ausfalle.

Bei früheren Erklärungsversuchen zum Thema Politikverdrossenheit wurde ich stets unterbrochen: »Jetzt lenken Sie nicht ab.« – »So können Sie uns nicht kommen!« Die Leute reagierten oft aggressiv, ich war im Unrecht, die anderen waren im Recht. Jetzt, in der Katholischen Akademie, passierte nichts dergleichen, zum allerersten Mal. Ich bekam in den folgenden Tagen sogar Dankesschreiben. Die Leitung der Akademie meinte etwa, es sei besonders interessant gewesen, wie ich auf die Frage nach der Politikverdrossenheit geantwortet hätte. Mehr noch, meine Erwiderung sei herausfordernd und richtig gewesen.

Diesen Brief habe ich aufgehoben – weil ich mich gefreut habe, dass ich mit meiner Haltung zu diesem Thema nach all den Jahren zum ersten Mal nicht auf Ablehnung gestoßen war. Was die meisten Menschen vergessen: Ich hätte jede Menge Gründe, mich über borniere Politiker aufzuregen – ich kenne sie schließlich aus der Nähe. Letztlich würde ich es mir dadurch aber zu leicht machen und eine Distanz zum politischen Betrieb und zur Demokratie aufbauen. Und das ist für mich nicht akzeptabel.

Als ich bei dieser Diskussion in der Katholischen Akademie auf die Rolle des Staates verwiesen habe, ging es mir um Demokratie, nicht um Bürokratie. Eine übertriebene Fixierung auf den Staat kann zu den gleichen negativen Folgen führen wie marktradikale Konzepte: Das Funktionieren eines Systems wird in den Mittelpunkt gestellt, individuelle Lebenswirklichkeiten und gesellschaftliche Ansprüche bleiben außen vor. Es ist ja eine Ironie der Geschichte, dass eine von Aktionären willkürlich festgelegte, von ökonomischen Realitäten hoffnungslos entkoppelte Renditeerwartung auf die Arbeitnehmer eines Betriebes eine ähnlich destruktive Wirkung entfaltet wie die genauso realitätsfernen staatlich gesetzten Ziele in einer Planwirtschaft.

Deshalb sehe ich in der gegenwärtigen Krise keinen Konflikt zwischen Staat und Markt; dieser Konflikt existiert nicht. Es handelt sich vielmehr um eine Konfrontation von Demokratie und Kapitalismus, von Politik und Ökonomie, in der die Politik das Heft des Handelns nicht aus der Hand geben darf. Nicht an »den Staat«, sondern an »unsere Demokratie« sollten wir in der Krise appellieren.

In der Tradition Willy Brandts sollte die SPD sich in der Krise als aktiver Moderator des gesellschaftlichen Lernprozesses erweisen. Sie ist dank ihrer historischen Erfahrungen in der Lage, die Führung der gesellschaftlichen Lernbewegung in der Krise zu übernehmen und damit an Glaubwürdigkeit und Kompetenz zu gewinnen. »Der SPD fällt die Aufgabe zu, die gesellschaftlichen Lernprozesse diskursiv zu synchronisieren. Es ist keine Schwäche, sondern ein Angebot und Ausdruck von Stär-

ke, die eigenen Überwerfungen mit der Stammwählerschaft zu thematisieren und darauf abzuklopfen, wo man
in der jüngeren Vergangenheit dem Zeitgeist erlegen ist.
Das ist Teil der offenen, demonstrativen, ehrlichen und
exemplarischen Aufarbeitung der allgemeinen Denk-
schwierigkeiten, die die ganze Gesellschaft mit sich in
den letzten zwanzig Jahren hatte. Wenn große Konzerne
nach missratenen Operationen ›Wir haben verstanden‹
titeln können, dann kann auch die SPD einen öffentlichen Lernprozess wagen. Er ist Kern einer politischen
Wahrhaftigkeit, die Vertrauen erneuert.« So formuliert
es die Nautilus-Politikberatung in ihrer Studie »Mehr
Mut. Thesen zur Wahlkampfstrategie der SPD« aus dem
Juli 2009.

Mein Ziel ist es, dass die SPD in Zukunft schneller,
entschiedener, gründlicher und nachhaltiger lernt als die
konkurrierenden Parteien. Mit den daraus sich entwi-
ckelnden Fähigkeiten ist sie in der Lage, gesellschaftliche
Lern- und Diskussionsprozesse zu moderieren, wobei es
wichtig ist, bei der Begründung von Entscheidungen an
gesellschaftliche Erfahrungen anzuknüpfen. Denn Lernen heißt nicht, sich um Entscheidungen zu drücken.
Lernen heißt, Entscheidungen besser vorzubereiten, indem man widerstreitende Interessen zu tragfähiger Politik bündelt. Die Lernfähigkeit der SPD wäre ein riesiges
Plus gegenüber den Konservativen. Diese verlieren oft
den Anschluss an gesellschaftliche Lernprozesse oder
blockieren sie sogar, weil sie an überkommenen Wert-
systemen festhalten. Deswegen gelingt es den Konservativen auch nicht, breite gesellschaftliche Debatten zu in-
itiieren. Die Parteivorsitzende Merkel hat die Schwäche
dadurch zu kompensieren versucht, dass sie kulturell und
auch in einigen inhaltlichen Fragen moderne Politikansätze der SPD vereinnahmte.

Die SPD muss sich davon deutlich abheben. Und sie kann es auch, sie hat das Potenzial dazu: Zum Beispiel hat die Einbindung der Eltern in die Bildungspolitik in Rheinland-Pfalz zu hervorragenden Ergebnissen und Zufriedenheit auf allen Seiten geführt. Auch das Energieeinspeisegesetz der rot-grünen Bundesregierung zeigt, wie Politik auf die Bedürfnisse der Menschen eingeht, gesellschaftliche Diskussionen moderiert und die Ergebnisse in die Tat umsetzt.

Wer, wenn nicht wir, sollte der politische Repräsentant der gesellschaftlichen Grundstimmung und des Common Sense sein?! Unseren Anspruch darauf untermauern wir, indem wir die ganze Gesellschaft zur Aussprache einladen. Wir pflegen einen unaufgeregten, selbstbewussten und souveränen Stil im Diskurs; hören zu, prüfen, argumentieren rational, erklären, begründen. Als Leitpartei lassen wir uns nicht durch die Medien moderieren, wir übernehmen selbst die Moderatorenrolle im öffentlichen Diskurs, stellen die entscheidenden Fragen und fordern damit die anderen Parteien heraus.

Von der Würde der Arbeit

Meine Eltern sind acht Jahre nach mir in die SPD eingetreten. Ich komme also keineswegs aus einem sozialdemokratischen »Stall«. Dennoch haben meine Eltern die Grundlage für vieles gelegt, was mich ausmacht – nicht nur als Person, sondern auch als sozialdemokratische Politikerin. Ihnen war es wichtig, dass ich mich bei allem, was ich tue, in die Lage der jeweils anderen, auf die mein Handeln Auswirkungen hat, versetze. Meine Bereitschaft, Verantwortung in der Gesellschaft zu übernehmen, haben sie immer unterstützt. Und sie haben mir den nötigen Mumm vermittelt, um meinen Lebensweg auch in schwierigen Situationen selbstbewusst zu beschreiten. Für mich verdichtet sich diese Grundhaltung meiner Eltern in einer kleinen Episode, an die ich heute noch oft denke: den Besuch des Weihbischofs Leo Schwarz Anfang der 1980er-Jahre in meinem Heimatdorf Weiler. Der Anlass für sein Kommen war eine Firmung, und ich als Messdienerin war auserkoren worden, die Begrüßung zu übernehmen. Der Küster schrieb mir auf, was ich sagen sollte. Beim Abendessen schaute sich mein Vater den Text an. »Hochwürdigste Exzellenz? Das sagst du auf keinen Fall«, da waren sich meine Eltern einig. Mein Vater, er ist Maurermeister, hob seine zerklüfteten Hände und erklärte mir, dass sich unsere Familie immer von ihrer eigenen Hände Arbeit ernährt habe. »Gebuckelt wird bei uns nicht! Du sagst: Lieber Herr Weihbischof – das reicht vollkommen.« Und so geschah es. Dem Weihbischof war es recht, der Küster ließ aus der Sakristei einen Seufzer hören, und ich hatte etwas gelernt: Im Umgang mit Autoritäten gilt es, höflich zu sein, aber nicht den Rücken zu beugen. Diese Haltung entspringt dem Selbstbewusstsein der Schicht, aus der ich stamme.

Dass ich viele Jahre später einmal Arbeitsmarktexpertin der SPD werden würde, konnte damals niemand ahnen. Aber dass Arbeit die Grundlage ist für Zufriedenheit und Selbstwert, für innere Würde und für den Anspruch, von anderen anständig behandelt zu werden, diese Einstellung habe ich schon früh verinnerlicht.

Das Wissen um den Wert von Arbeit ist tief in mir verwurzelt, und es hat meine politischen Überzeugungen entscheidend geprägt. Umso mehr treibt es mich um, dass gerade die Arbeitsmarkt- und Sozialpolitik meiner Partei massiv zur Entfremdung zwischen der SPD und einer großen Zahl ihrer Mitglieder und Anhänger beigetragen hat. Wenn eine Arbeiterpartei den Arbeitern ihre Würde nimmt – oder diese das zumindest so empfinden –, stehen harte Zeiten bevor.

Die Arbeitswelt hat sich in den letzten zwanzig Jahren erheblich verändert. Sie ist intensiver und fordernder geworden – diese Erfahrung haben Menschen in allen Berufsgruppen gemacht. Sie setzt mehr Flexibilität voraus, wie man an den neuen Erwerbsbiografien ablesen kann, die selbst bei jungen Leuten mehrere Arbeitgeber und schnelle Wechsel aufführen. Und sie ist prekärer geworden: Durch Befristungen, Unternehmensausgliederungen, Leiharbeit und die massive Zunahme niedrig entlohnter Beschäftigung ist Arbeit für viele Menschen keine sichere und dauerhafte Grundlage für ein selbstbestimmtes Leben mehr.

Das verändert auch den »Arbeiterstolz« von Menschen wie meinem Vater. Das alte Selbstbewusstsein, das daraus gespeist war, mit den eigenen Fähigkeiten für sich selbst und die Seinen sorgen zu können, schwindet. Das ist zumindest mein Eindruck, wenn ich mit den Menschen in den Betrieben rede. Mein Vater war 45 Jahre in derselben Firma beschäftigt. Fast alle Lehrlinge, die er ausgebildet hat, arbeiten heute noch als Maurer. Sie konnten aber nicht den traditionellen Weg gehen vom angestellten Gesellen zum selbstständigen Meister; stattdessen sind sie kurz nach ihrer Gesellenprüfung Unternehmer geworden – genau genommen Subunternehmer. Ihr ehemaliger Arbeitgeber, damals eine mittelständische Firma, funktioniert heute wie eine Agentur, die Aufträge einholt, sie gegen eine finanzielle Beteiligung weitergibt, aber kaum noch ein Risiko trägt. Die Meister und Gesellen sind zu Auftragnehmern geworden, die für jede Baustelle feste Zeitvorgaben bekommen. Der Druck der Kostenkalkulation und der Termine lastet auf ihnen, als ob sie die Eigentümer der Firma wären – mit dem Unterschied, dass sie keine entsprechende Rendite erzielen, die sie gegen Fehlschläge absichern könnte.

Wenn die ehemaligen Lehrlinge meines Vaters, die heute Mittvierziger sind, von ihrer Arbeit erzählen, schwingt vor allem Sorge mit: Welches Projekt kommt als Nächstes? Werden die Konditionen noch schlechter als beim letzten Mal sein? Aber auch: Wie lange können wir das machen, wie lange schaffen wird das? Vom alten Arbeiterstolz ist hier kaum noch etwas zu spüren.

Die Maurer aus meiner Heimat sind keine Einzelfälle. In den Bürgersprechstunden, die ich seit mehr als zehn Jahren in meinem Büro in Andernach abhalte, begegnen mir immer häufiger Menschen, die nicht selbstbewusst auftreten, sondern vor allem von der Angst getrieben

sind, ihre Arbeit zu verlieren. Selten waren die Abstiegsängste der Mittelschicht in Deutschland so groß wie
heute – leider sind sie alles andere als unbegründet. Die
soziale Schere öffnet sich immer weiter; eine Entwicklung, die insbesondere zu Lasten der Empfänger kleiner
und mittlerer Einkommen geht. Menschen werden aus
der Mittelschicht verdrängt; einigen wenigen gelingt der
Aufstieg, viele rutschen jedoch in die stetig wachsende
Unterschicht ab. Das Deutsche Institut für Wirtschafts-
forschung hat alarmierende Zahlen vorgelegt, die diesen
Trend bestätigen: Mitte der 1980er-Jahre bezogen 6,3
Prozent der Bevölkerung ein Einkommen, das maximal
die Hälfte des mittleren Einkommens der arbeitenden
Gesamtbevölkerung betrug; zwanzig Jahre später war
diese Unterschicht auf 11,4 Prozent angewachsen. Im
selben Zeitraum erhöhte sich der Anteil derjenigen, die
mindestens das Doppelte des mittleren Einkommens
verdienten, von 5,3 auf 9,2 Prozent.

Aktuelle Zahlen des Instituts für Demoskopie Allens-
bach belegen, dass der einstmals so verbreitete Glaube
an individuelle Aufstiegschancen heute von vielen nicht
mehr als realistisch angesehen wird; an seine Stelle sind
Abstiegsängste getreten: 40 Prozent der gesamten berufstätigen Bevölkerung sind davon überzeugt, dass die sozialen Barrieren in Deutschland unverrückbar sind und dass
der Einzelne seinen sozialen Status nicht durch Leistung
verbessern kann. 85 Prozent vertreten die Meinung, die
Politik verstärke die Ungleichheit sogar noch; nur 5 Prozent glauben, sie leiste einen Beitrag zum Ausgleich zwischen ärmeren und reicheren Bevölkerungsteilen.

Nach Erhebungen des Allensbacher Instituts hängt die
Bewertung der eigenen Lage für die Menschen vor allem
von zwei Faktoren ab: zum einen davon, ob es gelingt,
eine befriedigende Situation für sich selbst sicherstellen

zu können. Zum anderen steht und fällt die Bewertung sozialer Unterschiede mit der Durchlässigkeit der sozialen Schichten. »In einer durchlässigen Gesellschaft können soziale Unterschiede erhebliche Antriebskräfte mobilisieren, durch den Anreiz des sozialen Aufstiegs wie durch das Risiko des sozialen Abstiegs. In einer statischen Gesellschaft, in der die sozialen Schichten wie zementiert empfunden werden, ist Statusfatalismus weit verbreitet und damit auch ein tiefes Abhängigkeitsgefühl weiter Bevölkerungskreise von den staatlichen Transferleistungen«, schreibt Renate Köcher, die Leiterin des Allensbach-Instituts in ihrer Untersuchung »Aufstiegshoffnungen und Abstiegsängste« aus dem Jahr 2008. Weiter heißt es dort: »Die deutsche Gesellschaft erfüllt diese Anforderung der Durchlässigkeit bisher jedoch nur in völlig unbefriedigendem Maße. Dies zeigt unter anderem die im internationalen Vergleich auffallende Schichtabhängigkeit des Besuchs der verschiedenen Schulgattungen wie der schulischen Leistungen von Kindern. Dies ist keineswegs mit einem mangelnden Aufstiegswillen der unteren und mittleren Sozialschichten zu erklären. 70 Prozent der Eltern aus der Unterschicht, auch knapp die Hälfte der Eltern aus der Mittelschicht wünschen sich, dass es ihren Kindern später einmal besser gehen soll als ihnen selbst. Die Bereitschaft von Eltern, zugunsten der Chancen ihrer Kinder Opfer zu bringen, ist quer durch alle Schichten groß. 80 Prozent der Eltern aus der Unterschicht und 77 Prozent der Mittelschichteltern sind bereit, für ihre Kinder auf vieles zu verzichten, um ihnen möglichst viele Chancen zu eröffnen. Damit ist sozialer Aufstieg insbesondere für die unteren Sozialschichten ein wichtiges Ziel.« Das ist ein schlechtes Zeugnis für uns, die wir politische Verantwortung tragen, wie für alle anderen gesellschaftlichen Akteure.

Die Untersuchung weist noch auf ein weiteres Problem hin: Die Bereitschaft des Einzelnen, Engagement zu zeigen und sich ernsthaft in seine Arbeit einzubringen, wird nach Auffassung vieler nicht mehr genügend honoriert. Es mangelt an Wertschätzung für die Arbeit – und das nicht nur in materieller Hinsicht. Wir kümmern uns zu wenig um die konkrete Ausgestaltung von Arbeit, um die Bedingungen, unter denen die Menschen tagtäglich ihr Brot verdienen. »Jede gut gemachte Arbeit verdient Respekt, aber nicht jede Arbeit ist gute Arbeit. Arbeit gehört zum menschenwürdigen Leben, aber sie muss auch menschenwürdig sein.« Schlichter als im Hamburger Programm der SPD kann man es nicht ausdrücken: Es geht nicht um irgendeine Arbeit für möglichst viele, es geht um gute Arbeit für alle. Sie zu schaffen, ist eines der zentralen sozialdemokratischen Politikziele.

Ein gutes Leben ist ohne gute Arbeit nicht denkbar. Aus diesem Grund müssen wir die Sicherheit und Stabilität von Arbeitsverhältnissen ins Zentrum aller politischen Bestrebungen rücken. Man mag einwenden: Arbeit ist Leben, aber Leben ist mehr als Arbeit. Das ist richtig. Nichtsdestoweniger gilt: Arbeit öffnet dem Einzelnen die Türen zur vollen Teilhabe am gesellschaftlichen Leben. Arbeit bietet den Menschen Lebenssinn und Anerkennung. Arbeit heißt, etwas zusammen mit anderen voranzubringen. Arbeit ist besonders befriedigend, wenn wir etwas tun können, das nutzbringend für andere Menschen ist; wenn wir merken, dass wir gebraucht werden. Arbeit mag oft ermüdend sein, sie verschleißt Kraft und macht sicher nicht immer Spaß. Aber sie ermöglicht uns und anderen ein besseres Leben. Arbeit sichert die eigene Existenz und ermöglicht den Wohlstand unserer Gesellschaft. Sie ist die Voraussetzung für ein selbstbestimmtes Leben.

Umso schlimmer ist es, wenn Menschen die Teilhabe am gesellschaftlichen Leben versagt wird. Wir sehen die Folgen bei Menschen ohne Arbeit. Die Auswirkungen von Arbeitslosigkeit auf das individuelle Leben der Betroffenen werden immer noch bagatellisiert. Arbeitslosigkeit ist nicht nur ein volkswirtschaftliches Problem. Wir wissen, dass Arbeitslosigkeit die eigene Lebensplanung beschädigt und sich im Hinblick auf das Selbstbild weit gravierender auswirkt als beispielsweise eine Scheidung, die ebenfalls als starke Zäsur empfunden wird. Auch ist erwiesen, dass Arbeitslosigkeit das Krankheitsrisiko enorm erhöht. Doch obwohl wir das alles wissen, tun wir zu wenig gegen die Arbeitslosigkeit.

Die erste große Studie über die psycho-sozialen Folgen von Arbeitslosigkeit wurde bereits 1933 veröffentlicht. Sie stammt von dem österreichisch-amerikanischen Soziologen und Kommunikationsforscher Paul F. Lazarsfeld und seinen Mitstreitern Marie Jahoda und Hans Zeisel – drei damals noch ganz junge Forscher, die zum Teil selbst arbeitslos waren. Die Anregung für diese beeindruckende Studie, die unter dem Titel »Die Arbeitslosen von Marienthal« ein sozialwissenschaftlicher Klassiker wurde, kam unter dem Eindruck der Weltwirtschaftskrise von Otto Bauer, dem Vorsitzenden der Sozialdemokratischen Partei in Österreich. Untersuchungsort war die Arbeitersiedlung Marienthal bei Wien, die 1830 zusammen mit einer großen Spinnerei entstanden war. Nach einer ersten Entlassungswelle 1926 wurde die Fabrik 1930 geschlossen. Von den 478 Haushalten vor Ort waren Ende 1931, zum Zeitpunkt der Erhebung, 358, also 80,1 Prozent von Erwerbslosigkeit betroffen. Unmittelbarer Erkenntnisgewinn der Studie war, dass lang anhaltende Arbeitslosigkeit nicht den politischen Kampfeswillen der Arbeiterschaft stimuliert (wie Marx dies einst vermutet hatte), sondern zu Apathie und politischer Gleichgültigkeit führt. Heute kann Marienthal vor allem als Untersuchung über die psychischen Folgen von Arbeitslosigkeit gelesen werden, wobei die Forscher besonders den Verlust des Zeitgefühls der Arbeitslosen hervorheben. In dem Buch berichtet ein Arbeitsloser von seinem Tagesablauf: Er steht auf, zieht sich an, lehnt sich ans Fenster. »Einstweilen wird es Mittag« – das ist das Einzige, was er über die Struktur seines Tages zu sagen weiß. Mich selbst hat dieser Satz so berührt, dass ich das Engagement gegen Arbeitslosigkeit und für gute Arbeit zum Zentrum meines politischen Denkens gemacht habe. Und deswegen rege ich mich so auf über den leichtfertigen Umgang mit Menschen und ihrem Schicksal in unserem Land.

Die mangelnde Wertschätzung für Arbeit zeigt sich auch darin, wie wir mit der Motivation und der Leistungsbereitschaft gerade von jungen Menschen in unserem Land umgehen. Oft reden wir über benachteiligte Jugendliche und junge Erwachsene. Was aber ist mit den jungen Menschen, die alles vollkommen richtig machen, die ihren Schulabschluss, dann eine Ausbildung oder ein Studium erfolgreich absolvieren? Wie heißt unsere Gesellschaft diese jungen Menschen willkommen? In einer groß angelegten Befragung des Bundesarbeitsministeriums (»Was ist gute Arbeit? Anforderungen an den Berufseinstieg aus Sicht der jungen Generation«) aus dem April 2008 äußerten sich Berufseinsteiger im Alter von 18 bis 34 Jahren zu ihren Erfahrungen. Der Befund ist ernüchternd: Die junge und beruflich qualifizierte Generation – unser wichtigstes Zukunftskapital – wird in unserem Land nicht so behandelt, wie es ihr zukommt. Diejenigen, auf denen die Hoffnung auf einen Fortbestand unserer leistungsstarken und sozial verfassten Gesellschaft ruht, befinden sich nach ihrer Berufsausbildung oftmals in einer schwierigen Übergangsphase. Sie wechseln zwischen befristeten Arbeitsverhältnissen, Leiharbeit, Praktika, nicht selten unfreiwilliger Teilzeit oder Freiberuflichkeit und Phasen der Arbeitslosigkeit. Nur bei 31 Prozent dieser Alterskohorte hat sich nach der Berufsausbildung nahtlos ein unbefristetes Vollzeitarbeitsverhältnis angeschlossen. 11 Prozent mussten ein atypisches Beschäftigungsverhältnis in Kauf nehmen. Bei weiteren 32 Prozent gestaltete sich der Übergang noch schwieriger: Dieses knappe Drittel gelangte erst auf Umwegen über mehrere solcher atypischen Beschäftigungsverhältnisse in eine Vollzeitstelle. Das heißt, dass 43 Prozent der jungen Menschen mit Ausbildung der Berufseinstieg erst auf Umwegen gelingt. Weitere 25 Prozent schaffen es gar nicht und wechseln auf unabsehbare Zeit weiter hin und her zwischen befristeter Beschäftigung und Arbeitslosigkeit. Die Strukturveränderungen auf dem Arbeitsmarkt, die Zunahme von unsicheren und schlecht bezahlten Arbeitsverhältnissen, trifft besonders die Jungen. Es muss nicht zwangsläufig schlimm sein, Umwege zu gehen. Aber die meisten Berufsanfänger gehen diese nicht freiwillig, und ihre Chancen auf dem Arbeitsmarkt verschlechtern sich, je länger die Umwege dauern. Spätestens als der Petitionsausschuss des deutschen Bundestages, der seit einigen Jahren auch Bürgerbeschwerden via Internet annimmt, eine von 48 348 jungen Menschen unterzeichnete Petition entgegennahm, die sich für die Verbesserung der Bedingungen von Praktika in Deutschland einsetzen, war klar, dass auf diesem Feld Handlungsbedarf besteht. Die Initiative ging von dem Netzwerk »Fairwork« aus, einem Zusammenschluss von (ehemaligen) Praktikanten, die im Rahmen dieser weitgehend ungeregelten Beschäftigungsverhältnisse schlechte Erfahrungen gemacht hatten. Praktika haben eine Sonderrolle unter den Veränderungen der Arbeitswelt; einst dienten sie der sinnvollen Ergänzung einer Ausbildung, mittlerweile stehen sie immer häufiger generell am Anfang der Erwerbstätigkeit Folgt man den Zahlen von Fairwork, waren 51 Prozent der Praktika, die nach (!) Abschluss einer beruflichen Ausbildung absolviert wurden, unbezahlt; 12 Prozent waren nach Angaben der Befragten unangemessen und nur 37 Prozent angemessen vergütet. Doch der eigentliche Knackpunkt ist, dass Praktika selten in eine stabile Beschäftigung überleiten. Von allen jungen qualifizierten Beschäftigten, die ein Praktikum absolvierten, sind lediglich 22 Prozent vom selben Arbeitgeber übernommen worden. Ein großer Teil der Praktikanten wird oft monatelang mit der vagen Zusage: »Vielleicht übernehmen wir dich ja doch noch« bei der Stange gehalten – und bildet so ein schier unerschöpfliches Reservoir an unterbezahlten, flexibel einsetzbaren Arbeitskräften. Um hier mehr Gerechtigkeit zu schaffen, forderten »Fairwork« und die DGB-Jugend eine Mindestvergütung, angemessene Arbeitsbedingungen und die Verpflichtung zum Ausstellen eines Arbeitszeugnisses. Diese Forderungen flossen in einen Gesetzentwurf ein, der aber leider nie den Deutschen Bundestag erreichte. Das ist die Realität in unserem Land.

Ich bin nicht bereit, die schleichende Entwertung der Arbeit zu akzeptieren, und ich will mich nicht abfinden mit der hohen Arbeitslosigkeit in Deutschland. Immerhin geht es um die ganz konkreten Lebenschancen von Menschen, nicht um eine wie auch immer geartete Verwaltung des Problems, wie viele Maßnahmen suggerieren. Gute Arbeit soll für alle möglich werden. Für mich heißt das Ziel nach wie vor Vollbeschäftigung. Es ist paradox: Obwohl existenzsichernde Arbeit bei der übergroßen Mehrheit der Menschen in Deutschland weit oben auf der Liste der Zukunftswünsche steht und trotz zeitweise stark sinkender Arbeitslosenzahlen hat die öffentliche Meinung in den letzten Jahren die Erreichbarkeit dieses Ziels mehr und mehr in Zweifel gezogen. Im konservativen Lager äußert sich diese Skepsis in der Vermutung, hinter den Arbeitslosenzahlen stecke ein Heer von Arbeitsverweigerern, die man zur Arbeit zwingen sollte. Im linken und liberalen Spektrum wird seit einigen Jahren die Zustimmung zum Ziel Vollbeschäftigung indirekt aufgekündigt. In der Linken ist die Auffassung verbreitet, Arbeit sei Zwang, daher wird eine Befreiung von Arbeit durch Einführung eines bedingungslosen Grundeinkommens seitens der Partei »Die Linke« und einer größer werdenden Zahl von Anhängern der Grünen propagiert.

Hat Vollbeschäftigung sich als herausgehobenes Ziel unserer ökonomischen und politischen Anstrengungen demnach überlebt? Ist es nicht längst an der Zeit, die Menschheit von der Geißel des Arbeitszwangs zu befreien? Schon Marx schwärmte von einer Gesellschaft, die es möglich macht, »heute dies, morgen jenes zu tun, morgens zu jagen, nachmittags zu fischen, abends Viehzucht zu treiben, nach dem Essen zu kritisieren, wie ich gerade Lust habe, ohne je Jäger, Fischer, Hirte oder Kritiker zu werden.«

Die Befürworter eines bedingungslosen Grundeinkommens sehen in ihm den Schlüssel zu einem selbstbestimmten Leben. Ich halte die Idee für fragwürdig. Das einfachste Gegenargument, das Problem der Finanzierung, möchte ich beiseitelassen – mir geht es um etwas Grundlegenderes: um die irreführende Philosophie der »Befreiung vom Zwang zur Arbeit«. Können wir eine

Gesellschaft wollen, die sich auf staatliche Transferzahlungen stützt? Was für eine Mentalität würde das hervorbringen? Glauben wir ernsthaft, dass Wohlstandsproduktion ohne entfremdete Arbeit auskommt? Können wir ein Sozialsystem, das ohne die Prüfung der Bedürftigkeit und der Arbeitsbereitschaft auskommt, gegenüber denjenigen Menschen begründen, die notwendige, aber sehr harte und belastende Arbeit verrichten? Oder ein System, das ein staatliches Grundeinkommen ohne eigene Arbeit sichert?

Die Linken-Politikerin Katja Kipping hat das bedingungslose Grundeinkommen einmal als eine »Demokratiepauschale« bezeichnet, die Menschen nicht von der Teilhabe an der Gesellschaft ausschließt. In der Realität hätte sie – so meine Gegenthese – die Wirkung einer »Stillhaltepauschale«: Menschen wird Geld gezahlt, damit sie vom Arbeitsmarkt verschwinden.

Ich leugne nicht, dass es eine Gruppe von kreativen und engagierten Menschen gibt, die eine durch ein Basiseinkommen erzielte Entlastung von Lohnarbeit aktiv für sinnvolle Projekte gesellschaftlicher, künstlerischer oder politischer Art nutzen würden. Aber als Strategie für einen Umbau des Sozialstaates taugt die Idee des Grundeinkommens nicht. Mittlerweile wurde das Konzept von der FDP variiert und soll ein Substitut für individuelle Sozialleistungen werden. Als eine Art Pauschale für alle sonstigen bedarfsorientierten Ansprüche und Leistungen des Sozialstaates verspricht das Bürgergeld der FDP die Mindestabsicherung auf einem Niveau, das den meisten Betroffenen nicht mehr, sondern weniger Leistungen einbringen würde, als sie jetzt erhalten.

All diesen Plänen und Konzepten gemeinsam ist, dass das Ziel einer aktiven Politik für die gesellschaftliche Integration durch Arbeit in den Hintergrund tritt. In einer

Auseinandersetzung mit den Thesen des französischen Sozialphilosophen André Gorz hat Peter Glotz die Wirkung eines solchen Mindesteinkommens schon 1984 in einem Beitrag für die Zeitschrift *Pflasterstrand* treffsicher analysiert: »Das Recht auf Arbeit wird vom Recht auf einen Arbeitsplatz entkoppelt. Das wäre das Abmontieren der letzten noch vorhandenen Sicherung vor Arbeitslosigkeit. Mit dem Mindesteinkommen werden die Arbeitslosen etwas besser alimentiert, aber gleichzeitig wird ihre Lage in einen offiziell befriedigenden sozialen Status umgewertet. Wer arbeitslos wird, der bekommt dann zu hören: Nicht jeder kann einen hochbezahlten Arbeitsplatz haben. Arbeitslosigkeit ist keine Schande. Sie haben mit Ihrem Mindesteinkommen genug, um zu leben. Beschäftigen Sie sich bitte mit sich selbst, verwirklichen Sie sich!«

Nicht zuletzt spricht noch ein ganz handfester Grund gegen ein staatliches Basiseinkommen: Es würde einen neuen Kombilohn entstehen lassen, den die Unternehmen nur noch geringfügig aufstocken müssten. Darüber hinaus besteht die Gefahr, dass die Unternehmen das garantierte Grundeinkommen nutzen, um die normalen Löhne zu kürzen. Dann würden die Realeinkommen aller Arbeitnehmer sinken, in der Folge auch die Renten, was tiefgreifende Auswirkungen auf die Konsumnachfrage und damit die Binnenkonjunktur hätte. Ich halte Einkommenssicherung aus eigener Erwerbsarbeit in arbeits- und sozialpolitischer wie auch in gesamtgesellschaftlicher Hinsicht immer noch für den besten Weg. Eine entscheidende Voraussetzung hierfür ist die gesetzliche Festlegung von Mindestlöhnen und die Eindämmung von unsicheren Arbeitsverhältnissen. Die Grundlage dieser Politik ist nicht Zwang zur Arbeit, sondern ein Recht auf Arbeit. Und das muss heißen: ein Recht auf einen Arbeitsplatz. Die Regierungsparteien sind hier ebenso in der Pflicht wie die Tarifpartner. Die Kritik an den Hartz-Gesetzen ist insofern berechtigt, als dass wir tatsächlich zu wenig gefördert, aber viel gefordert haben. Doch kann die Alternative wirklich ein staatliches Grundeinkommen sein, das von allen Verpflichtungen zur Integration in den Arbeitsmarkt befreit? Statt für ein Grundeinkommen plädiere ich für eine Neubestimmung des Sozialstaates, der individuelle Erwerbsbiografien partnerschaftlich begleitet. Dieser Sozialstaat muss aktive Vorsorge betreiben, indem er gleiche und gerechte Ausgangsbedingungen schafft, und im Falle einer Notlage Nachsorge in Form einer bedarfsorientierten Mindestsicherung, die ohne Gängelungen auskommt und auf die alle ein Anrecht haben.

Statt das Ziel der Vollbeschäftigung aufzugeben, müssen wir fragen: Wie viel Arbeit und welche Arbeit braucht der Mensch? Für mich ist daher die Eröffnung einer neuen arbeitszeitpolitischen Debatte wichtig. Zu den Erfordernissen einer modernen Arbeitszeitpolitik gehört es nicht nur, Menschen in Beschäftigung zu bringen, sondern Arbeit soll auch Selbstbestimmung und Flexibilität ermöglichen – dieser Aspekt wird häufig sträflich vernachlässigt. Eine neue Arbeitszeitpolitik muss mit einer Renaissance der Humanisierung der Arbeit einhergehen und dem Gedanken Rechnung tragen, dass viele Menschen in bestimmten Lebensphasen unterschiedlich viel arbeiten wollen.

Berthold Huber, der Vorsitzende der IG Metall, hat im Februar 2009 auf einer Fachtagung zur Leistungs- und Arbeitszeitpolitik den Begriff der »entwicklungsförderlichen Arbeit« vorgeschlagen: Damit ist Arbeit gemeint, die nicht körperlich und psychisch aufzehrt, sondern die

Entwicklung der Beschäftigten fördert. Arbeit, die dem Einzelnen die Möglichkeit gibt, Prozesse zu gestalten und an Entscheidungen teilzuhaben. Arbeit, die genügend Zeit für Qualifizierung lässt und den Menschen bereichert – nicht nur in finanzieller Hinsicht.

Eine Politik der Vollbeschäftigung setzt ein stetiges qualitatives Wachstum voraus. Frank-Walter Steinmeier hat in seinem »Deutschland-Plan«, der weiterhin Teil der Programmatik der SPD ist, aufgezeigt, wie durch einen Vorsprung an innovativen Produkten, im Dienstleistungsbereich und in der klassischen Industrie die Arbeitsplätze von morgen entstehen können. Insbesondere eine ökologische und nachhaltige wirtschaftliche Wachstumsstrategie ist ein wichtiger Beitrag zur Vollbeschäftigung. Es ist im Übrigen eine der Leistungen des ehemaligen Umweltministers Sigmar Gabriel, dass eine beschäftigungsorientierte Wirtschaftspolitik nicht mehr als Widerspruch zu einer ambitionierten Klima- und Umweltpolitik verstanden wird. Ergänzend ist die Ausweitung öffentlicher Dienstleistungen in Pflege, Gesundheit und Bildung notwendig. Dabei kann es sich um originäre Beschäftigung im öffentlichen Sektor handeln, aber auch um zusätzliche Arbeitsplätze in einem gemeinwirtschaftlich und regional strukturierten Arbeitsmarkt.

Dem Recht auf Arbeit hat der frühere sozialdemokratische Arbeitsminister Olaf Scholz ein Recht auf einen Schulabschluss im Rahmen der Arbeitsmarktpolitik vorangestellt. Eine systematische und dauerhafte Verzahnung von Arbeitsmarkt und Bildungspolitik ist generell dringender denn je geboten, damit Menschen Unterbrechungen oder Veränderungen ihrer Arbeitssituation, mit denen sie immer häufiger konfrontiert sind, meistern können. Dazu brauchen wir eine Arbeitsmarktpolitik, die Bildung und Weiterbildung im Lauf des Erwerbslebens immer wieder ermöglicht und lebensphasengerecht fördert.

In unserem Hamburger Programms fordern wir Sozialdemokratinnen und Sozialdemokraten: »Um Sicherheit und Flexibilität zu verbinden und Sicherheit im Wandel zu gewährleisten, wollen wir die Arbeitslosenversicherung zu einer Arbeitsversicherung umgestalten. Die Arbeitsversicherung soll berufliche Übergänge und Erwerbsunterbrechungen absichern sowie Weiterbildung in allen Lebensphasen gewährleisten. Dazu werden wir ein Recht auf Weiterbildung durchsetzen. Sie soll die Wahlmöglichkeiten erweitern und die Beschäftigungsfähigkeit erhalten.« Auf dieser Forderung beruht mein Vorschlag einer Job-Vorsorge, ein Modell für eine moderne Arbeitsmarktpolitik, die den Wandel akzeptiert, die Menschen im Umbruch aber begleitet und absichert.

Bildung, Weiterbildung und Arbeit greifen wie Zahnräder ineinander. Die moderne Arbeitswelt ist vor allem durch den wissenschaftlich-technischen Fortschritt, globalisierte Wirtschaftsstrukturen und verschärften Wettbewerb geprägt. Von den Arbeitnehmern wird immer mehr Flexibilität verlangt. Die lebenslange Beschäftigung in einem Betrieb wird weiter abnehmen; an die Stelle des früheren Normalmodells ist eine Fülle flexibler und vielfach prekärer Erwerbsformen getreten. Durch diese Veränderungen treten neben das Risiko der Arbeitslosigkeit neue Risiken, auf die unsere sozialen Sicherungssysteme bisher nicht angemessen reagiert haben. Genau da setzt unser Konzept der Arbeitsversicherung im Erwerbsleben an. Durch eine Weiterentwicklung der Arbeitslosenversicherung zu einer Versicherung, die im Kern wie eine Job-Vorsorge funktioniert, soll für alle Menschen zwischen 15 und 67 lebensbegleitende Qualifizierung und die Verbesserung der Chancen auf eine lebenslange Beschäftigung ermöglicht werden. Dazu sind neue Denkansätze und Angebote nötig. Wir brauchen Strukturen für die Beratung; ich habe vorgeschlagen, bei den Arbeitsagenturen vor Ort ein Qualifizierungszentrum anzudocken, wo jede Arbeitnehmerin und jeder Arbeitnehmer sich einem Kompetenzcheck unterziehen kann, freiwillig, flächendeckend und in Kooperation mit regionalen Weiterbildungsnetzen. Finanzierungsmöglichkeiten für die lebensbegleitende Bildung vom Schüler-Stipendium bis zum Erwachsenen-BAföG müssen ausgebaut werden.

Neue Anforderungen an Arbeitnehmerinnen und Arbeitnehmer, neue Risiken und Brüche in den Bildungs- und Erwerbsbiografien machen ein neues Sicherungsnetz und flexible, aber gezielte Hilfen notwendig.

Es geht um eine Politik für gute Arbeit. Auch die Modelle für die Bürgerversicherung im Rahmen der Gesundheitsreform und die Rentenversicherung müssen den neuen Erfordernissen angepasst werden. Zukunftsfähige Konzepte in der Arbeits- und Sozialpolitik sind erforderlich, damit auch unter ungünstigen Voraussetzungen ein selbstbestimmtes Leben möglich bleibt. Genau das ist die berechtigte Erwartung der Menschen an uns: dass wir die aktuellen Probleme und Herausforderungen begreifen und darauf zukunftsweisende Antworten entwickeln; dass wir die Zeichen der Zeit zu lesen verstehen und daraus Lösungen ableiten, die dem Wohle aller dienen. Die Menschen wollen, dass wir uns um sie und ihre Probleme kümmern.

Spätestens seit Anfang der 1990er-Jahre ist ein wirtschaftlicher Wandlungsprozess im Gang, der auch die Organisation von Arbeit verändert hat. In nahezu allen Branchen ist eine verstärkte Belastung des Einzelnen zu verzeichnen. Und der Druck steigt – das Outsourcing von Beschäftigten in eigens gegründete Subfirmen oder Personaldienstleistungsagenturen mit dem Ziel, Gehaltsverschlechterungen durchzusetzen und soziale Schutzrechte zu umgehen, gehört fast zum Alltag. Es wird immer schwieriger, das Ethos der Arbeit, das Max Weber herausgearbeitet hat, auch tatsächlich als individuelle und gesellschaftliche Ressource zu erhalten. Die Würde der Arbeit geht verloren – ja auch die Bestimmung zum Besseren hin, die in ihr liegt, gerät zwangsläufig unter Druck, wenn Arbeit schlecht bezahlt und sozial unzureichend abgesichert geleistet werden muss. Angetrieben wurde diese Entwicklung von einem neuen Schub der Globalisierung. Im Wettlauf um den Erhalt von Standorten wurden Produktivitätsspielräume immer weiter ausgereizt. Die zunehmende und einseitige Orientierung vieler Unternehmen an den Erwartungen der Kapitalmärkte, aber auch die Gestaltungsmöglichkeiten weltweit integrierter Produktionsbündnisse – besonders in der exportorientierten Industrie kann man das sehr gut erkennen – führen zu stetigen Umstrukturierungen. Welcher Standort den Zuschlag für den Bau eines neuen Autos erhält, wird durch »Benchmarking« entschieden. Verglichen werden dabei keinesfalls nur die Produktionsbedingungen und Kosten in deutschen oder europäischen Werken – das Konkurrenzverhältnis betrifft die Arbeitnehmer und Betriebe weltweit, und es wird sich unter den gegebenen Bedingungen weiter verstärken. Auf die Frage, wie die Produktionssysteme in Hochlohnländern wie Deutschland den Wettbewerb mit den Niedriglohnländern meistern können, gibt es noch keine Antwort. Ungeklärt ist auch, wie unser eigener Weg aussehen kann. Besonders drastisch hat sich die weltweite Konkurrenz in der Informations- und Telekommunikationsindustrie ausgewirkt – sie war mit dem Verlust vieler Arbeitsplätze verbunden. Die Leistungsqualität und die Arbeitsbedingungen der verbliebenen Beschäftigten haben sich durch diese Entwicklung verschlechtert, wie Hunderttausende Arbeitnehmerinnen und Arbeitnehmer erfahren mussten. Auch im öffentlichen Sektor führte ein dauernder Schrumpfungs- und Einsparungsprozess zu Verschlechterungen der Arbeitsbedingungen. Erschwerend kommt hinzu, dass die Reallöhne selbst in Phasen des Aufschwungs nicht mehr steigen – im Gegenteil, sie sind in den letzten zehn Jahren eher gesunken. Unter diesen Umständen verwundert es nicht, dass die leistungsbereite Arbeitnehmerschaft sich nicht gerecht behandelt fühlte. Wie sollte sie auch?

Doch wer ist nun verantwortlich zu machen für diese Entwicklungen? Eine anonyme Globalisierung? Manager und Konzernlenker? Sicher, auch die stehen in der Kritik – allerdings erst so richtig seit dem offenen Zusammenbruch der Weltfinanzmärkte. Die Ergebnisse der letzten Bundestagswahl legen jedoch die Auffassung nahe, dass die SPD es geschafft hat, den Unmut und die Wut der Menschen vor allem auf sich zu lenken. Ja, sie ist sogar zum Gründungsmythos der Partei »Die Linke« geworden, die seitdem die Mär von der Allzuständigkeit und Alleinverantwortlichkeit der SPD für alles Schlechte im Land wie eine Monstranz vor sich her trägt. Dass sie damit so viel Erfolg hat, muss uns zu denken geben. Ganz offenbar ist es der SPD nicht gelungen, ihr Versprechen einzuhalten, dass sie auch in Zeiten der Globalisierung erfolgreich den Ausgleich von Kapital und Arbeit organisieren könne. 147 Jahre waren wir in Hinblick auf diesen Ausgleich die Partei der kleinen, aber handfesten Versprechen. Und wir konnten viele davon halten: gerechte Aufstiegschancen für alle, die sich anstrengen;

Fairness und betriebliche Mitsprache; gute Löhne, die zum Leben reichen; Bildung; ein soziales Netz, das einen auffängt, wenn man abzustürzen droht; Hilfe, um die man nicht betteln muss, weil sie einem zusteht. Die Menschen wussten, dass wir im Zweifelsfalle für die Interessen der einfachen Leute auch einer Auseinandersetzung nicht aus dem Weg gehen. Das alles ist der Deal zwischen Arbeit und Kapital, den wir viele Jahrzehnte lang erfolgreich verteidigt haben – ganz gleich, ob wir in der Regierung waren oder auf den Straßen und in den Betrieben. In den letzten zehn Jahren hat die SPD jedoch fast alle Erwartungen, die in sie als »Partei der kleinen Leute« gesetzt wurden, enttäuscht. Wenn ich mich in den Wochen nach der Wahl umhörte, um herauszufinden, warum wir so wenig Menschen von uns überzeugen konnten, dann schwang in den meisten Antworten diese Enttäuschung mit. »Ihr habt euer Herz verloren«, sagte mir eine Dame aus Rheinland-Pfalz. Ich fürchte, genau so wirkte einiges von dem, was wir getan und gesagt haben. Wir haben oft ohne Herz gesprochen – das darf nicht so bleiben. Ich fürchte aber auch, dass das Problem grundsätzlicher ist, dass es mit den verringerten Handlungs- und Steuerungsmöglichkeiten nationaler Politik zu tun hat. Wie sonst kann es sein, dass nahezu alle europäischen sozialdemokratischen Parteien massive Probleme haben, die Sozialdemokratie kaum noch irgendwo regiert? Hier besteht ein direkter Zusammenhang. Die Krise der sozialdemokratischen Parteien Europas hat mit der Ohnmacht des Politikmodells zu tun, das sie jahrzehntelang vertreten haben. In Zeiten des globalen Standortwettbewerbs lassen sich die Arbeitsbedingungen nicht mehr nach altem Muster aushandeln, denn das Kapital droht stets mit Verlagerung. Die Machtverhältnisse zwischen Arbeit und Kapital haben sich verschoben.

Die Summe aller Formen von Kapital – also inklusive Finanzanlagen, Aktien und Spareinlagen – überstieg im Jahr 2007 das Weltinlandsprodukt um das Zehnfache. In dieser Zahl kommt die extreme Entwertung von Arbeit im Verhältnis zum Kapital zum Ausdruck. Sie wird sich auch nach der Krise auf den internationalen Finanzmärkten nicht automatisch umkehren. Nur gemeinsam, durch gute Koordination auf europäischer sowie internationaler Ebene, wird es möglich sein, den Primat der Politik über Produktion, Handel und Finanztransaktionen wiederherzustellen. Und nur so können wir auf Dauer die kleinen Versprechen, für die die SPD stets stand, wieder einlösen.

Freiheit und Verantwortung

Mitte Mai 2009 lief mein Name tagelang über die Ticker der Nachrichtenagenturen. Kommentatoren spekulierten in Hintergrundberichten über eine politische Rechtswende der einstmaligen »Vorzeigelinken« Andrea Nahles. Google weist noch heute 31.200 Treffer aus, wenn man »Nahles« und »Spätabtreibungen« eingibt. Denn darum ging es. Mit einer Gesetzesinitiative wollten CDU/CSU und FDP sowie eine Gruppe von Sozialdemokraten um meine Kollegin Kerstin Griese und mich eine psychosoziale Beratung von Schwangeren, die mit der Diagnose einer schweren Behinderung des Kindes konfrontiert werden und über eine Abtreibung nachdenken, zur Pflicht machen. Außerdem wollten wir eine Frist von drei Tagen festschreiben, die zwischen der Diagnose einer Behinderung und einer Spätabtreibung liegen muss. Das sorgte für Aufregung. Die meisten in der SPD diskutierten meiner Meinung nach allerdings völlig am eigentlichen Thema vorbei. Obwohl es nicht um ungewollte Schwangerschaften ging, bekam die Debatte den Charakter einer Neuauflage des Streits um den Paragraphen 218. An dem bereits vor vielen Jahren ausgehandelten Kompromiss zum Paragraphen 218 wollten ich und die anderen Unterstützerinnen und Unterstützer einer psychosozialen Beratung, zumindest soweit sie der SPD, den Grünen und der FDP angehörten, jedoch gar nicht rütteln. Die Ausgangsfrage war vielmehr: Was passiert, wenn bei einem gewollten Kind, einem Wunschkind, die Diagnose »schwerbehindert« gestellt wird? Diese Konfliktsituation einer werdenden Mutter wurde anhand eines konkreten Beispiels erörtert. Die exemplarisch ausgewählte Frau hatte schon ein behindertes Kind zur Welt gebracht, war erneut schwanger und hatte nach der zwölften Schwangerschaftswoche den Befund erhalten, dass auch das zweite Kind behindert zur Welt kommen würde. Eine solche Diagnose führt in der Bundesrepublik sehr schnell zur Empfehlung für einen Abbruch, und dieser wird auch in vierzig Prozent der Fälle innerhalb der darauffolgenden drei Tage vorgenommen.

In einer sehr emotional geführten Bundestagsdebatte diskutierten wir über mehrere Stunden kontrovers und über alle Fraktionsgrenzen hinweg den Vorschlag der dreitägigen Wartefrist, in der die betroffene Frau Zeit zum Nachdenken haben sollte, um eine endgültige Entscheidung zu fällen. Ich empfand eine Bedenkzeit von drei Tagen immer noch als Druck – zumindest dann, wenn Leib und Leben der Frau nicht in Gefahr sind –, deshalb sagte ich: »Hier muss eine Frau eine Entscheidung treffen, mit der sie ihr ganzes Leben lang zurechtkommen muss. Sie muss erst einmal urteilsfähig werden, was aber durch den Schock nach einer solchen Diagnose kaum so rasch erfolgen kann. Denn sie hat nur die Wahl zwischen dem einen Schmerz: ein Kind, das sie wollte, nicht zu bekommen, und dem anderen: ein Kind zu bekommen, das so anders ist, als sie es sich gewünscht hat. Das ist die Wahl zwischen zwei Schmerzmomenten und nicht eine Entscheidung zwischen Konfliktsituation x und y.« Ich fand, dass der in diesem Zusammenhang ständig benutzte Begriff »Konfliktsituation« viel zu verharmlosend, zu neutral war, deshalb verwendete ich bewusst das Wort »Schmerz«.

Ich fuhr in dieser Debatte fort: »Die Entscheidung müssen die Frauen allein treffen, da gebe ich Ihnen allen recht, die das hier gesagt haben. Aber das soll nicht dazu führen, dass sie in einer solchen Situation allein gelassen werden. Für mich sollte deshalb neben einer längeren Bedenkzeit auch eine psychosoziale Betreuung verpflichtend sein.« Es war allerdings nicht möglich, hinsichtlich dieses letzten Punkts bei meiner Partei eine Mehrheit zu erzielen. Meine Kolleginnen und Kollegen aus der Fraktion argumentierten, das führe automatisch zu einer Bevormundung der Frau, zu einer Gängelung, man würde ihr im Grunde das Recht absprechen, über sich selbst zu entscheiden. Übersahen meine Mitdiskutanten denn ganz, dass man mit dem Paragraphen 218 bereits einen Kompromiss in dieser Frage geschlossen hatte, der bis weit in die Kirchen hinein mitgetragen wird? Die gesetzliche Regelung zum Schwangerschaftsabbruch schreibt nämlich ebenfalls eine Beratung vor.

Politisch gesehen lag im Fall der Spätabtreibungen vielleicht wirklich eine »Konfliktsituation« vor, menschlich gesehen ging es aber um eine ethische Entscheidung – und zwar eine, mit der die betroffenen Frauen ihr Leben lang konfrontiert sind. Es galt abzuwägen zwischen einerseits dem Wert behinderten Lebens und andererseits der Sorge der werdenden Mutter, ob sie das Leben mit einem nicht gesunden Kind würde bewältigen können. Deshalb stimmte ich bei dieser Abstimmung im Bundestag anders als die Mehrheit meiner Fraktionskolleginnen und -kollegen. Es ging mir bei meiner Entscheidung darum, abzuwägen; es ging mir um das Lebensrecht von Menschen, die behindert sind. In der Debatte war das ungeborene Kind in meinen Augen zu einem variablen Faktor in einer Gleichung geworden, die nicht aufgehen würde. In diesem Moment hatte ich zum ersten Mal ganz grundlegend das Gefühl, dass ich in einer wichtigen ethischen Frage anders werte und urteile als viele meiner Kolleginnen und Kollegen. Gleichzeitig wurde mir klar, dass ich die SPD in dieser Frage nicht würde überzeugen können, egal, wie sehr ich es versuchte. Es war seltsam: Ich denke sozial, bin links – und trotzdem musste ich feststellen, dass es einen Bereich des Politischen gibt, in dem es nicht möglich ist, mein Denken mit der Mehrheitsmeinung in meiner Partei in Einklang zu bringen.

Ich war selbst überrascht, welchen Wirbel meine Gewissensentscheidung auslöste. Vor allem aber war ich erstaunt, warum mir ein politischer Gesinnungswandel unterstellt wurde. Ich selbst hätte zehn Jahre zuvor genauso gehandelt wie in jener Bundestagssitzung im Mai 2009. Denn ich bin schon immer beides: links und gläubig. Wenn man meine Biografie betrachtet, sogar eher in umgekehrter Reihenfolge: gläubig und links.

Mein zweiter Vorname ist Maria; bei meinen Cousinen sieht es nicht anders aus. Das hat bei uns in der Familie Tradition. Ich bin katholisch erzogen und aufgewachsen – schon mit neun Jahren wurde ich Messdienerin, mein Vater hat den Kirchenchor in Weiler geleitet, meine Mutter ist im Verwaltungsrat der Pfarrgemeinde – und gehe heute noch regelmäßig in die Kirche. Ende der 1970er-Jahre war es für Frauen noch etwas Besonderes, Messdienerin zu werden, zumal auf dem Land. Ich gehörte zu den ersten Ministrantinnen, die den Dienst am Altar verrichten durften. Traditionell war das den Jungen vorbehalten. Und nicht zu vergessen: Regelmäßig trug ich *missio* aus, die Zeitschrift des Internationalen Katholischen Missionswerks. Nach meiner Ministrantinnenzeit besuchte ich einen ökumenischen Jugendgesprächskreis; wir treffen uns noch heute.

Mit keiner Person der Geschichte habe ich mich so intensiv auseinandergesetzt wie mit Jesus von Nazareth. Das geschah nicht aus einem politischen Antrieb heraus. Sicher habe ich von meinen Eltern eine christliche Grundorientierung mit auf den Weg bekommen; in unserer Familie wurde das Christentum gelebt. Aber es war auch mein eigenes Interesse, meine Suche nach dem Sinn und Zusammenhang des Lebens, die mich immer wieder auf Jesus Christus und die Kirche gebracht hat. Über die Jahre habe ich gemerkt: Es ist nicht leicht, Christus nachzufolgen, er ist kompromisslos anspruchsvoll. Und er ist radikal, was die Frage der Gerechtigkeit angeht.

Allerdings habe ich meinen Glauben nie wie eine Monstranz vor mir hergetragen. Mein christlicher Glaube ist nichts, womit ich hausieren gehe. Ich will gute Politik für alle Menschen machen, ganz gleich, welcher Religion sie angehören. Daher bin ich in weltanschaulichen Fragen offen und trete für eine klare Trennung von Politik und Religion ein. Aber es gibt Gewissensfragen, bei denen ich mich über die Fraktionsgrenzen hinweg als Christin positioniere, etwa bei der Stammzellendiskussion oder bei der Auseinandersetzung darüber, ob das Bekenntnis zu Gott in der EU-Verfassung verankert werden soll. Das sind Punkte, bei denen ich bewusst entscheide: »Hier muss ich mich als Christin bekennen, um vor mir selbst glaubwürdig zu bleiben.« Wichtiger jedoch ist, dass mein frühes Engagement für die Arbeitsmarkt- und Sozialpolitik auch christlich begründet ist. Es geht mir um die Würde des Einzelnen, ganz besonders die des Schwachen. Diese Haltung beruht auf der Vorstellung vom Menschen als einem Ebenbild Gottes. Trotz aller politischen Alltagserscheinungen, Eitelkeiten und vieler Rückschläge sehe ich in meiner Arbeit letzten Endes einen Dienst für die Menschen – nur so kann ich mit Leidenschaft weiterkämpfen. Dass ich dafür immer wieder neue Kraft finde, verdanke ich nicht zuletzt meinem Glauben.

Vermutlich trennt mich mein christliches Weltbild auch an einer entscheidenden Stelle von der traditionell säkularen Linken. Das ist das sogenannte Theodizee-Problem, das im Kern besagt: Wenn es einen Gott gibt, der allmächtig ist und es noch dazu gut meint, warum lässt er dann Leid und Elend auf der Welt zu? Darüber streiten sich linke Aufklärer und religiös gebundene Denker seit Jahrhunderten. Die traditionelle Linke löste die Leid-Frage durch eine Verweltlichung des Problems. Sie versprach ein Verschwinden allen Elends und Glück für jeden, wenn wir erst den Sozialismus erreicht hätten. Ich dagegen behaupte: Auch wenn wir eines Tages die bestmögliche Gesellschaft realisiert haben, wird es trotzdem weiterhin Leid, Krankheit und Tod geben. Glück ist keine Sache, die man den Menschen schenken oder gar von außen aufdrängen kann. Glück können wir nur durch die Art und Weise erfahren, wie wir unser Leben gestalten. Für mich bedeutet Glück vor allem das gelingende Miteinander unterschiedlicher Menschen. Die gesellschaftlichen Bedingungen spielen dabei eine erhebliche Rolle, alleinentscheidend sind sie aber nicht.

Ich selbst glaube an eine göttliche Kraft in unserem Leben. Sie macht uns nicht automatisch glücklich oder unglücklich, sie hilft aber dort, wo Politik endet. Und Politik ist endlich. Sie kann zwar zur Errichtung einer guten Gesellschaft beitragen; individuelles Leid aber kann sie genauso wenig verhindern, wie sie Glück verordnen kann. Das müssen wir Gotteskinder uns selbst erarbeiten. Und manchmal bekommen wir es auch geschenkt. Ich erwarte von der Politik auch keine Antworten auf die letzten Fragen. In meinen Augen ist sie im besten Fall das

Mittel, das ein gutes Leben für alle möglich macht. Politik kann die Welt verändern, aber uns nicht vor Unglück bewahren. Man kann bestimmte Formen von Leid lindern oder überwinden; etwa jene, die durch Ungerechtigkeit verursacht werden, durch Benachteiligung und durch Rassismus. Dafür ist eine funktionierende Gesellschaft notwendig. Aber die Grundfragen des menschlichen Lebens lassen sich nicht durch Politik lösen. In Heinrich Heines »Deutschland. Ein Wintermärchen« heißt es: »Wir wollen hier auf Erden schon / das Himmelreich errichten.« Ich kann diesen Wunsch nur zu gut verstehen. Doch der Anspruch, ein Himmelreich auf Erden, ein perfektes Gemeinwesen und einen perfekten Menschen zu erschaffen, hat in seiner Absolutheit etwas Totalitäres. Aus gutem Grund bin ich Sozialdemokratin und nicht Kommunistin. Mir liegt der aufklärerische Begriff der Emanzipation von selbstverschuldeter Unmündigkeit näher als die Idee einer kollektiven Zwangsbeglückung. Für mich ist das Anliegen der Aufklärung die Grundlage moderner Gesellschaften und demokratischer Staaten.

Es gibt aber noch einen anderen Aspekt, in dem ich mich ebenfalls von vielen Sozialdemokraten und Sozialisten unterscheide und der mir für alle politischen Gestaltungsfragen wesentlich erscheint. Es ist das der Politik zugrunde liegende Menschenbild; die Vorstellungen davon, wie Menschen sind; aus welchen Motiven heraus sie handeln; ob sie von sich aus zu sozialem Handeln fähig sind, oder ob sie – homo homini lupus est – wie die Wölfe übereinander herfallen würden, legte man ihnen durch einen Gesellschaftsvertrag nicht Fesseln an. Je nachdem, wie man diese Fragen beantwortet, wird man in der Politik zu unterschiedlichen Handlungskonzepten kommen. »Mit unserem Menschenbild bestimmen wir, was wir als unsere fundamentalen Eigenschaften annehmen, das heißt vor allem, welche Bedürfnisse und Handlungstendenzen wir uns zuschreiben, eventuell auch, worin die Ziele menschlichen Lebens bestehen (was der ›Sinn des Lebens‹ ist) und welche Werte Menschen als fundamental ansehen (oder ansehen sollten)«, schreiben die Soziologen Achim Barsch und Peter M. Hejl in ihrem Buch »Menschenbilder« aus dem Jahr 2000. Jede Form von Politik ist geprägt durch das Menschenbild ihrer Akteure. In Demokratien ist es das Leitbild des rational handelnden, die Alternativen prüfenden und schließlich abwägend entscheidenden Staatsbürgers, das die Politik bestimmen sollte.

Doch nehmen wir Politikerinnen und Politiker dieses Postulat ernst, haben wir wirklich ein demokratisches Menschenbild verinnerlicht, das unser Handeln leitet? Ich befürchte, das ist keineswegs durchgehend der Fall. Leider sind sich traditionelle Konservative und traditionelle Sozialdemokraten in diesem Punkt näher, als es gemeinhin gesehen wird. Denn beide Strömungen tragen ein erzieherisches Moment in sich, das oft in einen undemokratischen Paternalismus umschlägt. So gehen die Linken klassischerweise davon aus, dass eine perfekte Gesellschaft möglich ist, wenn man alle Menschen nur richtig bildet, das Beste aus ihnen herausholt und sie optimal fördert. Prinzipiell gefällt mir der Optimismus, der sich in dieser Haltung zeigt. Dahinter steht der Glaube, dass die Menschen gesellschaftsfähig sind, dass sie eine humanere, bessere Welt schaffen können. Ihre historischen Wurzeln hat diese Einstellung im Forschrittsglauben und im Bildungsoptimismus der Aufklärung; beide strahlen eine große Kraft aus und können viele gute Gründe für ihre Haltung ins Feld führen. Bildung nimmt im linken Denken mit Recht einen zentralen Platz ein, als eine wesentliche Voraussetzung für das Gelingen einer besseren Gesellschaft.

Der Blick der Konservativen auf die breiten Schichten des Volkes fällt um einiges pessimistischer aus. In den Schriften konservativer Vordenker wie Gustave Le Bon und José Ortega y Gasset wurden die Menschen, die in den unteren Schichten der entstehenden Industriegesellschaft lebten, schlicht zur »Masse« erklärt. In Ortega y Gassets berühmtem Buch »Aufstand der Massen« etwa heißt es entlarvend: »Die neue Einstellung der Masse manifestiert sich nach meiner Meinung am sinnfälligsten in ihrem Anspruch, die Gesellschaft zu führen, ohne dazu fähig zu sein. Aber wenn die Struktur der neuen Seele auch nirgends so grob und unverhüllt zutage tritt wie in ihrem politischen Gebaren, der Schlüssel liegt doch in ihrer geistigen Absperrung. Der durchschnittliche Mensch entdeckt ›Gedanken‹ in sich, aber er kann nicht denken. Er ahnt nicht einmal, wie scharf und rein die Luft ist, in der Gedanken leben. Er will ›meinen‹, aber er will die Bedingungen und Voraussetzungen alles Meinens nicht anerkennen. Darum sind seine Gedanken in Wahrheit nur Triebe in logischer Verkleidung.« Und Le Bon, ein französischer Arzt und Sozialpsychologe, schrieb in seinem Buch »Die Psychologie der Massen« im Jahr 1895: »Die Massen kennen nur einfache und übertriebene Gefühle. Meinungen, Ideen, Glaubenssätze, die man ihnen einflößt, werden daher nur in Bausch und Bogen von ihnen angenommen oder verworfen und als unbedingte Wahrheiten oder ebenso unbedingte Irrtümer betrachtet. So geht es stets mit Überzeugungen, die auf dem Wege der Beeinflussung, nicht durch Nachdenken erworben wurden.«

Le Bon und Ortega y Gasset zählen zu den wichtigsten konservativen Vordenkern Europas. Ihre Schriften zeigen: Den Konservativen fehlte von Anfang an der Optimismus, dass die Menschen lernfähig und zugänglich für vernünftige Argumente sind. Ausgehend von dieser Auffassung wurden seit dem späten 19. Jahrhundert Strategien diskutiert, wie man die »Massen« manipulieren und ihre Macht möglichst klein halten könnte – ein Weg, der sich zumindest in Deutschland spätestens 1912 als Sackgasse entpuppte, als die Sozialdemokraten zur stärksten Fraktion im Reichstag aufstiegen. Da ließen sich die Massen nicht länger ignorieren.

Doch auch große Teile der Linken hatten und haben keinen durchweg positiven Blick auf die Menschen: der nörgelnde Unterton, der erzieherisch-rechthaberische Gestus, mit dem sie bis heute die Vorlieben und das Verhalten der einfachen Leute kritisieren, zeugen von einem tief verwurzelten Paternalismus, der in letzter Konsequenz trotz aller Selbstbestimmungsrhetorik doch darauf abzielt, durch beständige Erziehung und sozialtechnologische Optimierung einen neuen und besseren Menschen zu erschaffen, der sich möglichst genau in die vorgegebenen Passformen der Gemeinschaft einfügt.

Diesem rigiden Menschenbild möchte ich widersprechen. Ich sehe mich in der Tradition einer Freiheits-Linken. Das heißt, dass ich anderen ihre Freiheit zugestehe, selbst wenn es mir nicht unbedingt gefällt, wie sie diese nutzen. Peter Glotz hat einmal geschrieben: »Die Idee, man könne die Menschen mit klug dosierten und programmierten kommunikativen Angeboten zu irgendwelchen gewünschten Verhaltensweisen nötigen, ist zum einen autoritär, vor allem aber illusionär. Weder politische Beteiligung noch innere Sammlung, noch die Zuwendung zur Schriftkultur sind durch eine kommunikative Angebotsplanung erzwingbar; der Spieltrieb, die Zerstreuungssucht, die sinnlichen Kommunikationsbedürfnisse sind nur von innen, nicht von außen domestizierbar. […] Es weht der kalte Wind der Selbstverantwortung. Jeder muss selbst entscheiden, was er mit seinem Mittwochabend macht. Er hat viele Optionen; auch die Option zur dumpfen Wiederholung des Gewohnten. Der kalte Wind macht nicht automatisch klar im Kopf. Aber per Saldo ist er gesünder als die kontrollierte und gelegentlich feuchtwarme Temperatur eines betreuten Biotops.«

Darin steckt viel Wahres. Deshalb sind voreilige Aburteilungen nicht sinnvoll. Soziologische Forschungen haben mittlerweile gezeigt, dass auch scheinbar sinnfreie Beschäftigungen wie der Konsum von TV-Seifenopern den Menschen dabei helfen, sich in der Gesellschaft zu orientieren, ein Bild von den anderen zu gewinnen und letztlich ihr individuelles Verhalten an den Normen einer gut funktionierenden Gesellschaft auszurichten. Damit predige ich kein Laissez-faire. Man muss nicht alles durchgehen lassen, bloß weil es auf kulturellen Traditionen des populären Vergnügens basiert. Doch durch den ständigen Versuch, die Menschen zu einer Lebensführung zu zwingen, von der wir meinen, dass sie damit glücklicher wären, werden wir vielen Menschen nicht gerecht. Ich nenne diese Haltung Neopaternalismus.

Nehmen wir zum Beispiel den um sich greifenden Fitnesswahn, der zu einer wahren Ideologie der Selbstoptimierung geworden ist. Die Globalisierung – von neoliberaler Seite als Heilsbringerin glorifiziert – hat viele Menschen in bisher ungekanntem Ausmaß zu einer egozentrisch motivierten Leistungssteigerung stimuliert. Kurz: Sie hat Ehrgeizlinge geschaffen. Diese sind allerdings zunehmend erschöpft vom selbst- und fremdverordneten 24/7-Fitnessprogramm. In der Gesellschaft entsteht deshalb ein neues Bedürfnis nach solidarischen Ruhezonen, in denen man sich aufgehoben fühlt. Leistungsrausch und das Verlangen, sich zu entspannen, bedingen einander, neudeutsch nennt man das Work-Life-Balance.

Auf die eigene Gesundheit und Fitness zu achten ist zweifellos richtig. Die Gesundheitsideologie der Wellness-Bewegung ist aber mittlerweile ein fester Bestandteil unseres säkularen Menschenbildes geworden, verbunden mit einer ästhetischen Normierung, die einem klipp und klar sagt, wie man zu sein hat. In Frankreich wird mittlerweile sogar Fernsehwerbung für ganz normale Lebensmittel aufgrund gesetzlicher Bestimmungen mit Warnhinweisen versehen. Wird zum Beispiel ein Spot für Margarine gezeigt, sieht man am unteren Bildschirmrand einen Text, der den Verbraucherinnen und Verbrauchern mitteilt: »Margarine enthält Fett. Fett ist einem guten Leben nicht zuträglich. Wenn Sie Margarine essen, sollten Sie mindestens zwei Stück Obst oder Gemüse zu sich nehmen. Wenn Sie Fett essen, sollten Sie danach ausgedehnt spazieren gehen. Fett ist nicht gesund.« Dazu sieht man Bilder von glücklichen und durchtrainierten Mittelschicht-Familien, die in ihren schönen Gärten vor noch schöneren Häusern Margarine-Brote essen – dazu natürlich zwei Stück Obst pro Kopf. Das ist eine Form von Gängelung, die ich nicht mehr akzeptabel finde. Ganz davon abgesehen, dass die großen Weine und Champagner Frankreichs nach wie vor prestigeträchtige staatliche Auszeichnungen bekommen (»Das Landwirtschaftsministerium empfiehlt: Trinken Sie diesen Chardonnay«), Margarine also in französischen Augen offenbar weit gefährlicher ist als Alkohol: Die kulturellen Normen, wie man leben sollte, kommen in Frankreich wie in Deutschland aus der wohlhabenden Mittelschicht und werden den anderen Schichten durch Gesetze, Werbebeschränkungen und Verbraucherhinweise mehr und mehr aufgezwungen. Das Diktat des gesunden Lebens um jeden Preis lässt sich mit meiner katholischen Prägung, derzufolge jede Form von Leben ihren Wert in sich trägt, nur schwer vereinbaren.

Ein gutes Beispiel für den Zusammenhang von Fitnessideologie und Bevormundung ist die Nichtraucherbewegung, von der ich selbst nicht sagen kann, ob sie nun eine Nichtraucherschutz-Bewegung oder eine Anti-Raucher-Bewegung ist. So oder so: Für mich persönlich ist sie zunächst einmal ein Segen. Ich bin Nichtraucherin und kann nun in Restaurants gehen, ohne unter dem Gestank leiden zu müssen. Dagegen habe ich nicht das Geringste einzuwenden. Was mir aber missfällt: Ich habe das Gefühl, dass das öffentliche Auge die Menschen genauer als früher ins Visier nimmt. Der Staat mischt sich dadurch so weitgehend in das Leben des Einzelnen ein, dass alle meine liberalen Instinkte geweckt werden. Es gibt in diesem Land Raucher, und es gibt Nichtraucher, und beide müssen irgendwie miteinander klarkommen. Dafür war der Nichtraucher-Schutz wichtig, doch man darf es damit nicht so weit treiben, dass die Raucher – das sind immerhin rund 30 Prozent der Gesellschaft – den Eindruck bekommen, sie würden ausgegrenzt.

Sabine Bätzing, die von mir sehr geschätzte ehemalige Drogenbeauftragte der Bundesregierung, meldete sich beispielsweise etliche Male mit der Forderung zu Wort, das Rauchen im Auto zu verbieten. Dieser Forderung kann ich mich nicht anschließen. Das Auto ist kein öffentlicher Raum wie Behörden, Züge oder Restaurants es sind. Ich sehe nicht ein, warum man das Rauchen im eigenen Wagen verbieten soll. Das habe ich meiner Kollegin auch so gesagt. Viele Gesundheitspolitiker, die ich ansonsten unterstütze, neigen beim Thema Rauchen zur Übertreibung. Dass es für Kinder extrem schädlich ist, wenn ihre Eltern im Auto rauchen – insbesondere im

Winter, bei geschlossenen Fenstern –, steht außer Frage. Darin kann ich ihnen nur zustimmen. Dennoch betrachte ich es nicht als die Aufgabe des Gesetzgebers, hier einzuschreiten. Ich halte eine solche Forderung schlicht für einen Ausdruck von Rigorismus. Da wird etwas für schlecht befunden, und auf der Stelle muss staatlicherseits etwas dagegen unternommen werden. Mir stellt sich dabei die Frage, wo man die Grenze zieht. Soll man den Menschen in der Folge per Gesetz verbieten, in ihren eigenen vier Wänden zu rauchen? Das wäre für mich eine Form von Paternalismus, eine auf alle Bereiche ausgedehnte Zuständigkeit von Politik, die ich nicht akzeptieren kann.

Denn die Frage nach der Verantwortung des Einzelnen wird dabei ebenso außer Acht gelassen, wie das Abwägen zwischen individueller Freiheit und den Schutzrechten der anderen – was höchstwahrscheinlich zur Folge hat, dass die Betroffenen diese Art der Gängelung gar nicht mehr wahrnehmen oder bewusst und trickreich umgehen. So hatte Frank-Walter Steinmeier vor einiger Zeit eine Zigarettenschachtel von einer seiner Auslandsreisen mitgebracht, auf der ein Mann mit einem Beatmungsrohr am Kehlkopf zu sehen war.

Ich fragte Steinmeier: »Was ist das denn?«

Er: »Ich hatte keine Zigaretten mit, da musste ich mir die hier kaufen.«

»Das meine ich nicht. Ich meine dieses abschreckende Bild.«

»Ach, das meinst du. Na ja, das gibt es jetzt in einigen Ländern.«

»Und hält dich das vom Rauchen ab?«

»Nein, ich glaube nicht. Auf jeden Fall nehme ich das nicht bewusst wahr.«

Im Stillen dachte ich: Hier wird mal wieder der pädagogische Zeigefinger erhoben. Mit diesen Horrorbildern soll Ekel erzeugt werden. Kein vernünftiger Mensch würde sich freiwillig einer solchen optischen Konfrontation aussetzen. Selbst als Nichtraucherin kann ich das sofort nachvollziehen. Maßnahmen wie diese Gruselfotos sollen die Nichtraucher schützen. Ich halte das für überzogen. Der Wirt einer der beiden Dorfkneipen in Weiler hat unübersehbar ein »Raucher«-Schild an der Tür angebracht, und in einer Bar in meinem Berliner Kiez, in die ich gerne gehe, darf auch geraucht werden. Suche ich den einen oder einen anderen Ort auf, weiß ich, dass ich mir heute Abend mal wieder den Kopf vollqualmen lasse – das brauche ich für den Rest der Woche dann nicht mehr. Aber es ist meine eigene Entscheidung, ob ich dorthin gehe oder nicht.

Der Nichtraucherschutz ist in meinen Augen Ausdruck eines Trends: Immer mehr Details des täglichen Lebens werden staatlich reglementiert. Das geschieht schleichend. Wir müssten eigentlich eine Grundsatzdiskussion über die Frage führen, wo der Aufgabenbereich des Staates endet und der Verantwortungsbereich des Einzelnen beziehungsweise der Zivilgesellschaft beginnt. Paradox ist diese Entwicklung vor allem deshalb, weil die Regelungswut des Staates in Kleinigkeiten einem ungeheuren Machtverlust des Nationalstaats in den großen Fragen gegenübersteht: Je weniger Einfluss der Staat etwa auf die Gestaltung globaler Wirtschaftsprozesse hat, desto emsiger regelt er das Privatleben seiner Bürgerinnen und Bürger. Insofern scheint zwischen der Deregulierung der Märkte und der Regulierung privater Lebensverhältnisse ein Zusammenhang zu bestehen. Guido Bohsem von der Süddeutschen Zeitung hat diese Art staatlichen Agierens einmal zutreffend als »nanny state«, als Kindermädchen-Staat, bezeichnet.

Ein anderes Beispiel ist die Videoüberwachung. Seit

einigen Jahren sind etwa in der Innenstadt von London flächendeckend Kameras installiert – es ist bedrückend, das zu sehen. Natürlich kann man eine solche Maßnahme mit dem Schutz vor Gewalttaten begründen. Aber andererseits ist die Zahl der schweren kriminellen Delikte seit den 1990er-Jahren nicht in einem Umfang gestiegen, der eine derartige Überwachung und systematische Einschränkung der bürgerlichen Freiheiten rechtfertigen würde. Das Recht der Bürgerinnen und Bürger, sich frei in der Öffentlichkeit zu bewegen, ohne über ihr Kommen und Gehen, ihr Ziel und ihre Absicht Rechenschaft abzulegen, wird mit einer fast flächendeckenden Videoüberwachung elementar verletzt. Öffentliche Räume werden zu überwachten Zonen, der Präventionsgedanke wird so übermächtig, dass am Ende jede noch so harmlose Form von abweichendem Verhalten geahndet wird. Ich habe das vor zehn Jahren zum ersten Mal in einer Londoner Shopping Mall beobachtet. Es gab Boutiquen und Cafés, Lebensmittelgeschäfte und Bänke zum Ausruhen – scheinbar ein rundum schöner öffentlicher Ort. Am Eingang kam mir ein junger Mann auf seinem Fahrrad entgegen. Er rollte ganz langsam durch das Portal. Es dauerte keine zehn Sekunden, bis die sanfte Musikberieselung in der Mall unterbrochen wurde und aufgeregte Stimmen aus den überall installierten Lautsprechern brüllten. Nach dreißig Sekunden erschienen Wachmänner, die den jungen Mann und sein Fahrrad wegzerrten. Erst da wurde mir klar, dass ich mich an diesem Ort alles andere als frei bewegen konnte – jeder Schritt wurde beobachtet, alles wurde registriert.

Videoüberwachung ist auch bei uns groß im Kommen. Letztlich schwächt sich der Staat durch diese Überwachungs- und Regelungswut selbst. Denn dort, wo es zu viele einengende Regeln gibt, wird die Fantasie der Leute beflügelt, wie man diese Regeln umgehen kann. Am Ende nehmen sie die Regeln nicht mehr ernst – insbesondere, wenn sie ohnehin nicht oder nur schwer durchsetzbar sind. Der Staat sollte sich also genau überlegen, wo er eingreifen kann und sollte und wo nicht.

Dazu passt ein Erlebnis aus Schweden, wo meine Familie häufig ihre Urlaube verbrachte. Dort werden alkoholische Getränke nur in eigens dafür eingerichteten, staatlich lizenzierten Geschäften zu horrenden Preisen verkauft. Bewahrt der Staat seine Bürger damit vor den schädlichen Wirkungen des Alkohols? Mitnichten – denn die Schweden nutzen ein Schlupfloch: Sie brennen sich ihr Schnäpschen selbst.

Es war im August, ich war sechzehn oder siebzehn. Auf einer Halbinsel, in der Nähe unserer Unterkunft, wurde ein »Krebsfest« gefeiert. Tagsüber fing man riesige Mengen von Flusskrebsen, die dann abends auf den Tellern landeten. An der Verbindungsstelle zum Festland stand ein »schwarzer Sheriff« und kontrollierte, dass niemand Hochprozentiges mit auf die Halbinsel nahm. Abends um elf wurden die männlichen Gäste dann langsam zudringlich. Es war nicht zu übersehen, dass sie ziemlich betrunken waren. Wie konnte das sein, wo doch nirgends Bier oder Schnaps ausgeschenkt wurde? Ganz einfach: Die Männer verließen die Halbinsel und gingen zu dem Parkplatz, auf dem ihre Autos standen. Kofferraum auf, die Flasche mit dem Selbstgebrannten ausgepackt, und ein paar ordentliche Schlucke genommen. Das machten sie drei- bis viermal am Abend; der »Sheriff« sah und hörte nichts. Solange keiner Alkohol mit auf die Insel brachte, hatte er seine Pflicht erfüllt, die Regeln waren eingehalten. So viel zur Macht und Ohnmacht staatlicher Kontrolle.

Doch was sollen wir tun, wenn der Staat mit seinem

Ordnungsanspruch mehr und mehr an seine Grenzen stößt? Eine Antwort lautet: Die Verhaltensregeln des Umgangs miteinander sollten dort definiert werden, wo sie auch gelebt werden müssen: in der Gesellschaft. Etliches, was wir heute noch staatlich organisieren, sollten wir besser in die Hände der Zivilgesellschaft und ihre vielfältigen privaten Organisationen legen. Da viele von ihnen allerdings chronisch unterfinanziert sind, bedürfen sie einer zuverlässigen staatlichen Unterstützung. Wohlgemerkt: Unterstützung und nicht nur Kontrolle. Wir sollten jeden Einzelnen befähigen, eigene Entscheidungen für sein Leben zu treffen. Alle Menschen müssen stark genug werden, um Nein zu sagen, sie brauchen Rückgrat. Das funktioniert nur in einer Kultur des Vertrauens und der Ermutigung. Wenn jemand Rückgrat beweist, muss er Achtung und Anerkennung erfahren. Vielfach werden Menschen, die an der richtigen Stelle Nein sagen oder Zivilcourage an den Tag legen, falsch bewertet. Sie gelten als Querulanten, die ständig aus der Norm fallen, als verschrobene Einzelgänger.

Eigenverantwortung heißt für mich aber nicht Rechthaberei. Ich will das an einem Beispiel verdeutlichen: Einer meiner Wegbegleiter auf kommunaler Ebene ist Gernot Mittler. Er stammt aus Mendig. 1993 holte ihn der damalige Ministerpräsident von Rheinland-Pfalz, Rudolf Scharping, als Finanzminister in sein Kabinett. Gernot Mittler sagte eines Tages zu mir: »Andrea, der größte Fehler der Menschheit ist die Erfindung der privaten Rechtsschutzversicherung.« Eine drastische Aussage, selbstverständlich mit einem Augenzwinkern ausgesprochen, doch ich wusste, was er meinte. Natürlich ist eine Rechtsschutzversicherung wichtig, wenn man ernsthaft gezwungen ist, sein Recht zu erkämpfen. Vielfach wird sie jedoch als Freifahrtschein für das gerichtliche Austragen von alltäglichen Konflikten missverstanden, die man auch ohne Justitia leicht in den Griff bekommen könnte: Meist reicht ein Gespräch mit dem Nachbarn. Hier werden die Gerichte, wird der Staat für die Lösung von Problemen missbraucht, die eine selbstbewusste und mündige Bürgergesellschaft auch im freien Diskurs und im fairen Miteinander lösen kann. Streitereien arten auf diese Weise in nahezu unlösbare, kriegsähnliche Zustände aus. Das kann der über den Gartenzaun hängende Ast sein oder der berühmte Gartenzwerg, der in die Einfahrt des Nachbarn hinüberwinkt. Der Versuch, derartige Dinge gerichtlich zu klären, blockiert nicht nur unsere Justiz, er verlängert auch den Streit und schafft unerträgliche Zustände. Zu einer mündigen Gesellschaft gehört für mich, dass der Einzelne ein Gefühl dafür entwickelt, wo er den Schutz des Rechtsstaats in Anspruch nehmen und wo er seine Probleme ohne staatliche Intervention lösen kann.

Eine gute Nachbarschaft ist eine Nachbarschaft, die nicht auf Misstrauen beruht; die signalisiert, dass mir der andere nicht gleichgültig ist; in der ich auch mal die Haustür offen lassen kann. Vielfach höre ich den Einwand, wie das denn gehen soll in unseren anonymen Großstädten? Dem kann ich nur entgegenhalten: Wir selbst sind es, die die Großstädte anonym machen. Wir lassen es geschehen und sind davon überzeugt, dass wir keine Alternative haben. Und dann fordern wir Gesetze, die etwas regeln sollen, das nur die Menschen untereinander regeln können.

Statt also den Leuten immer detaillierter vorzuschreiben, wie sie ihr Leben zu führen haben, sollten wir unsere Anstrengungen darauf richten, möglichst alle zu einer individuellen, verantwortlichen und an den Bedürfnissen ihrer Mitmenschen orientierten Lebensweise zu ermutigen. Dazu ist ein gewisses Rüstzeug nötig, welches auf

Bildung und Chancengleichheit beruht – zwei Begriffe, die nicht von ungefähr grundlegende Ziele linker Politik sind. Gerade Chancengleichheit muss stets neu erstritten werden. Sie entwickelt sich in einer Gesellschaft nicht von selbst und wird erst recht nicht durch die unsichtbare Hand des Marktes geschaffen. Sie entsteht auch nicht ohne praktische Solidarität, ohne eine Gesellschaft, die bereit ist, enger zusammenzurücken. Wie das gehen kann, zeigt die folgende Geschichte: In dem Haus in Weiler, das ich jetzt bewohne, lebte viele Jahre lang meine Tante Marie. Tante Marie war seit ihrem dreißigsten Lebensjahr blind, und meine Mutter hatte die Vormundschaft für sie übernommen. Damit kein falscher Eindruck entsteht: Meine Tante besaß nichts, was sie hätte vererben können. Das Haus gehörte einem Bruder meines Großvaters, und der Pflegesatz, den meine Mutter für die Vormundschaft bekam, wurde in die Erhaltung dieses Hauses investiert. Da Tante Marie immer an diesem Ort gelebt hatte, war es undenkbar, sie woanders hin zu verpflanzen. Hier fand sie sich zurecht. Wir aßen gemeinsam, und meine Eltern kümmerten sich um sie. Es wurde nie ein Aufhebens darum gemacht, sondern alles geschah ganz selbstverständlich. Diese Erfahrung von Solidarität und Nächstenliebe war die entscheidende Mitgift, die mir meine Eltern mitgegeben haben.

Es gibt sehr viele Menschen in unserem Land, die jeden Tag Solidarität leben mit pflegebedürftigen Verwandten, Freunden und Nachbarn. Diese Beispiele haben mir oft geholfen, mein Engagement auch dann fortzusetzen, wenn ich enttäuscht und müde war.

Leider beobachte ich aber auf der anderen Seite eine zunehmende Gleichgültigkeit gegenüber dem, was jenseits des eigenen Gartenzauns geschieht. Ich besuche oft Schulen, und Lehrer bestätigen mir immer wieder, dass die Fähigkeit zur Empathie bei ihren Schülern abnimmt. Eigentlich sollte man meinen, in unserer modernen Gesellschaft mit ihren vielen Kommunikationsmöglichkeiten müsste man sich automatisch mehr in den anderen hineindenken können – und damit letztlich auch toleranter werden. Toleranz hat nichts mit Gleichgültigkeit zu tun, sie erfordert vielmehr die Auseinandersetzung mit der Lebenswirklichkeit der anderen. Toleranz und Empathie, die Fähigkeit, sich in andere einzufühlen, sind die beiden großen Ziele einer aufgeklärten Gesellschaft. Sie sind die Basis einer neuen Kultur der Verantwortung, die wir so dringend brauchen. Denn das ist es, was unsere Gesellschaft im Innersten zusammenhält: Verantwortung für andere zu übernehmen.

Im Grundgesetz steht: »Die Würde des Menschen ist unantastbar.« Doch leider wird sie angetastet. Das kann durch Hungerlöhne ebenso geschehen wie durch Bespitzelung am Arbeitsplatz. Die Fälle, in denen der Datenschutz der Arbeitnehmer, das kleine bisschen Privatheit, das ihnen im Job bleibt, mit Füßen getreten wird, häufen sich: Lidl, Schlecker, Müller, Daimler, die Deutsche Bahn, die Post, die Telekom – es scheint kein Ende in Sicht. Kunden und Mitarbeiter zu überwachen, über Krankheiten Buch zu führen – das sind Dinge, die schlichtweg illegal sind. Das sind Stasi-Methoden. Aber auch, wenn man nach hundert Bewerbungen das Gefühl hat, endgültig nicht mehr gebraucht zu werden, kann man in seiner Würde verletzt sein – vor allem, wenn die Ungerechtigkeit überall mit Händen zu greifen ist. Dem müssen wir etwas entgegensetzen. Wir müssen die gesamtgesellschaftliche Solidarität wiederbeleben, den Gedanken wieder stark machen, dass Gesellschaften nur dann gut funktionieren, wenn Menschen füreinander einstehen. Das berührt dann auch elementar Fragen der Gerechtigkeit. Das Gebot der

Gerechtigkeit aber verletzen wir in unserer Gesellschaftsordnung systematisch.

Hierzu zwei Beobachtungen: Im Mai 2008, noch vor
der großen Krise der Finanzmärkte, meldete das Manager Magazin, dass zwei amerikanische Hedgefonds-
Manager im vergangenen Jahr je mehr als eine Milliarde
Dollar verdient haben; konkret waren es 1,2 und 1,4 Milliarden. Ungefähr zur gleichen Zeit ging eine Bewerbung
in der Personalabteilung eines führenden deutschen Au-
toherstellers ein. Ein arbeitsloser Heizungs- und Lüf-
tungsmonteur schrieb an die Personalmanager: »Ich
bin bereit, sieben Tage in der Woche im Schichtdienst
für Ihr Unternehmen zu arbeiten, Krankenscheine oder
›Blaumachen‹ kenne ich nicht, seit über zwölf Jahren war
kein Arztbesuch erforderlich. Zum Glück! Auf Urlaubs-
und Weihnachtsgeld lege ich keinen Wert. Ein Jahresur-
laub von 20 Tagen reicht mir völlig aus. Meine Gehalts-
vorstellung von 1.500 Euro brutto bei 160 Stunden im
Monat ist sehr moderat und unternehmerfreundlich und
stärkt so Ihren Standort für die nächsten Jahre. Daher
würde ich mich über eine positive Rückmeldung von
Ihrem Unternehmen in der nächsten Zeit freuen. Alles
Gute bis dahin! Hochachtungsvoll ...«

Wenn wir die beiden Jahresgehälter vergleichen –
1000 Millionen Dollar hier, 18000 Euro dort – sehen
wir, warum unsere Gesellschaft auseinanderdriftet. Der
Kasseler Soziologe Heinz Bude macht in einem Artikel
für die *Süddeutsche Zeitung* (»Eine Frage der Weltsicht«;
14.9.2009) drei Dimensionen von Gerechtigkeit aus,
welche die Wahrnehmung der Menschen davon steuern,
ob es in einer Gesellschaftsordnung gerecht oder ungerecht zugeht: Leistungsgerechtigkeit, Chancengleichheit
und individuelle Autonomie. Sachverhalte wie das Beispiel von den Managern und dem Heizungsmonteur ver-

letzen das Gefühl der Leistungsgerechtigkeit, denn kein Mensch leistet Millionen Mal mehr als ein anderer. Die Chancengleichheit verletzen wir, wenn wir im Bildungssystem zu früh und zu hart selektieren, wenn wir Kinder von Hartz-IV-Empfängern von vornherein vom Zugang zu einer besseren Lebensperspektive ausschließen. Die individuelle Autonomie wird mit Füßen getreten, wenn wir Einkommensunterschiede – die es immer geben wird und auch geben soll – zum Parameter für persönliche Wertschätzung machen, wenn wir also zum Beispiel unterbezahlte Angestellte von Wachdiensten herablassend behandeln, weil wir uns ihnen statusmäßig überlegen fühlen. Keiner soll Herr sein und keiner Knecht – so beschreibt Franz Müntefering das Ziel der Sozialdemokratie häufig. Damit hat er recht. Wir brauchen Gerechtigkeit auf allen drei genannten Ebenen.

»Was sind Staaten ohne Gerechtigkeit anderes als Räuberbanden?«, fragte Augustinus schon im 5. Jahrhundert und hat ein Mindestmaß an Gerechtigkeit als Grundlage für ein funktionierendes und stabiles Gemeinwesen gefordert. Dazu bedarf es in der Gesellschaft einer Vorstellung davon, was gerecht ist, und es bedarf der Bereitschaft der Menschen, sich in die Lage anderer Menschen hineinzuversetzen.

Vor einigen Jahren war ich zu Gast im Gemeinschaftskundeunterricht einer elften Klasse eines Gymnasiums. Die Schüler sollten mir Fragen stellen. Ein Mädchen äußerte recht aggressiv: »Diese ganzen Sozialhilfeempfänger, das sind doch mehr oder weniger alles Leute, die sich auf Kosten von anderen hängen lassen.« Ich atmete tief durch und dachte, dass es besser sei, wenn solche Einstellungen gleich am Anfang auf den Tisch kommen – dann kann man wenigstens darüber reden. Ich antwortete, dass ich das nicht so sehen würde, und versuchte das anhand eines Beispiels zu verdeutlichen. Einige Tage zuvor war eine alleinerziehende junge Mutter in mein Bürgerbüro in Andernach gekommen. Ich schilderte ihre Lebensumstände, um Verständnis bei den Schülern zu wecken; sie ließen sich jedoch zunächst nicht darauf ein. Eine heftige Debatte entbrannte darüber, was die Frau alles hätte anders machen können, um nicht in eine solche Lebenssituation zu geraten. Warum gibt sie das Kind nicht bei der Großmutter ab? Warum geht sie nicht arbeiten? Besser einen schlechten Job als gar keinen. Die Schüler blickten wie über einen Zaun auf das Leben dieser Frau, ohne sich in diesen Menschen hineinzuversetzen. Ich sagte:»Denkt doch mal nach: Sie kann Teilzeit arbeiten, aber dafür gibt es viel zu wenig Angebote in unserer Region. Außerdem bräuchte sie dazu ein Auto. Das kann sie sich aber wiederum nicht leisten. Und eine flexible Kinderbetreuung gibt es in ihrem Dorf erst recht nicht.« Ich erntete nur Schulterzucken. Für mich war das eine interessante Erfahrung. Die Schüler waren mir gegenüber nicht unfreundlich, aber ihre Reaktionen konnte ich auch nicht als eine kurzfristige Laune abtun. Ihnen schien schlicht die Bereitschaft oder Fähigkeit zu fehlen, ein paar Meter im Leben dieser Frau mitzugehen. Aber vielleicht hatte ich ja ein falsches Beispiel gewählt. Vielleicht können sich Schüler nicht in eine alleinerziehende Mutter einfühlen. Ich versuchte es mit dem Fall eines jungen Mannes, der gerade seine Ausbildung abgeschlossen hatte, aber nicht von der Firma übernommen wurde, weil diese Insolvenz anmeldete. Die Diskussion lief genauso ab. »Dann soll er eben jobben.« Ich konnte bei den Schülern kein Verständnis für die Situation eines arbeitslosen jungen Mannes wecken. Zwar gab es einige, die still dasaßen und sich nicht an diesem Gespräch beteiligten. Möglicherweise hatten sie in der Familie oder im Bekanntenkreis Erfahrungen mit diesem Thema gemacht, aber sie meldeten sich nicht zu Wort. Die Mehrheit dagegen war einfach nicht bereit, sich in das Leben einer anderen Person hineinzudenken. Nach dieser schwierigen Schulstunde zeigte die Klasse mir noch ihre verrotteten Sanitäranlagen, und einige baten mich, für Abhilfe zu sorgen. Sie selbst hatten also durchaus Erwartungen an den Staat, und in diesem Punkt musste ich ihnen recht geben. Die Toiletten waren tatsächlich in einem schauderhaften Zustand.

Mittlerweile ist das Problem mit den sanitären Einrichtungen behoben. Was das Problem der mangelnden Empathie angeht, bin ich mir nicht so sicher. Die Bereitschaft, das Scheitern anderer nicht nur als individuelles Versagen zu begreifen, scheint mir zunehmend geringer ausgeprägt. Und die Fähigkeit, im Scheitern eines anderen auch mögliche zukünftige eigene Schicksalsschläge zu erkennen, ist oft nicht mehr vorhanden. Zudem ist mir bei meinen Schulbesuchen aufgefallen, dass sich viele Jugendliche auch über ihre eigenen Ziele und Wünsche im Unklaren sind. Wer sich selbst nicht kennt, dem gelingt auch der Perspektivwechsel nicht, der nötig ist, um sich in andere hineinzuversetzen.

Wie kann Freiheit funktionieren, wie kann Solidarität entstehen, wenn man sich selbst nicht kennt als Mensch mit ganz eigenen Stärken und Schwächen? Wo geben wir einer zweiten oder dritten Chance Raum?

Eine demokratische Gesellschaft – und damit meine ich nicht nur eine sozialdemokratische – wird irgendwann nicht mehr funktionieren, wenn es an Einfühlungsvermögen für andere mangelt. Denn Empathie ist die Fähigkeit, aus verschiedenen Perspektiven zu denken. Wer nur von seinem Standpunkt ausgeht und diesen nicht wechseln kann, wer nicht die Energie aufbringt, vorübergehend einen anderen Blickwinkel einzunehmen, der bleibt seiner ursprünglichen Meinung auf immer verhaftet, lässt keine Entwicklung zu, kennt keinen Kompromiss. In meinen Bürgersprechstunden, die ich seit elf Jahren abhalte, habe ich häufiger mit dieser Schwierigkeit zu kämpfen. Die Menschen kommen zu mir und wollen, dass ich ihr Problem auf der Stelle löse, auch dann, wenn das den Interessen anderer zuwiderläuft. Da wird etwa verlangt, dass aus einer Geschäftsstraße eine Spielstraße gemacht wird. Wenn ich meinen Einwand formuliere und auf die Folgen für andere aufmerksam mache, zum Beispiel auf die möglichen Nachteile für die Ladenbesitzer, wird der Tonfall oftmals fordernd und ungeduldig, und es fallen unsoziale Äußerungen. Das eigene Problem wird verabsolutiert.

Dass nicht nur ich, sondern auch andere einen Mangel an Empathie wahrnehmen, zeigt die folgende Geschichte, die mir ein befreundeter Lehrer erzählt hat. Er unterrichtet an einem Gymnasium Englisch. Während eines Elternabends tippte ein Vater die ganze Zeit über wild auf seinem Laptop herum. Freundlich sagte der Englischlehrer zu ihm: »Sie müssen entschuldigen, aber Sie können hier nicht arbeiten, das stört unsere Gespräche.« – »Wissen Sie«, antwortete der Mann, »ich arbeite ja gar nicht, sondern schreibe alles mit, was Sie sagen. Wer weiß, wozu es nötig ist.« Der Englischlehrer wiederholte, dass die Gesprächsatmosphäre durch dieses Verhalten gestört würde und der Mann den Computer doch bitte ausschalten solle, andernfalls müsse er den Elternabend abbrechen, weil sich so kein Vertrauensverhältnis aufbauen ließe. Vergeblich.

Keine Frage: Die Menschen verhalten sich nicht generell so selbstbezogen. Aber die Beispiele zeigen deutlich, dass die Fähigkeit zur Empathie nicht nur bei Schülern vielfach gering ausgeprägt ist. Wenn man diese Episoden auch nicht wirklich als Konfliktsituationen bezeichnen kann, beobachte ich dabei doch diese unverrückbare Haltung, die so viele Menschen in unserem Land einnehmen: Ich bin im Recht, und ich werde mein Recht auch durchsetzen, mit allen Mitteln, die mir zur Verfügung stehen. Ist es maßlos, von den Bürgern einer Demokratie etwas anderes zu erwarten als blanken Egoismus und allgegenwärtiges Misstrauen? Auf der anderen Seite sehnen sich gleichzeitig viele Menschen nach einer solidarischeren Gesellschaft. Zwei Drittel der Nicht-Wähler bei der Bundestagswahl 2009 haben diesen Wunsch geäußert. Damit dieser Wunsch Wirklichkeit wird, muss an die Stelle von Misstrauen und die Beschränkung auf eigene Interessen ein neues Miteinander und ein Mehr an Vertrauen treten.

Welche Folgen der zunehmende Verlust an Empathie im Extremfall haben kann, wurde beim Amoklauf von Winnenden im Frühjahr 2009 erschreckend deutlich. Dort erschoss der Jugendliche Tim K. 16 Mitschüler, Lehrer und Passanten. Seitdem wird darüber gestritten, ob Winnenden ein Beleg für die zunehmende Gewaltbereitschaft in unserer Gesellschaft ist – tatsächlich ist Deutschland das europäische Land mit den meisten »school shootings« – oder ob wir es hier mit einem dramatischen Einzelfall zu tun haben. So oder so hat Winnenden die große Verletzlichkeit des Systems Schule gezeigt. Für Lehrerinnen und Lehrer überall im Land ist die Durchsage »Frau Koma kommt«, die in der Realschule in Winnenden als Losung für den Notfall vereinbart war, mittlerweile zur festen Chiffre der eigentlich unvorstellbaren Bedrohung geworden. Das ist die eine Seite. Auf der anderen Seite legen Taten wie die von Tim K. auch offen, wie verletzlich junge Menschen sind. Im Abschiedsbrief, den Sebastian B., der Amokläufer von Emsdetten, 2006 zurückließ, hieß es, ein »Verlierer« zu sein sei alles, was die Schule ihm »intensiv« beigebracht habe. Dabei sei er doch ein Mensch, der es verdiene, beachtet zu werden.

Eben diese bedingungslose menschliche Wertschätzung, unabhängig von der schulischen Leistung, müssen Lehrer den jungen Menschen geben. Da Lehrer aber nicht alles gleichzeitig schaffen können – Wissensvermittlung und sozialpädagogische Betreuung – ist es so wichtig, dass an unseren Schulen neben den Lehrern endlich auch Sozialarbeiter eingesetzt werden. Denn wenn Jugendliche lernen sollen, das Leben zu bejahen, müssen sie persönlich das Gefühl haben, um ihrer selbst willen bejaht zu werden. Dafür müssen Lehrer und Sozialarbeiter sowie Eltern und Erziehungsberechtigte akzeptieren, dass auch das Scheitern zum Leben gehört. Einmal gemachte Fehler dürfen nicht dazu führen, dass man für immer in die Ecke gestellt wird. Bildung, bei der die Entwicklung der Individuen mit ihren intellektuellen und emotionalen Fähigkeiten im Vordergrund steht; die auf ein aktives Bürgersein vorbereitet und darauf, Verantwortung für das Gemeinwesen zu übernehmen; die in einem System vermittelt wird, das allen eine Chance gibt, anstatt sein Augenmerk auf die Auslese weniger zu richten – eine solche Bildung findet jedenfalls in unserem Land viel zu wenig statt.

Christin zu sein – und damit kehre ich an den Ausgangspunkt dieses Kapitels zurück – heißt für mich auch, den anderen als Mensch bedingungslos anzuerkennen. Ich war Christin, bevor ich Sozialdemokratin wurde. Aus den elementar christlichen Einstellungen, die ich entwickelte, entstand mein eigener Wertehintergrund. Auf ihm beruhen meine Urteile über das Miteinander von Menschen und meine Vorstellungen von einer guten

Gesellschaft. Ich entschied mich für die Partei, bei der ich die größte Schnittmenge im Hinblick auf mein Wertesystem sah. Das war die SPD – eine christliche Grundhaltung führt schließlich keinesfalls dazu, dass man sich politisch bei der CDU verorten muss. Und wenn man zur SPD gehört, bedeutet dies nicht, dass man nicht mehr in christlichen Kreisen verkehren kann. Noch heute kommen die Mitglieder der früheren ökumenischen Jugendgruppe, der ich angehöre, seit ich fünfzehn bin, zweimal im Jahr zusammen. Anfangs versammelten wir uns im Kloster Himmerod, deshalb nannten wir uns Himmerod-Gruppe. Heute finden unsere Treffen im Eifel-Kloster Maria Martental statt, ganz in der Nähe meines Heimatortes. Diese Begegnungen sind für mich sehr kostbar. Die Menschen in meinem persönlichen Umfeld, die wie ich bewusst Christen sind – seien es die Angehörigen der Himmerod-Gruppe, mein Pastor, ein befreundeter Priester in Trier, meine Familie oder meine Freunde –, sind sich auf eine besondere Weise zugewandt; sie gehen achtsamer miteinander um. Die Atmosphäre ist meist entspannt und von einer großen Menschenfreundlichkeit geprägt. Das schätze ich sehr. Die Begegnungen mit ihnen sind unendlich weit entfernt von den harten und auf rationales Kalkül ausgelegten Machtstrukturen, die in der Politik dominieren. Manchmal scheint es mir, als würde der Weg nach Martental jedes Jahr weiter, obwohl sich die geografische Distanz nicht verändert. Immer wenn ich von meinen täglichen politischen Auseinandersetzungen in eine Kirche komme oder bete, wird so einiges in meinem Kopf und in meiner Seele wieder gerade gerückt. Auch deswegen brauche ich den Kontakt mit anderen Christen.

Es gibt einen Satz von Franz Kamphaus, dem früheren Bischof von Limburg, der mich sehr berührt hat, als ich ihn zum ersten Mal hörte, und der mich seither begleitet: »Mache es wie Jesus, werde Mensch!« Dieses Menschwerden halte ich für etwas ganz Grundlegendes. Enthält der von Franz Kamphaus geäußerte Satz doch neben der zutiefst theologischen Dimension eine – und das ist in diesem Zusammenhang das Entscheidende – durch und durch praktische Handlungsanweisung für das gesellschaftliche Miteinander. Dieses »werde Mensch!« ist nichts, was man durch öffentliche Fürsorge, Sozialstaatlichkeit oder eine noch so gute Ausbildungspolitik ersetzen kann. Die Worte »Mach es wie Jesus, werde Mensch!« führen weit über das alltägliche Kleinklein hinaus, sie zielen auf den Sinn des Lebens ab. Sie drücken den Kerngedanken meines christlichen Glaubens und meiner Lebenseinstellung aus.

Ein integraler Bestandteil dieser Grundhaltung ist das Bekenntnis zur Gemeinschaft. Man kann nicht allein Christ sein, ebenso wenig, wie man allein Mensch sein kann. Niemand ist eine Insel. Es gibt zwar christliche Eremiten, aber diese Art zu leben ist mir unverständlich. Schon seit Aristoteles wissen wir, dass Menschsein etwas ist, das mit und über die anderen geschieht, in einer Gemeinschaft. Mit den anderen zu leben, sie zu lieben, mit ihnen zu lachen und Rücksicht auf sie zu nehmen, das heißt für mich Menschsein.

Um keine Missverständnisse aufkommen zu lassen: Ich bin keineswegs der Meinung, das Christentum sei der einzige Weg zu einem erfüllten Leben. Aber für mich persönlich ist es eine wichtige Stütze, eine große Kraft. Mein Lebensoptimismus speist sich aus der Grundüberzeugung, dass es einen Gott gibt, der so verrückt ist, freiwillig Mensch geworden zu sein.

Die Frage nach dem Ziel des Lebens ist für mich die Frage nach dem Zusammenhalt der Gesellschaft. Kam man einst als Wikinger zur Welt, war es ein lohnendes und selbstverständlich akzeptiertes Ziel, fremde Siedlungen auszurauben. Die Wikinger sahen es als einen hohen Wert an, wenn ihre jungen Männer massive Verheerungen anrichteten, sofern die Gemeinschaft von der Kriegsbeute profitierte. Nun ist die Zeit der Wikinger lange vorbei, und doch unterscheidet sich die heutige Gier nach materiellen Werten vermutlich wenig vom Antrieb dieser Krieger aus dem Norden. Aber was für eine Idee steckt dahinter, wenn das Erreichen materieller Werte zum alleinigen Lebensziel wird? Macht es den Einzelnen glücklich, und ist es in Hinblick auf die Gemeinschaft und die Zukunft vernünftig? Ist das der letzte Grund des Menschseins? Ich denke nicht. Vielmehr ist die Kombination aus Arbeit und Freizeit, aus Materiellem und Immateriellem, aus Haben und Sein ein erstrebenswertes Ziel!

Dafür kenne ich zahlreiche positive Beispiele: In vielen Familien, auch in Patchwork-Konstellationen, kommen die unterschiedlichen Generationen besser miteinander zurecht und stehen mehr füreinander ein als früher. Die Jungen kümmern sich um die Alten, die Großeltern sind um ihre Enkel bemüht und helfen, wo es nur geht. Das gefällt mir, das freut mich, das gibt mir Mut.

Ein Beispiel für diese gegenseitige Unterstützung habe ich im Januar 2009 in meinem Wahlkreis auf dem Neujahrsempfang eines SPD-Ortsvereins kennengelernt. »Seine Tollität« Prinz Markus I. aus Mayen – ein Karnevalsprinz, falls das einige Nordlichter als Erläuterung brauchen – war zugegen. Irgendwann im Laufe der Feier fragte ich ihn: »Was machen Sie eigentlich, wenn Sie nicht als Karnevalsprinz auftreten?«

»Ich bin im Sicherheits- und Wachgewerbe«, antwortete er.

»Damit habe ich viel zu tun«, gab ich zurück.

»Wie das denn?«, fragte der Prinz erstaunt.

»Ich kämpfe für einen Mindestlohn in Ihrer Branche.«

»Das ist gut, das ist sehr wichtig. Wissen Sie, Frau Nahles, ich muss 220 bis 240 Stunden im Monat arbeiten, um meine Familie ernähren zu können. Ich habe eine kleine Tochter, die erst ein paar Monate alt ist. Ich sehe sie kaum – bei weitem nicht so oft, wie ich es gern möchte.« In Momenten wie diesen, bei solchen Gesprächen, weiß ich, warum ich seit Jahren den Kampf für Mindestlöhne führe. Wir unterhielten uns weiter.

»Das kostet doch eine Unmenge Geld, hier Prinz zu sein«, sagte ich mal wieder sehr direkt. Die Karnevalsprinzen müssen schließlich alles selbst bezahlen, inklusive ihres Outfits. Da können durchaus 20 000 Euro zusammenkommen, möchte man alle repräsentativen Pflichten erfüllen. »Wie haben Sie das gemacht?«

»Ja, das war nicht leicht. Meine Eltern und meine Schwiegereltern haben uns geholfen, und meine Frau und ich haben fünf Jahre darauf gespart.«

Nun mag man in Hamburg, Berlin und München vielleicht nicht verstehen, welche Ehre es ist, im Karneval Prinz zu werden. In meiner Heimat gehört es für die meisten Menschen zu den Höhepunkten des Lebens. Einmal Prinz, immer Prinz – das schlägt fast jede Silberhochzeit. Jedem begreiflich dürfte aber sein, dass die Geschichte von Markus I. aus Mayen zeigt, wie generationenübergreifend sogar für »Verrücktheiten« eingestanden wird; für Familienprojekte, die allen wichtig sind – egal, wer am Ende im Mittelpunkt steht.

Vielleicht ist diese Episode nur eine Teilantwort auf die Frage, was unsere Gesellschaft zusammenhält. Vielleicht lassen sich »Tollität« und Solidarität tatsächlich mit den Idealen einer guten und harmonischen Gesellschaft verbinden. Die Frage nach dem Zusammenhalt der Gesellschaft ist keineswegs neu, aber jede Generation muss sie neu beantworten, denn die Bedingungen, unter denen sie gestellt wird, wandeln sich ständig. Im Feudalismus waren es die gemeinsam erduldete Leibeigenschaft, die sozialen Zusammenhalt herstellte. Im frühen Industriekapitalismus war es die von Millionen geteilte Erfahrung der Fabrikarbeit, welche die Menschen zusammenschweißte. Und in den modernen Wohlfahrtsstaaten der Nachkriegszeit sorgte vor allem die soziale Teilhabe für Ausgleich, Gerechtigkeit und damit soziale Kohäsion. Das war selbstredend eine ganz andere Form von Gesellschaftsverfassung als die urwüchsigen Formen des Zusammenlebens, von denen die dörflichen Welten des 18. und 19. Jahrhunderts geprägt waren.

Der Soziologie Theodor Geiger unterscheidet in seinem grundlegenden Buch »Die Gesellschaft zwischen Pathos und Nüchternheit« zwischen sozialen Bindungen erster und zweiter Ordnung. Die Bindungen erster Ordnung gründeten vor allem auf unmittelbarer Kenntnis der anderen – man sprach in der Dorfkneipe miteinander, traf sich bei Taufen, Hochzeiten und Beerdigungen. Soziale Bindungen zweiter Ordnung sind laut Geiger abstrakter: Bewohner einer Großstadt begegnen einander nicht mehr täglich, ihr Zusammenhalt ist diffuser, da er auf der gemeinsamen Zugehörigkeit zu bestimmten Institutionen – etwa der Sozialversicherung – und ähnlich strukturierten Arbeits- und Lebensverhältnissen basiert. Wie sich diese Veränderungen auf den Charakter des sozialen Zusammenhalts auswirken, hat in den 1960er-Jahren der damalige US-Präsident Lyndon B. Johnson scharfsinnig erkannt. Er wollte die USA von einer »great community«, die sich noch am Ideal unmittelbarer Kommunikation der dörflichen »Townhall«-Demokratie orientierte, zu einer »great society« transformieren, in der Gemeinsamkeit und Zusammenhalt nicht mehr durch unmittelbare Begegnung, sondern durch die Medien, durch geteilte Werte und durch den Staat hergestellt werden sollten. Die Expansion des Wohlfahrtsstaates erfolgte in dieser Zeit auch deswegen, weil er mehr und mehr zum Vermittler zwischen den immer unüberschaubarer werdenden Lebenswelten der Bürgerinnen und Bürger werden sollte. Der Sozialstaat, der alle umfasste, war gerade in Europa seit den 1950er-Jahren einer der wesentlichen Garanten für gesellschaftlichen Zusammenhalt. Allerdings ist im Moment zu beobachten, dass dessen Bindekraft nachlässt; was am Ende dieser Entwicklung stehen wird, ist noch unklar. Ich bin seit jeher eine glühende Anhängerin des Sozialstaats, aber auch ich sehe, dass eine neue Zeit anbricht. Ich bin der Überzeugung, dass die Zivilgesellschaft mit ihren vielfältigen Organisationen künftig eine größere Rolle bei der Herstellung von Kommunikation, Kohäsion und Empathie in der Gesellschaft spielen wird. Die Apokalyptiker sind im Unrecht, die alles nur schlechtreden, die den Generationenkrieg herbeischreiben und die Auflösung der Familienstrukturen (sogar auf den Dörfern!) beschwören. Das eigentliche Ziel von vielen Apologeten des demografischen und gesellschaftlichen Wandels schien lange Zeit ohnehin nur darin zu bestehen, die private Rentenversicherung durchzusetzen – eine durchaus gelungene Form der Ideologieproduktion, aber keine treffende Analyse der gesellschaftlichen Realität. Genau eine solche Analyse brauchen wir aber.

Viele Menschen erleben die Folgen der Veränderungen hautnah, und sie versuchen nach besten Kräften, mit ihnen zurechtzukommen. Viele fühlen sich dabei im Stich gelassen und sind ganz allgemein von der Politik enttäuscht, nicht selten von der SPD, die sie immer als den »Anwalt der kleinen Leute« verstanden haben. Daher dürfen wir nicht nur mit Einzellösungen wie Mindestlöhnen oder Sozialarbeit an den Schulen auf die veränderten Lebenswirklichkeiten der Menschen reagieren, so richtig und wichtig solche Maßnahmen auch sind. Wir sollten uns mehr vornehmen und mehr zutrauen.

Willy Brandt im Heiligen Land

Für mich als Christin, als Deutsche mit Bewusstsein für die eigene Geschichte und als Politikerin im globalen Zeitalter ist der Konflikt im Heiligen Land eine der größten moralischen und politischen Herausforderungen unserer Zeit. Er hat meinen Blick auf Fragen der internationalen Politik geprägt, die mehr denn je multilaterale Regelungen verlangt, ob beim Klimaschutz, bei der Bekämpfung von Armut und Hunger oder bei der Eindämmung lokaler und regionaler bewaffneter Konflikte.

Nachdem ich im Herbst 1995 zur Juso-Bundesvorsitzenden gewählt worden war, sah ich mich nicht nur mit der Leitung einer großen deutschen Organisation konfrontiert, sondern auch mit dem Auftrag, ein internationales Festival samt Zeltstadt in den Rheinauen von Bonn zu organisieren, das IUSY-Festival. Sechstausend junge Linke aus 140 Ländern sollten sich im Sommer 1996 in der damaligen Bundeshauptstadt treffen. Zu meinen Aufgaben gehörte es, im Frühjahr durch die Welt zu reisen, um die Delegationen einzuladen. Plötzlich erlebte ich internationale Politik hautnah: Meine Reise führte mich von Jokkmokk am nördlichen Polarkreis quer durch Europa bis in den Nahen Osten.

In dieser Zeit schien sich im Nahost-Konflikt der Ansatz einer Lösung abzuzeichnen. Aus heutiger Sicht mag das verrückt klingen, aber es herrschte damals eine ganz besondere Stimmung dort. Immerhin hatten zwei Jahre zuvor PLO-Chef Yassir Arafat, der damalige israelische Premierminister Yitzhak Rabin sowie der Außenminister Shimon Peres gemeinsam den Friedensnobelpreis verliehen bekommen.

Wir wollten damals nicht nur ein Festival auf die Beine stellen, sondern politisch etwas bewegen. Mit der Gründung einer gemeinsamen Stätte für Israelis und Palästinenser wollten wir das IUSY-Festival mit einem konkreten Friedensprojekt aufwerten – daraus entstand das Willy-Brandt-Zentrum.

Während meines Besuchs in Tel Aviv äußerte der Vorsitzende der Arbeitsparteijugend Ofer Dekel den Wunsch, ob wir in Bonn nicht eine Straße in Yitzhak-Rabin-Straße umbenennen könnten. Rabin war im November 1995 ermordet worden, im Anschluss an seine Rede auf einer zentralen Kundgebung zur Unterstützung des Friedensprozesses im Nahen Osten. Ich versprach, mich dafür einzusetzen – was uns auch gelungen ist. So lernten wir uns besser kennen. Bei einem meiner nächsten Besuche wollte Ofer Dekel mir, der deutschen Juso-Vorsitzenden, die Grabeskirche in der Altstadt von Jerusalem zeigen. Als wir auf dem Hügel von Golgatha standen, war das ein besonderer Moment. Auch, weil plötzlich ich es war, die die historischen und religiösen Zusammenhänge erläuterte. Ofer fand es äußerst amüsant, die Geschichte dieses Ortes von einer Fremden, noch dazu von einer gläubigen und bibelkundigen Katholikin, erzählt zu bekommen. Wir haben noch Jahre später darüber gelacht.

Am Nachmittag desselben Tages ging es nach Ramallah, das Ofer Dekel nach seinem Militärdienst nun zum ersten Mal als Zivilist betrat. Er sagte mir, wie seltsam es für ihn sei, als Israeli mit einer Deutschen durch diese palästinensische Stadt zu gehen.

Zwei Tage zuvor hatte ich mich, ebenfalls in Ramallah, mit Palästinensern der Fatah-Jugend unter dem Vorsitzenden Sabri Tomezi getroffen. Sie alle hatten im Gefängnis gesessen und waren erst im Zuge der Oslo-Abkommen wieder freigelassen worden. Über die Tatsache, dass den Vorsitz der deutschen Jusos eine Frau innehatte, zeigten sie sich etwas irritiert.

Kurze Zeit später kam es zu einer Begegnung von Ofer Dekel und Sabri Tomezi im Büro eines Vertrauten. Dort saßen wir zusammen und wollten eine Vereinbarung zur Gründung des geplanten Zentrums ausformulieren – auf den Namen »Willy Brandt Center« hatten wir uns schnell geeinigt.

Acht Stunden verhandelten wir über die Vertragsgrundlagen. Mit beiden Seiten allein hatten wir jeweils gute Erfahrungen gemacht, aber nun, da wir zu dritt am Tisch saßen, brachen die Konflikte zwischen Israelis und Palästinensern offen aus. Ich, die ich in meinem Leben noch keine einzige Verhandlung dieser Art geleitet hatte, war unversehens in die Moderatorenrolle geraten. Mir blieb nichts anderes übrig – ich sprach mir selbst Mut zu und beschloss, so zu agieren, als würde ich eine Juso-Sitzung leiten. Das Problem war, dass ich zwar mit den Konfliktschichten der deutschen Jusos vertraut war, mich in Israel aber auf völlig unbekanntem Terrain bewegte. Sowohl die palästinensische Seite wie auch die Israelis beantragten Auszeiten und drohten, die Verhandlungen abzubrechen. Nach acht Stunden hatten wir es dann aber geschafft: Sabri Tomezi, Ofer Dekel und ich unterschrieben an diesem 9. April 1996 einen Vertrag, der bis heute gültig ist.

Ziel des Willy Brandt Center (WBC) sollte es explizit sein, politischen Führungsnachwuchs auszubilden. Sozialprojekte existierten viele, wir wollten keine weiteren hinzuzufügen. Aber die Chancen, gewaltfreie Politik zu erfahren, sich verstehen zu lernen ohne Gewalt, das war wichtig, darüber waren wir uns einig. Im Mittelpunkt sollte die Frage stehen, wie die Jugend, also die nächste Generation, die politische Verantwortung übernimmt, in Krisensituationen agieren kann, um den Friedensprozess voranzubringen.

Das Zentrum sollte ein Ort der Begegnung und Kommunikation zwischen jungen Menschen aus Deutschland, Israel und Palästina werden; ein Ort, der friedenspolitische Alternativen und Initiativen auf jugendpolitischer Ebene weit über unsere drei Organisationen hinaus entwickelt und junge Friedensallianzen auf politischer und zivilgesellschaftlicher Ebene stärkt.

Ein neuer Ansatz bot den passenden Rahmen, um die konkrete Arbeit an der Idee eines gemeinsamen deutsch-israelisch-palästinensischen Zentrums umzusetzen. 1998 war in Deutschland die rot-grüne Regierung an die Macht gekommen und hatte ein neues Konzept ins Regierungsprogramm aufgenommen, das auch vom Bundesministerium für wirtschaftliche Zusammenarbeit und Entwicklung gefördert wurde: den Zivilen Friedensdienst (ZFD). Die Idee des ZFD stammt aus der deutschen Friedensbewegung. Als Gegenmodell zur Entsendung von Soldaten reisen im Rahmen des ZFD ausgebildete Friedensfachkräfte in Krisenregionen.

Die Vision des Zivilen Friedensdienstes ist ein sogenannter »positiver Frieden«, der eng mit dem Begriff der Gerechtigkeit verbunden ist. Positiver Frieden zielt nicht nur auf die Abwesenheit physischer Gewalt, sondern auch auf die Bildung und Stärkung von Strukturen, die möglichst viele Menschen politisch und gesellschaftlich einbeziehen und so dem Ausbruch physischer Gewalt langfristig vorbeugen. Die Zusammenarbeit mit lokalen Partnerorganisationen ist ein zentraler Bestandteil des Konzepts.

Statt einer Begegnungsstätte bekam das Willy-Brandt-Zentrum im Jahr 2000 zunächst ein eigenes kleines Büro in Jerusalem, das Matthias Ries, Rainer Zimmer-Winkel und Inken Wiese mit viel Geduld am Leben hielten. Ebenfalls seit 2000 arbeitet im WBC ein trilaterales Team zusammen, bestehend aus Mitgliedern der deutschen Jusos, der israelischen Arbeitspartei- und Meretz-Jugend und der palästinensischen Fatah-Jugend. Diese zukünftigen Entscheidungsträger organisieren Austauschreisen sowie Workshops und Seminare zu den Fragen des Nahost-Konflikts und zur sozialen und politischen Entwicklung der jeweiligen Gesellschaften.

Eine der ersten gemeinsamen Konferenzen, die wir im WBC initiierten, nannte sich »Decision For History«. Junge, politisch interessierte Palästinenser, Israelis und Deutsche bekamen jeweils fünfzig identische Fotografien mit zeitgeschichtlichen Ereignissen aus den letzten sechzig Jahren vorgelegt. Jede Gruppe sollte nun zwölf Bilder auswählen, um geschichtlich zentrale Ereignisse im Zeitverlauf darzustellen. Im Anschluss wurden die Ergebnisse gemeinsam präsentiert. Zuerst stellten wir den israelischen Zeitstrahl vor, danach den palästinensischen – und schon kam es zu einem Eklat, weil es nur zwei Überschneidungen gab: das Porträt von Albert Einstein und das Foto eines Atompilzes. Die beiden Gruppen fanden keine weiteren Gemeinsamkeiten, weder bei Saddam Hussein, noch bei Muhammad Anwar as-Sadat oder den örtlichen israelischen und palästinensischen Politikern. Keine Seite hatte die jeweils andere bildlich in den Zeitstrahl integriert. Sofort hatten Palästinenser und Israelis einen Anlass, das WBC zu verlassen. Wir hatten Mühe, das Chaos in den Griff zu bekommen, dabei hatten wir sie nur mit dem konfrontiert, was von ihnen selbst kam. Es war ein Spiegel ihrer eigenen Situation, ihrer Sprachlosigkeit. Bei der Präsentation hatten wir einzig gefragt: »Wie kann es sein, dass ihr in einem so kleinen Land lebt und doch nicht zusammenlebt?« Es war deutlich: Beide Seiten schotteten sich ab, lebten in Parallelwelten, nahmen den anderen nicht wahr. Das hatte zwar handfeste Ursachen, die allen bekannt waren, aber es war auch der Grund für das langsame Voranschreiten des Friedensprozesses. Denn wenn nur die eigene Opfergeschichte zählt – für die eine Seite die Erfahrung des Holocaust, für die andere die Vertreibung aus angestammten Siedlungsgebieten –, ist Frieden schwer möglich. Wie bei keiner anderen Gelegenheit wurde mir klar, wie gefährlich es ist, wenn überhaupt keine Zweifel an den eigenen Perspektiven zugelassen werden. Ohne Abkehr vom Absolutheitsanspruch der jeweils eigenen Sichtweise wird es in dieser Region nie eine Lösung geben. Dann werden die Israelis ihre Siedlungspolitik fortsetzen und die Anschläge der Palästinenser nie aufhören. Aber geht es nicht auch anders? Die Gründung des WBC war der Versuch einer Alternative, eines wirklichen Miteinanders.

Als das Bundesministerium für wirtschaftliche Zusammenarbeit und Entwicklung Ende 2000 erstmals Mittel zur Verfügung stellte, um die Arbeit mit jungen Menschen am Nahost-Konflikt zu unterstützen, war bereits die zweite Intifada ausgebrochen. Die folgenden Jahre waren geprägt von einer neuen Welle brutaler Gewalt und kriegerischer Auseinandersetzungen zwischen Israelis und Palästinensern. In dieser immer schwieriger werdenden Lage war es eine besondere Herausforderung, die Idee des WBC wachzuhalten. Schon 2001 waren Seminare, an denen sowohl Israelis als auch Palästinenser teilnahmen, nicht mehr möglich.

Deshalb waren die Anfangsjahre der konkreten Arbeit für das WBC geprägt von Begegnungen, die sich nur an eine der beiden Seiten richtete. Das von uns begonnene Geschichtsprojekt wurde jetzt fortgesetzt, indem deutsche, israelische und palästinensische Gruppen getrennt voneinander ihre Geschichte in Bildern dokumentierten. Die Ergebnisse der Workshopreihe wurden ins Internet gestellt, um damit zumindest eine indirekte Kommunikation zwischen den Beteiligten zu ermöglichen.

Im Oktober 2003 schließlich wurde das Willy-Brandt-Zentrum in Form eines Jugendzentrums im Stadtteil Abu Tor auf der »Grünen Linie« zwischen Ost- und West-Jerusalem eröffnet. Es war ein großer Moment, endlich wurde aus dem virtuellen Dach über Seminaren und Projekten ein sichtbares, konkretes Dach über den Köpfen junger Israelis und Palästinenser. Die Palästinenser können das Gebäude von der Rückseite aus betreten, die Israelis von der Vorderseite – es befindet sich praktisch auf neutralem Boden. Das Gelände liegt direkt gegenüber dem Judasacker, wo Judas seine Silberlinge vergraben haben soll, und ist eine der wenigen unbebauten Stellen in Jerusalem. Ich liebe den Blick von der Terrasse des WBC auf die Altstadt. Für mich ist Jerusalem nicht irgendeine Stadt, sondern die Stadt schlechthin; sie zu spüren hilft mir, die vielen Rückschläge zu ertragen, die es bei diesem Projekt immer wieder gibt.

Besser noch als ich kennt die langjährige Leiterin des Zentrums, Heike Kratt, die Arbeit im WBC unter extrem schwierigen Bedingungen: »Die eigentliche Besonderheit und die große Stärke des WBC liegt in der kontinuierlichen trilateralen Teamarbeit, während der sich die israelischen, palästinensischen und deutschen Teammitglieder wöchentlich treffen und gemeinsam die Aktivitäten des WBC planen. Der Rahmen dieser Arbeit ist die Freiwilligkeit aller Beteiligten, an diesem Prozess teilzunehmen. Gestützt wird diese Beteiligung durch das Einbeziehen der vier Partnerorganisationen des WBC. Dieser institutionelle Rahmen macht unsere Arbeit oft schwierig, weil politische Interessen ausgehandelt werden´müssen, gleichzeitig sorgt er jedoch für eine höhere Legitimation und Nachhaltigkeit der Arbeit.«

Mit der zweiten Intifada schien jede Hoffnung auf Frieden wiederum vergeblich zu sein. Als 2003 mit dem Bau der Sperranlage zwischen Israel und Palästina begonnen wurde, war es kaum noch möglich, dass der israelische Vorsitzende der Arbeiterparteijugend spontan nach Ramallah fuhr oder dass umgekehrt die Vertreter palästinensischer Jugendorganisationen zu ihm kamen. Unser Haus, das geografisch so günstig auf der Grenzlinie lag, war die einzige Möglichkeit, einen relativ unkomplizierten Kontakt aufrechtzuerhalten. Andere Probleme kamen hinzu. Als ich das Zentrum Anfang 2008 besuchte, teilte mir der Vermieter überraschend mit, dass er das Haus verkaufen wolle; er sei achtzig, und seine Kinder könnten das Geld gut gebrauchen. Das schien das Todesurteil für unser Projekt zu sein. Wenn wir das Haus nicht würden halten können, wären wir gezwungen gewesen, unsere Zelte ganz abzubrechen.

Die ersten Bücherkisten waren nach Deutschland geschickt, einige Kaufinteressenten hatten sich das Haus schon angesehen, als die damalige Schatzmeisterin der SPD, Inge Wettig-Danielmeier, zu mir kam und sagte: »Andrea, lach jetzt nicht, wir haben ein jüdisches Vermächtnis bekommen.« Natürlich lachte ich: Bei »jüdischem Vermächtnis« dachte ich zwangsläufig an Roland Koch und seinen Versuch, die Parteispendenaffäre der hessischen CDU zu vertuschen. Doch um den hessischen Ministerpräsidenten schien es hier eindeutig nicht zu gehen. Ich wollte mehr wissen. Inge erzählte mir, dass Peter Sondermann, ein jüdischer Rechtsanwalt, der sich nach seiner Flucht 1938 in die Vereinigten Staaten Peter Sonders nannte, verstorben sei. In den USA hätte er ein Vermögen gemacht, und nun hätte er der SPD eine große Summe vererbt – an sich ein Grund zur Freude.

»Aber es gibt da ein Problem«, fuhr Inge fort. »Das Erbe ist mit einer Auflage verbunden.«

»Was denn für eine Auflage?«

»Das Geld wird nur ausgezahlt, wenn es einem Friedensprojekt im Geiste Willy Brandts zugute kommt. Wo kriege ich nun ein solches Friedensprojekt her? Der Nachlassverwalter, ein Neffe von Peter Sonders, legt größten Wert darauf.«

In diesem Moment begriff ich, was Inges Worte bedeuteten.

»Dein Problem ist gelöst«, sagte ich. Nun lachte ich aus Freude über dieses offensichtliche Wunder. »Und meines auch. Eine Sternschnuppe ist gerade vom Himmel gefallen, vielleicht ist das eine göttliche Fügung – nenn es, wie du willst. Ich brauche Geld für ein Friedensprojekt im Sinne von Willy Brandt, und zwar sofort; für das Willy-Brandt-Zentrum an der Grenze zwischen Ost- und West-Jerusalem.«

Inge blickte mich zunächst an, als wäre ich verrückt, aber ich halte ihr zugute, dass sie sich dann doch anhörte, was ich zu sagen hatte.

Der Kauf des Hauses verursachte einige Arbeit, denn die SPD besaß bisher kein Eigentum außerhalb von Deutschland – und plötzlich hatten wir ein Gebäude in Jerusalem. Der Neffe von Peter Sonders war überglücklich, als er von der Sache erfuhr. Er reiste nach Israel, und als er das WBC betrat, erblickte er eine kleine Schwarz-Weiß-Aufnahme vom Kniefall Brandts im einstigen

Warschauer Ghetto. Wir hatten das Bild Jahre zuvor, bei der Eröffnung unseres Zentrums, dort aufgehängt. Er war sichtlich berührt und erzählte mir, dass sein Onkel sich geschworen habe, nach seiner Vertreibung aus Berlin und dem Holocaust nie wieder deutschen Boden zu betreten. Doch als er Brandt 1970 in Warschau knien gesehen habe, sei er wieder nach Deutschland gereist. Er habe gesagt, für dieses Land, welche Schuld auch immer es trage, gebe es nun wieder Hoffnung.

Als alle nötigen Gespräche geführt worden waren, machte ich mich auf ins Präsidium der SPD. Ich war aufgeregt, niemals in meinem Leben, weder vorher noch hinterher, habe ich so viel Geld auf einem Schlag ausgegeben. Das Führungsgremiun der Partei unter Leitung von Kurt Beck bewilligte den Kauf umstandslos. Für die Israelis und die Palästinenser war das ein wichtiges Signal. Sie hatten sich schon damit abgefunden, eine weitere Hoffnung zu begraben, und auf einmal gab es für sie in diesem Meer von Rückschlägen einen kleinen Lichtblick.

Doch um diesen Funken Hoffnung am Leben zu erhalten, sind permanente Anstrengungen nötig. Die Jusos sind das Bindeglied zwischen der israelischen und der palästinensischen Seite, sie sorgen dafür, dass die Partnerschaft trotz schwieriger politischer Realitäten lebendig bleibt. Ausbrüche von Gewalt, wie bei der zweiten Intifada oder dem Libanonkrieg 2006, drohen immer wieder, den spärlichen Dialog zwischen beiden Seiten gänzlich zu beenden. Auch die anhaltende humanitäre Katastrophe im Gazastreifen und der Beschuss Israels durch Kassam-Raketen fordert den Teammitgliedern einiges ab – sowohl als Dialogpartner der jeweils anderen Seite als auch in der Rolle des Botschafters der eigenen.

Innerhalb der israelischen und der palästinensischen Gesellschaft ist es nach wie vor ein Tabu, sich mit »den anderen« zu treffen. Der Hass zwischen beiden Seiten wächst. Schon lange gab es nicht mehr so wenige Kontakte zwischen Israelis und Palästinensern wie derzeit. In Jerusalem, der Stadt, in der die »Feinde« Seite an Seite leben, in der beide Völker aufeinandertreffen, sind Konflikte, Anspannung und Ablehnung allgegenwärtig.

Dies bekommen die politischen Partner des Willy-Brandt-Zentrums immer wieder zu spüren. Die israelischen Partner werden an Wahlkampfständen als »Verräter« beschimpft. Auf der anderen Seite ist der Druck noch größer: Palästinenser, die sich mit Israelis treffen, werden als »Normalisierer« verunglimpft, ihnen wird vorgeworfen, sie hätten sich mit der Situation der Besatzung arrangiert. Als Verräter des eigenen Volkes wahrgenommen zu werden, bedeutet für sie eine ernsthafte persönliche Gefährdung.

Vor dem Hintergrund dieser Umstände spielen die Jusos und der von mir geleitete »Förderverein Willy-Brandt-Zentrum« als politische Partner in Deutschland eine bedeutende Rolle. Auch in schwierigen Zeiten halten sie an der Kommunikation mit und zwischen den Partnern fest – gerade jetzt ist sie wichtiger denn je. Viele Dialogprojekte können den politischen Realitäten nicht standhalten, mühsam aufgebautes Vertrauen wird durch Gewaltaktionen von beiden Seiten zerstört. Daher ist es entscheidend, dass eine stabile Partnerschaft existiert, in der beide Seiten wissen, dass sie respektiert werden.

Das zugrunde liegende Prinzip ist das der doppelten Solidarität. Durch ihre Solidarität mit beiden Seiten sind die Jusos nach jahrelanger Zusammenarbeit in der Situation, beide Seiten kritisieren und offen mit ihnen diskutieren zu können. Das Vertrauensverhältnis innerhalb des Willy-Brandt-Zentrums hat sich im Laufe der letzten Jahre gefestigt und lässt einen ehrlichen und kritischen

Dialog zwischen den unterschiedlichen Sichtweisen zu – und zu einem Dialog gibt es keine Alternative, wenn der Nahost-Konflikt irgendwann überwunden werden soll.

Der israelisch-palästinensiche Konflikt kann nicht militärisch, sondern nur politisch gelöst werden. Das setzt einen entsprechenden Willen der USA voraus; auf US-Präsident Barack Obama lasten im Nahen Osten große Hoffnungen und teilweise widersprüchliche Erwartungen, die mit dem Friedensnobelpreis noch gewachsen sind. Auch die Europäische Union muss zu einer einheitlichen Position finden. Seit Jahren ärgere ich mich, dass die EU unter ihren Möglichkeiten bleibt und noch keine wirklich konsistente Nahost-Strategie entwickelt hat. Vor allem müssen USA wie EU unmissverständlich klarmachen, dass es keine politische Alternative zu einer beiderseitigen Anerkennung der jeweiligen Territorien und ihrer Unverletzbarkeit geben kann.

Darüber hinaus müssen weitere regionale Akteure verstärkt in die Erarbeitung von Lösungsszenarien einbezogen werden. Vertrauensbildende Maßnahmen wie eine »Konferenz für Sicherheit und Entwicklung im Nahen Osten« unter dem Dach der Vereinten Nationen wären ein möglicher Schritt und ein Beispiel der Konfliktbearbeitung im Sinne einer guten »Global Governance«. Nur durch die Einbindung und Kooperation aller Akteure können angemessen komplexe und langfristige Strategien entwickelt werden.

Israel, Ägypten, Fatah, Hamas und diverse andere Parteien in diesem Konflikt müssen sich an der Entwicklung einer nachhaltigen Lösung beteiligen. Die deutsche Politikwissenschaftlerin Helga Baumgarten, die seit Jahren an der palästinensischen Birzeit Universität bei Ramallah lehrt, bringt es in einem Anfang 2009 in der *tageszeitung* erschienenen Artikel (»Die Politik der Tunnel«) auf den Punkt: »Um reale Grundlagen für den überfälligen Frieden zu schaffen, muss der Teufelskreis der Gewalt verlassen werden. Und das gilt für die israelische Armee ebenso wie für die Hamas.«

Aber selbst wenn der Teufelskreis durchbrochen wird, bleiben die Aufgaben gewaltig. Die wirtschaftliche Entwicklung des Gaza-Streifens und der Westbank im Rahmen der Schaffung eines lebensfähigen palästinensischen Staates sind elementarer Bestandteil eines politischen Prozesses, der die legitimen Interessen aller Seiten berücksichtigt und daher äußerster Geduld und höchster Diplomatie bedarf.

Die internationale Gemeinschaft kann nur dann eine konstruktive Rolle in diesem Konflikt spielen, wenn sie sich nicht auf die Seite einer Konfliktpartei stellt. Eine solche Haltung ist nicht zu verwechseln mit Neutralität: Die Ahndung von Verstößen gegen die Menschenrechte, die Ablehnung von Gewalt in allen ihren Formen und die Umsetzung von Rechtsstaatlichkeit, Demokratie und Toleranz sind Werte, die von uns eingefordert werden müssen.

Das ist keine leichte Aufgabe, denn der Versuch, friedliche Beziehungen zwischen beiden Seiten herzustellen, wird in einem Konflikt, den die Menschen täglich erleben und durchleiden und in dem sie den Konfliktpartner daher in erster Linie als »Feind« wahrnehmen, nur von wenigen verstanden und akzeptiert.

Hinzu kommt, dass die militärisch klar überlegene israelische Seite sehr wenige objektive Anreize hat, die Situation zu verändern. Diese Überlegenheit ist gepaart mit einer tief sitzenden Angst vor physischer Auslöschung durch äußere Feinde, die in der Erfahrung des Holocausts begründet ist.

Für die palästinensische Seite – durch die Besatzung politisch und wirtschaftlich von Israel abhängig – ist es das Gefühl der Ohnmacht und Unterlegenheit, das einem aktiven Gestaltungs- und Veränderungswillen im Weg steht.

Unter diesen schwierigen Bedingungen arbeitet das Willy-Brandt-Zentrum seit Jahren. Seinem Anspruch als Begegnungsstätte wird das WBC durch seine Lage auf der »Grünen Linie« auch symbolisch gerecht. In der Praxis ist es für die meisten Palästinenser aus der Westbank und Gaza heute leider nahezu unmöglich, nach Jerusalem zu kommen, weil ein solcher Besuch eine entsprechende Bewilligung des israelischen Militärs voraussetzt. Diese Bewilligung wird immer seltener erteilt, und wenn, dann nur für kurze Zeiträume. Dies bedeutet für das WBC, dass der Großteil der Seminare mit Palästinensern vor Ort in der Westbank stattfinden muss. In Gaza ist die Sicherheitslage derzeit so schlecht, dass Aktivitäten des WBC dort kaum möglich sind.

Das Zentrum ist ein schwieriges Projekt geblieben. Jedes Mal, wenn ich für ein paar Tage »unten« war, spüre ich, wie sehr der Konflikt jeden einzelnen meiner Gesprächspartner belastet und wie es auch mich emotional packt. Wenn ich wieder zu Hause bin, fühle ich mich ausgelaugt und erschöpft, regelrecht krank – um wie viel schwieriger ist es für die Mitarbeiter vor Ort! Ihnen wie mir hilft die Rückbesinnung auf den Namensgeber des Zentrums. Heike Kratt hat einmal gesagt: »Ein Wort von Willy Brandt klingt mir jeden Tag meiner Zeit hier in Jerusalem in den Ohren und ermutigt mich, mich weiter für eine bessere und friedlichere Zukunft mit jungen Menschen und für junge Menschen zu engagieren: ›Zur Summe meines Lebens gehört im Übrigen, dass es Ausweglosigkeit nicht gibt.‹«

Zum Glück gibt es immer wieder zupackende Menschen, die dieses Motto durch ihr gesellschaftliches Engagement mit Inhalt füllen und damit andere Menschen – auch mich – ermutigen. Bei einem meiner Israel-Aufenthalte bat man mich, mit einigen älteren Damen zu einem Grenzposten hinauszufahren. Es war ein neuer Grenzposten, der im Rahmen des furchtbaren Mauerbaus errichtet worden war. Die Damen waren alle über siebzig und besuchten diesen Grenzübergang mindestens zweimal pro Woche, um zu überprüfen, ob die israelischen Grenzer die Palästinenser anständig behandeln. Stellten meine Begleiterinnen fest, dass das nicht der Fall war, notierten sie sich die Namen und Telefonnummern der diensthabenden Vorgesetzten und sorgten dafür, dass diese Ärger bekamen.

Gemeinsam bestiegen wir den Wagen, und los ging es. Es war erst acht Uhr morgens, aber Hochsommer, und der Tag versprach heiß zu werden. Am Ziel angekommen, beobachteten wir schweigend die Grenzposten. Nach einer Weile erschien eine hochschwangere, verschleierte Palästinenserin. Ein Soldat brachte sie zu einer Stelle, die in der prallen Sonne lag. Dort ließ man sie warten. Reine Schikane. Irgendwann reichte es einer meiner Damen, sie stieg aus dem Auto und ging auf den jungen Schnösel zu.

»Hören Sie mal«, sagte sie, »lassen Sie die Frau bitte im Schatten warten.«

Die Antwort war nicht nur ein unmissverständliches Nein, der Soldat fuhr sie sogar noch an: »Mischen Sie sich nicht in unsere Arbeit ein!« Daraufhin holte sie ihr Handy hervor und rief den zuständigen General an. Und siehe da – auf einmal durfte die Schwangere den Posten passieren.

In den nächsten Stunden passierte nichts Ungewöhnliches mehr, und so kam ich mit meinen Begleiterinnen ins Gespräch. Irgendwann fragte ich, wo sie denn herkämen. Ich war davon ausgegangen, dass sie in Tel Aviv oder Haifa lebten, aber sie antworteten: »Aus Holland.«

»Aus Holland?«

»Ja, aus Holland.«

Es stellte sich heraus, dass diese drei Damen als Kinder von ihren jüdischen Eltern bei nicht-jüdischen holländischen Familien versteckt worden waren. Wegen ihrer blonden Haare fielen sie nicht weiter auf. Plötzlich fingen zwei von diesen Frauen an, sich mit mir in perfektem Deutsch zu unterhalten, obwohl sie vorher nur Englisch gesprochen hatten. Die ganze Zeit über hatte mich die Frage nach der Motivation ihres Engagements beschäftigt. Auf einmal begriff ich: Das, was sie selbst an Humanität erlebt hatten, forderten sie nun für andere ein – in diesem Fall war es eine Palästinenserin.

Schließlich lud ich sie ein, im Willy-Brandt-Zentrum noch einen Kaffee mit mir zu trinken. Sie zögerten erst ein wenig, aber schließlich willigten sie ein. Als die drei vor dem Kniefall-Foto von Willy Brandt standen, erlebte ich eine ähnliche Situation wie mit dem Neffen von Peter Sonders: Ihnen standen Tränen in den Augen. In diesem Moment, in dem Vergangenheit, Gegenwart und Zukunft auf so unglaubliche Weise zusammentrafen, wurde mir erneut klar, dass wir dieses Zentrum nicht aufgeben dürfen, egal wie schwierig es noch werden würde. Ich erinnerte mich auch an die palästinensischen Eltern, die während einer Veranstaltung zu mir gekommen waren und erzählt hatten, wie sehr sich ihre Kinder verändert hätten, seitdem sie das WBC besuchten, dass sie viel aufgeschlossener und offener seien. Mehr denn je war ich überzeugt: Der Dialog und die Kooperation müssen weitergehen.

Neben dem Nahost-Konflikt gibt es einen weiteren Bereich der internationalen Politik, dem meine besondere Aufmerksamkeit gilt – und das nicht erst, seitdem die internationale Finanzwelt ins selbst verschuldete Chaos gestürzt ist und die betroffenen Staaten zum Aufspannen von »Rettungsschirmen« gezwungen hat. Es geht um die Frage: Wie kann eine Ordnung der Freiheit, Gerechtigkeit und Solidarität im Rahmen einer globalisierten Ökonomie aussehen? Ein Stück weit ist uns der Weg dahin bereits vorgezeichnet, denn wir leben ja schon in einem – allerdings noch nicht im Sinne von demokratischer und gerechter Teilhabe koordinierten – System internationaler Organisationen und Zusammenschlüsse. Das Aktionsfeld ist bestimmt von Nationalstaaten, internationalen Regierungszusammenschlüssen, dem Privatsektor mit seinen globalen Unternehmen, Nichtregierungsorganisationen, globalen Konferenzen, internationalen Rechtsregelungen und Gerichtshöfen sowie internationalen Organisationen wie den Vereinten Nationen. Mir geht es darum, wie dieses de facto global wirkende System – die »Global Governance« – so geordnet und seine einzelnen Institutionen und Akteure miteinander verzahnt werden können, dass daraus eine »Good Global Governance« entsteht?

Ich plädiere entschieden dafür, diese Frage künftig zu einem zentralen Thema der SPD zu machen. Bislang sind es nur Einzelne in der Partei, die sich diesen Problemstellungen widmen – etwa unsere zweifache Präsidentschaftskandidatin Gesine Schwan, die gerade in Berlin eine Hochschule für Global Governance gründet. Auf eine »Good Global Governance« sind wir angewiesen, wenn wir die weltweit zunehmenden sozialen Diskrepanzen innerhalb und zwischen den Gesellschaften zugunsten von mehr Gerechtigkeit, mehr langfristiger gemeinwohlorientierter Politik und mehr demokratischer Partizipation überwinden wollen. Eine solche Form erneuerter demokratischer Politik ermöglicht es auch, Defizite etwa im Bereich der Umwelt, des Wassers, der Energie, die allesamt auf einer ungeregelten globalen Wirtschaftsdynamik beruhen, zu bewältigen. Die Sicherheit vor Terrorismus jeder Art zählt ebenfalls zu diesem Aufgabenbündel, das soll hier nicht verschwiegen werden.

Da eine globale demokratische Politik nicht auf innerstaatliche Sanktionsmaßnahmen zurückgreifen kann, sind wir bei einer »Good Global Governance« grundsätzlich auf freiwillige Vereinbarungen angewiesen. Der Druck, diese abzuschließen, kann nur von der Einsicht der wirtschaftlichen und politischen Entscheidungsträger sowie einer aufgeklärten Öffentlichkeit, zu der auch die Nichtregierungsorganisationen gehören, ausgehen. Das hat Folgen für die Definition von politischer Macht. Wenn hinter politischen Entscheidungen nicht länger das Sanktionsmonopol staatlicher Macht steht, ist eine prinzipiell auf die Überwindung von Gegnern ausgerichtete und auf Erzwingungsmöglichkeiten angewiesene Macht nicht mehr ausreichend wirksam. An ihre Stelle muss die Fähigkeit treten, Koalitionen zu bilden – nicht gegen Personen und Ziele, sondern mit anderen Personen und Institutionen für gemeinsame Ziele.

Die grundlegenden Ziele einer solchen konstruktiven Machtausübung wurden bereits in dem 1999 von Kofi Annan initiierten »Global Compact«, einem weltweiten Abkommen zwischen Unternehmen und den Vereinten Nationen, formuliert, dessen Teilnehmer sich zur Einhaltung bestimmter Wertmaßstäbe und Verhaltensstandards verpflichten. Dahinter steht die Intention, die Globalisierung sozial- und umweltverträglich zu gestalten.

Die in diesem Pakt festgelegten Prinzipien umfassen: den Respekt und die Einhaltung der Menschenrechte; die Akzeptanz des Rechts auf gewerkschaftliche Betätigung und die effektive Anerkennung von Kollektivverhandlungen; die Abschaffung von Zwangs- und Kinderarbeit sowie jeglicher Diskriminierung am Arbeitsplatz; den verantwortlichen Umgang mit der Umwelt inklusive der Entwicklung entsprechender Technologien; und den Kampf gegen Korruption. Als Akteure kommen all jene in Betracht, die schon jetzt in die faktische, aber weder koordinierte noch auf die genannten Werte und Prinzipien ausgerichtete Governance einbezogen sind. Die Rolle der Regierungen und anderen politischen Institutionen wird auch in Zukunft darin bestehen, legitimierte politische Entscheidungen zu treffen. Allerdings können sie sie oft nicht mehr allein vorbereiten und ihre Umsetzung überwachen, vielmehr müssen sie maßgebliche Akteure wie die globalen Unternehmen einbeziehen. Auch Nichtregierungsorganisationen, die oft großes Vertrauen in der Öffentlichkeit genießen, können einen Beitrag leisten, indem sie ihren Einfluss für die Vorbereitung von Entscheidungskoalitionen und für das nachträgliche »Monitoring« von gemeinwohlorientierten Vereinbarungen einsetzen.

Als ausgesprochen erfolgreich bei derartigen Vermittlungsleistungen hat sich zum Beispiel die von Peter Eigen, dem Gründer der Nichtregierungsorganisation Transparency International, geleitete Organisation EITI hervorgetan. Das Kürzel steht für Extractive Industries Transparency Initiative. EITI ist eine zivilgesellschaftliche Organisation, die in Kooperation mit der erdölfördernden Industrie und den erdölproduzierenden Staaten den Fluss der Ölgelder verfolgt. Oft leisten Öl-Multis im Rahmen ihrer Förderlizenzen Zahlungen an die Regionen, in denen sie tätig sind. Diese Gelder sollen für die Beseitigung ökologischer Folgeschäden oder für soziale Projekte in den Fördergebieten verwendet werden, doch sie versickern allzu oft, gerade in afrikanischen Ländern, in den dunklen Kanälen der Korruption. EITI wacht in Zusammenarbeit mit der lokalen Zivilgesellschaft darüber, dass die Mittel auch dort ankommen, wo sie hingehören.

Freilich sind zivilgesellschaftliche Organisationen nicht überall in der Lage, derartige Aufgaben wahrzunehmen. Sie müssen sich ihrerseits am Gemeinwohl orientieren, sonst verlieren sie ihre einzige Ressource: das Vertrauen, das sie aufgrund ihrer Kompetenz und ihres Gerechtigkeitssinnes genießen. Sie müssen sich demokratisch verantwortlich und hinsichtlich ihrer Finanzierung transparent organisieren; sie müssen ihr Management so weit wie möglich professionalisieren; und sie müssen die schwierige Balance zwischen unbestechlicher Opposition und konstruktiver Zusammenarbeit immer neu herstellen. Andernfalls kann es schnell passieren, dass sie entweder in Machtlosigkeit oder in gefällige Anpassung abgleiten und damit wiederum ihren Vertrauensbonus verlieren. Eine der großen Chancen zivilgesellschaftlicher Organisationen liegt darin, dass sie nicht an Wahlperioden gebunden sind. Zu den dringlichen Aufgaben demokratischer Gesellschaften gehört es, die entsprechende zivilgesellschaftliche fachliche und politische Kompetenz zu entwickeln, vor allem auf internationaler Ebene.

Darüber hinaus ist die Politik auch auf die Kooperation des Privatsektors, der Unternehmen, angewiesen. Diese treffen vielfach unbehelligt von nationalen Grenzen und der Notwendigkeit, mühsame gesellschaftliche Kompromisse zu finden, weittragende Entscheidungen, die das Leben in einer Gesellschaft, die Gesundheit, das

Klima, die zukünftige technologische Entwicklung und vor allem die Arbeitsplätze betreffen. Einige Unternehmen haben ihre soziale Verantwortung mittlerweile eingesehen. Als Antwort darauf entwickeln viele eine sogenannte »Corporate Social Responsibility«, indem sie zum Beispiel über Stiftungen soziale und kulturelle Förderprojekte finanzieren. Das ist verdienstvoll, aber dieses Engagement reicht nicht aus, um ihrer Verantwortung für das Gemeinwohl gerecht zu werden. Dazu müssen die Unternehmen ihren Part in der demokratischen Politik einer »Good Global Governance« übernehmen und gemeinsam mit der Politik und der organisierten Zivilgesellschaft Regeln finden, die auf globaler Ebene den Wettbewerb sichern, für Transparenz sorgen und Mindeststandards für den Umweltschutz oder die soziale Sicherung festlegen. Das ist auch in ihrem Interesse, da diese Maßnahmen die Infrastruktur und den sozialen Frieden erhalten – Grundlagen, auf die sie, ganz gleich in welchem Land, angewiesen sind.

Wenn zum Beispiel die chinesische Politik neuerdings die gewaltigen Schäden erkennt, die ihre regellose kapitalistische Investitions- und Ausbeutungspolitik verursacht, dann wird der Privatsektor seiner globalen politischen Verantwortung nicht gerecht, wenn er für den Fall der Erhöhung der Produktionskosten in China mit der Verlagerung des Kapitals nach Indien droht. Stattdessen muss er mit dafür sorgen, dass auch in Indien soziale und umweltschützende Mindeststandards eingerichtet werden, die für das gemeinsame globale Überleben in Würde notwendig sind. Ein Privatsektor, der nicht verantwortungsbewusst handelt, entzieht damit auch künftigen unternehmerischen Aktivitäten den Boden.

Das Vertrauen in die kapitalistische Marktwirtschaft, das weltweit erheblich beschädigt worden ist, könnte zurückgewonnen werden, wenn auch der Privatsektor seine Verantwortung erkennbar akzeptieren würde. Ein Regelwerk von Mindeststandards würde den Markt stärken, weil es alle Teilnehmer mit den gleichen Bedingungen konfrontieren würde. Zugleich würde ein solches Regelwerk die positiven Begleiterscheinungen der ohnehin nicht umkehrbaren Globalisierung – die Öffnung der Märkte für die aufholenden Gesellschaften, die Steigerung kulturellen Reichtums und die Beschleunigung von Kommunikation – voranbringen. Anstelle der drohenden destruktiven Konkurrenzspirale nach unten könnte die Perspektive sein, dass die weltweiten Lebensstandards sich einander langsam angleichen. Solche Standards gibt es, die International Labour Organisation (ILO) hat sie erarbeitet. Aber diese Organisation der Vereinten Nationen hat nicht die Macht, sie durchzusetzen. Kein Einzelstaat hat sie. Die Welthandelsorganisation hingegen, die durch ihre Mitgliedstaaten legitimiert ist, könnte die Einhaltung dieser Standards zur Bedingung für die Teilhabe an ihren Strukturen machen – aber auch dafür ist die Voraussetzung die Kooperation der Unternehmen. Als Arbeits- und Sozialpolitische Sprecherin der SPD-Fraktion wurde mir klar, dass Dialog allein nicht reicht; Unternehmen müssen moralisch unter Druck gesetzt werden, um sie zur Kooperation zu bewegen. Dem Management muss klarwerden, dass es das Vertrauenskapital von Unternehmen beschädigt, wenn sie die Zusammenarbeit an einer »Good Global Governance« verweigern.

»Good Global Governance« ist kein geschlossenes System, aber eine schlüssige Ordnung, deren Leitgedanke auf die Verwirklichung der Menschen- und Bürgerrechte abzielt. Sie wirkt übrigens in ihren Einzelbestimmungen, in denen es etwa um Brückenrechte oder einzelne Privilegien geht, ähnlich zusammengewürfelt wie die »modern Governance« und zeigt damit, dass wir es eigentlich immer schon mit Governance zu tun hatten. Die frühere Übersichtlichkeit nationalstaatlicher Organisation ist Geschichte. Wir müssen lernen, vor dem Hintergrund eines verbindenden und möglichst verbindlichen Wertehorizonts mit der neuen Unübersichtlichkeit und Komplexität so zu leben, dass wir die Gefahren der Globalisierung eindämmen und ihre Chancen – den potenziellen wirschaftlichen und kulturellen Reichtum – nutzen können. Denn die Globalisierung kann auch Win-win-Situationen schaffen, in denen neue Länder auf die Weltmärkte eintreten, ihre inneren sozialen Konflikte mit vorausschauender Vernunft regeln und relativ schnell signifikante Wohlfahrtssteigerungen erleben, während sich den traditionellen Industrieländern neue Exportmärkte erschließen.

Wenn die Sozialdemokratie nach Wegen sucht, die soziale Demokratie angesichts der globalen Wirtschaft und der Entmachtung nationalstaatlicher Politik weiterzuentwickeln und neue Governance-Konzepte sowohl auf europäischer als auch auf globaler Ebene zu entwerfen und auszuhandeln, schließt sie nicht nur an ihre Geschichte und das Godesberger Programm an; indem sie teilnimmt an internationalen Diskussionen über die politische Gestaltung der kapitalistischen Marktwirtschaft zugunsten des sozialen Ausgleichs, ist sie auch auf der Höhe der Zeit.

Wie zur Zeit der Entstehung der Sozialdemokratie geht es heute darum, die selbstzerstörerischen Kräfte des kapitalistischen Marktes, deren dynamisches ökonomisches Potenzial keiner bestreitet, zugunsten der Menschen und des Marktes selbst zu bändigen. Gleichzeitig bietet »Good Global Governance« viele Anknüpfungspunkte für eine neue Friedenspolitik. Je dichter das Netz von bi- und multinationalen Verabredungen gestrickt ist, umso eher können gewalttätige Konflikte verhindert werden

Die Theorie und Praxis einer »Good Global Governance« zu entwerfen, in der die demokratisch legitimierte Politik mit privaten Unternehmen, internationalen Organisationen und der gemeinwohlorientierten Zivilgesellschaft zusammenarbeiten muss, ist eine wesentliche Aufgabe der Zukunft.

Im Kern stehen Vertrauensbildung, Kooperation und das Treffen gemeinsamer Vereinbarungen, von denen alle Beteiligten angemessen profitieren – genau wie das in kleinerem Maßstab bei der Arbeit des Willy-Brandt-Zentrums in Jerusalem der Fall ist. Die praktische Arbeit in Jerusalem und die Entwicklung eines Rahmens für eine »Good Global Governance« sind daher für mich zwei Seiten derselben Medaille – es geht in beiden Fällen um Friedenspolitik.

Frauenzeiten

Wie kommt es, dass die Sozialdemokratische Partei Deutschlands, die vor 90 Jahren das Frauenwahlrecht durchgesetzt hat, die die frauenpolitische Debatte seither stark geprägt und viele greifbare Fortschritte für die Frauen in unserem Land errungen hat, am 27. September 2009 ein so schwaches, ja schockierend schlechtes Wahlergebnis bei Frauen – besonders bei jungen Frauen – erzielte? Die SPD hat ihren traditionellen Vorsprung bei den Wählerinnen eingebüßt. Wählten 2005 noch 36 Prozent der Frauen SPD und 35 Prozent CDU/CSU, obwohl die Union bei den Gesamtstimmen stärker war, so lag die Union 2009 bei den Frauen mit 36 Prozent deutlich vor der SPD mit nur 23 Prozent. Die SPD verlor im Vergleich zur letzten Bundestagswahl bei den Frauen drei Prozentpunkte mehr als bei den Männern – und das, obwohl im Regierungsprogramm eine ganze Reihe wichtiger Forderungen stand wie beispielsweise die Abschaffung des Ehegattensplittings oder die Gleichstellung von Frauen und Männern in den Vorstandsetagen der Wirtschaft.

Die schnelle Erklärung der Kommentatoren war: Frauen wählen Frauen – in diesem Fall Angela Merkel. Das mag ein Grund sein, erklärt jedoch nicht, warum bereits seit einigen Jahren immer weniger junge Frauen den Weg in die SPD finden.

Ein solches Phänomen hat viele unterschiedliche Ursachen. Ein Aspekt ist, dass sich in der SPD ein Generationenwechsel vollzieht, der in der Politik kaum öffentliche Beachtung gefunden hat. Eine Generation von Frauen, die die SPD stark geprägt hat, tritt von der politischen Bühne ab. Nennen möchte ich, stellvertretend für viele andere, Renate Schmidt und Inge Wettig-Danielmeier. Und auch Herta Däubler-Gmelin kandidierte nach mehr als dreißig Jahren nicht mehr für den Bundestag.

Das stellt in vielerlei Hinsicht eine Zäsur dar. Nicht nur innerhalb der SPD waren diese selbstbewussten Frauen Vorbilder für andere Frauen. Sie haben viel erreicht, haben Freiräume und Möglichkeiten für die nachfolgenden Politikerinnen erkämpft und in vielen Bereichen die Lebenswirklichkeit für Frauen verbessert. Mit dem Weggang dieser Frauen aus der Politik treten nun auch einige der Themen, für die sie standen, in den Hintergrund. Der Respekt vor der Leistung vieler frauenbewegter Politikerinnen hat mich und sicher auch andere jüngere Frauen bisher davon abgehalten, Unterschiede zu ihren Haltungen deutlich herauszuarbeiten – auch wenn uns diese schon früher bewusst waren und wir sie hier und da thematisierten. Das sollte sich ändern. Ich glaube, die Frauenpolitik braucht neue Impulse – innerhalb und außerhalb meiner Partei. Mir geht es nicht darum, die Arbeitsgemeinschaft Sozialdemokratischer Frauen (ASF) oder andere feministische Aktivistinnen zu kritisieren, ich möchte nur eine offene Diskussion anstoßen.

Denn die Lebenswirklichkeit von Frauen hat sich in den letzten Jahrzehnten grundlegend gewandelt: Wenn wir heiraten, hat der Mann nicht mehr gesetzlich legitimiert das letzte Wort in familiären Fragen, und sein Nachname wird auch nicht mehr zwangsläufig zum Familiennamen; Frauen bestimmen in einem bisher nicht gekannten Maße selbst darüber, ob sie Kinder bekommen oder nicht; in den Bildungseinrichtungen überflügeln junge Frauen immer mehr ihre männlichen Altersgenossen – um nur einige Punkte zu nennen.

Wir Frauen haben heutzutage das Glück, auf das von unseren Vorgängerinnen Erreichte aufbauen zu können. Wir sind nicht mehr die ersten Frauen, die Juso-Bundesvorsitzende geworden sind, Direktorin an einer Schule oder Abteilungsleiterin in einer Behörde oder eines Unternehmens. Daher haben wir unsere Aufgaben mit einer andern Haltung als unsere Vorgängerinnen in Angriff genommen: wir mussten uns nicht auf Widerstände und harte Auseinandersetzungen gefasst machen. Vieles glückte und lief so, dass wir uns auf unserem Weg bestätigt sehen durften. Und: Offener Sexismus war in meiner bisherigen Laufbahn die Ausnahme, nicht die Regel. Insofern sind wir gegenüber unseren Vorgängerinnen privilegiert. Allerdings gibt es Einschränkungen, vollkommen aufgelöst haben sich die alten Gefüge leider keinesfalls. Und ganz so geschmeidig und problemlos war mein bisheriger Weg dann doch nicht. Immer wieder fiel mir auf, dass ich – anders als die Männer in meinem Alter – aus wichtigen informellen Strukturen ausgeschlossen wurde. In Bereichen, in denen die Quote in die offiziellen Gremien Einzug gehalten hatte, verlagerte sich der Austausch von Informationen und Tipps, die fürs Lernen und Weiterkommen unverzichtbar sind, nicht selten in reine, im Hinterzimmer tagende Männerzirkel.

Dieses Phänomen gibt es nicht nur in der Politik. Bei einem Diskussionsabend mit jungen Unternehmerinnen vom European Women's Management Development Deutschland in Frankfurt, den ich im letzten Jahr besucht habe, schilderten die Teilnehmerinnen ganz ähnliche Verhaltensweisen aus Kanzleien und Unternehmen.

Gemeinsam ist Frauen in meiner Altersklasse, dass sie nicht mehr »Wir Frauen« sagen – zumindest nicht mehr in der Art und Weise, wie es die Frauengeneration davor zu tun pflegte, die mit diesem »Wir« die Frauenbewegung der 1960er- und 1970er-Jahre initiiert hatte. Damals hieß es: Wir Frauen kämpfen für gleichen Lohn, für das Selbstbestimmungsrecht über unseren Körper, gegen sexuelle Gewalt und andere Formen der Diskriminierung. Dieses »Wir« ließ die Unterschiede zwischen den Frauen in den Hintergrund treten. Doch mit der Zeit wurden die Differenzen immer sichtbarer: zwischen hetero- und homosexuellen Frauen, zwischen Frauen verschiedener Hautfarbe, mit unterschiedlichem Rechtsstatus in Deutschland und mit unterschiedlichen Bildungs- und Berufsmöglichkeiten. Das »Wir« begann sich auszudifferenzieren. Als gemeinsamer Nenner blieben oft nur (ähnliche) Diskriminierungserfahrungen und die Bedrohung durch sexualisierte Gewalt, womit die gemeinsame Identität vorwiegend über Defizit- und Gewalterfahrungen bestimmt wurde und dem Feminismus den Vorwurf einbrachte, Frauen vor allen Dingen als Opfer wahrzunehmen.

Diese Sicht war und ist besonders für junge Frauen unattraktiv. Daher trifft man bei ihnen kaum noch die Haltung an, man sei als Frau per se Opfer gesellschaftlicher Umstände, die einem das Fortkommen erschweren. Vieles sehen Frauen heute stärker als individuelles Problem. Ich glaube nicht, dass Frauen zurückfinden (müssen) zu einem homogenen »Wir«. Aber ich denke, dass der privatisierte Umgang mit Widerständen, den wir uns angewöhnt haben, weil wir überzeugt sind von unserer

Stärke und bewiesen haben, dass wir gut allein zurecht-kommen, auch nicht der richtige Weg ist. Wir schieben der einzelnen Frau häufig die Verantwortung für Probleme zu, die viele Frauen gleichermaßen betreffen – als ob es nur darauf ankäme, sich ein bisschen mehr anzustrengen. Manchmal fehlen uns Frauen schlicht die Zeit und die Ruhe, um die Gemeinsamkeiten mit anderen zu erkennen. Manchmal fehlt uns aber vor allem die Kraft, uns neben allem anderen »auch noch« darum zu kümmern.

Kommt nach der Generation Golf und der Generation Praktikum nun jene Generation, die sich vor allem durch den enormen Zeitdruck auszeichnet, unter dem sie leidet? Unter dem Zwang, alles immer noch schneller und mit noch weniger Ressourcen zu erledigen? Schnell mal ins Internet, mit immer schnelleren Rechnern; nach verkürzten Studienzeiten schnell einen international anerkannten Abschluss machen; schneller arbeiten und noch brillantere Ergebnisse liefern; schnell die Kinder in die Krippe bringen und zügig an der Karriere arbeiten; in immer weniger Zeit Beruf und Karriere, Familie und Beruf, Freizeit und Familie unter einen Hut bringen!

Es ist eine Tatsache: Wir sind die Generation, die keine Zeit hat, die sich ständig am Limit bewegt. Frauen sind hiervon in besonderem Maße betroffen, da sie mit der Doppelbelastung in Familie und Beruf immer noch stärker konfrontiert sind als Männer. Allem Gerede über die Vereinbarkeit dieser Lebensbereiche zum Trotz – in Wirklichkeit addieren sich Aufgaben und Pflichten nur. Genau diese Erfahrung ist prägend für alle Frauen meiner Altersklasse.

Vielleicht ist es an der Zeit, dass wir Frauen uns in diesem Punkt doch wieder stärker als »Wir« begreifen, als eine Interessengemeinschaft – mit all unseren Unterschieden und individuellen Präferenzen. Es mag ein Erfolg sein, dass es einige von uns nach oben schaffen, dass eine Frau Kanzlerin ist, doch auf Dauer reicht das nicht. Es geht um ein gutes Leben für alle – und das erreichen wir nicht, wenn wir einzeln agieren, dafür sollten wir (und in diesem Fall meine ich Frauen und Männer) gemeinsam aktiv werden.

Die Zeitfrage kann generell ein wichtiger Ansatzpunkt für eine neue gesellschaftspolitische Debatte sein. Ich denke, der Anstoß dafür muss von uns Frauen ausgehen, weil ich vor allem Frauen als Getriebene erlebe. Sie sind verantwortlich dafür, dass alles funktioniert. Familie, Beruf, Freundeskreis, Sport … So stellt die *Brigitte* fest: »Wir machen Yoga, Chorsingen und Wellness, bis jede Pore entspannt ist. Und geraten doch in die schleichende Erschöpfung, die durch den vergeblichen Versuch entsteht, unerreichbare Ziele zu erreichen. Das lässt sich nicht wegjoggen. Wir können immer noch fitter, besser aussehen, intelligenter und erfolgreicher sein. Wir kommen nie an.« Mein Lösungsvorschlag: Wir brauchen mehr Zeit. Frauenzeit.

Vor Jahren habe ich mit anderen Frauen in meinem Alter – alle mit sehr unterschiedlichem beruflichen Hintergrund – ein Netzwerk gegründet. Es heißt »Frauen-Zeiten«. Wir beschäftigen uns intensiv mit einem zentralen Problem von Familien und Frauen (und familienorientierten Männern, die es zweifelsohne gibt und die wichtige Partner für uns sind): mit der Frage der Arbeitszeitgestaltung. Denn weiterhin gilt, dass für eine wirkliche Gleichstellung von Frauen eine gerechte Teilhabe an der bezahlten Arbeit eine wesentliche Voraussetzung ist. Trotz der immer besseren Qualifikation von Frauen hapert es aber genau daran. Frauen haben nicht den gleichen Anteil an der Erwerbsarbeit wie Männer, weder von ihrer Anzahl noch vom Gehalt. Und in den Vorstandsetagen findet man sie eigentlich nie.

Dafür gibt es eine ganze Reihe von Gründen; und ich lade ausdrücklich zu einer Debatte ein, die auch andere Facetten des Problems in Augenschein nimmt, denn es ist höchste Zeit für eine gerechte Beteiligung von Frauen am Arbeitsmarkt. Aber die zentrale Ursache für die nur schleppend realisierte Teilhabe sind aus meiner Sicht die veränderten Zeitstrukturen auf dem Arbeitsmarkt.

Durch den Wandel von der Industriegesellschaft zur Wissens- und Dienstleistungsgesellschaft hat sich die zeitliche Struktur von Erwerbsarbeit drastisch verändert: An die Stelle des »Normalarbeitsverhältnisses« (fünf Tage die Woche, acht Stunden am Tag) sind neue Zeitfenster getreten, in denen Arbeit geleistet werden kann – oder auch geleistet werden muss. Verlängerte Ladenöffnungszeiten und der Trend zur »Just-in-time«-Logistik sind Beispiele für die Ausweitung der Arbeitzeiten zur Rund-um-die-Uhr-Verfügbarkeit. Moderne Informations- und Kommunikationstechnologien ermöglichen eine Teilnahme an Arbeitsprozessen ohne Anwesenheitspflicht – sie sind Segen und Fluch zugleich. Die uneingeschränkte Erreichbarkeit schafft zwar Flexibilität, aber die Arbeit wird auch allgegenwärtig. Dazu kommt, dass in manchen Bereichen eine völlige Entkopplung von zu erbringender Arbeitsleistung und dafür zur Verfügung stehender (Arbeits-)Zeit stattfindet. Unter betrieblichen, ökonomischen oder organisatorischen Maßgaben wird ein Leistungspaket definiert und den Beschäftigten zugeordnet, ohne die Zeit in Betracht zu ziehen, die nötig ist, um die Aufgaben zu bewältigen. Dies führt entweder zu permanentem Zeitdruck oder einer völlig unkalkulierbaren Arbeitszeit. Das Problem ist beileibe nicht auf die Menschen in den Führungsetagen beschränkt – auch die Beschäftigten im Pflegedienst, bei der Gebäudereinigung, in den Büros und in der Verwaltung können ein Lied davon singen – Leistungsverdichtung, Zeitdruck und eine Entgrenzung von Arbeitszeit sind zu charakteristischen Merkmalen der Arbeit geworden. Auf dem Weg zu einer guten Arbeit für alle gibt es noch großen Gestaltungsbedarf, denn zur Selbstbestimmung gehört auch die zeitliche Souveränität des Einzelnen, die Verfügungsgewalt über die eigene Zeit – das gilt übrigens für Frauen wie für Männer.

Aber ich möchte an dieser Stelle noch einmal deutlich herausstellen: Besonders für Frauen ist die veränderte Zeitstruktur auf dem Arbeitsmarkt in einigen Lebensphasen ein Hindernis. Sie übernehmen mehr Verantwortung für Familie und soziales Leben – unter anderem, weil viele von uns gern die Möglichkeiten, die wir inzwischen haben, im Laufe ihres Lebens auch nutzen wollen. Die Zeit kann hier zur Schranke werden, die den gleichberechtigten Zugang zu auskömmlichen Jobs und Karrieren versperrt. Es kann nicht sein, dass die Entscheidung für Beruf und Karriere oder Kinder eine Entweder-oder-Frage bleibt – für viele Frauen wird das ein immer drängenderes Problem.

Meine Zukunftsvision sieht anders aus. Die Veränderungen der Arbeitswelt in der Dienstleistungs- und Wissensgesellschaft müssen nicht zwangsläufig zu grenzenloser Arbeitszeit und einer Mehrbelastung der Beschäftigten führen. Vor allem durch den Einsatz der neuen Medien eröffnen sich Chancen für eine flexible Gestaltung von Arbeitszeiten, die einer Balance von Beruf und Privatem entgegenkommt.

Ich stelle mir vor, wie gut es wäre, wenn wir diese Trends im Sinne einer zeitlichen Souveränität der Einzelnen nutzen würden, indem wir passende Modelle und Instrumente schaffen Zur Selbstbestimmung gehört auch die Verfügungsgewalt über meine Zeit!

Das Ziel muss sein, die Arbeitszeit zu verkürzen und die vorhandene Arbeit gerecht zwischen den Menschen aufzuteilen. Wenn kürzer gearbeitet wird und alle mehr Zeit für die vielfältigen Möglichkeiten des Lebens haben – von der Familie über politisches Engagement bis zum Sportverein –, ist viel gewonnen. Daran arbeite ich – gemeinsam mit vielen anderen, die das gleiche Ziel verfolgen.

Um eine bessere Balance von Berufs- und Privatleben zu erreichen, gibt es eine Reihe von sinnvollen Wegen. Aus Frauensicht müssen vor allem die verschiedenen Lebensphasen berücksichtigt werden. Schließlich kümmern wir uns nicht ein Leben lang um kleine Kinder – um nur einen Punkt zu nennen. Es gibt unterschiedliche Phasen in jeder Erwerbsbiografie; Zeiten, in denen Karriereschritte stattfinden und Auszeiten, Zeiten der Fortbildung und Zeiten eines langsamen Übergangs in den Ruhestand. Lebensarbeitszeitkonten sind ein gutes Instrument, um auf diese Bedürfnisse einzugehen und am Arbeitsmarkt teilzuhaben. In diesem Bereich sind auch schon politische Erfolge zu verzeichnen – ich würde gern gemeinsam mit Frauen und Männern daran arbeiten, diese auszubauen und noch andere Möglichkeiten zu schaffen. Es gilt neue Wege zu finden, das Praxiswissen sowohl der Berufstätigen als auch der unfreiwillig nicht Berufstätigen zu nutzen, um einen gesellschaftlichen Fortschritt zu erzielen, von dem alle profitieren.

Daneben hat die Forderung nach einer besseren Infrastruktur zur Betreuung und Bildung unserer Kinder nichts von ihrer Aktualität eingebüßt. Auch hier wurden mit Krippenausbau und Elterngeld Fortschritte erzielt, es bleibt aber noch viel Spielraum für Verbesserungen.

Für ein gutes Leben sind gute Arbeitsbedingungen – vor allem gute Arbeitszeitbedingungen – eine grundlegende Voraussetzung. Das permanente Gefühl, im Prinzip alle Möglichkeiten zu haben, aber aus Zeitmangel kaum eine davon nutzen zu können, sollte nicht das verbindende Merkmal unserer Generation sein. Diesen Missstand zu beheben, dafür sollten wir alle – vor allem wir Frauen – heute gemeinsam kämpfen.

Die gute Gesellschaft

Der deutsche Dichter Wilhelm Busch schrieb 1872 in seinem unnachahmlichen Tonfall: »Das Gute – dieser Satz steht fest – ist stets das Böse, was man lässt.« Das entsprach dem Gesellschaftsverständnis des Nachtwächter-Staates im 19. Jahrhunderts: Eine gute Gesellschaft wurde durch Unterlassung begründet, dadurch, dass man anderen nichts Böses tat. Im 21. Jahrhundert sieht die Sache anders aus. Fast alle unsere Handlungen haben automatisch Auswirkungen auf andere. Und auch unsere Ansprüche sind größer geworden: Wir wollen aktiv für die umfassende Teilhabe der Menschen sorgen und allen ein gesundes und erfülltes Leben in Freiheit und Selbstbestimmung ermöglichen. Wir wollen Freiheit statt der Unterwerfung unter die Kräfte des globalen Marktes. Wir wollen freundschaftlich miteinander leben, die Vielfalt als Chance und Quelle von Reichtum nutzen, uns nicht misstrauisch und mit Vorurteilen begegnen, sondern als Bürger, die sich gemeinsam für ein gutes Zusammenleben einsetzen. Wir wollen Zeit zum Leben. Wir wollen Konflikte mit Argumenten austragen, nicht mit Kampf. Wir wollen die vorherrschende Kultur der Konkurrenz durch eine neue Kultur des Miteinanders überwinden. Wir wollen als Menschen leben, nicht als Arbeitsmaschinen. Wir wollen Zeit für unsere Familien, unsere Kinder und unsere Freunde. Und wir wollen in einem Land leben, in dem Menschen füreinander einstehen. Das ist der Kern des sozialdemokratischen Projekts, das ich die gute Gesellschaft nenne.

Zu einer guten Gesellschaft gehört gute Arbeit, deren Ertrag zum Leben reicht, eine gute Wirtschaftsordnung, die keine zu großen Ungerechtigkeiten zulässt, eine gute Umwelt, in der alle gesund leben können, und auch der Wille zum Frieden. So simpel das Wörtchen »gut« erscheint, so wertend und moralisch, ich halte es an dieser Stelle für das richtige Wort. Es geht um nichts Überkandideltes, um nichts Abstraktes, wenn man Politik für und mit den Menschen macht, jedenfalls nicht für mich. Allen Menschen ein gutes Leben und Arbeiten ermöglichen zu wollen, mag banal klingen, ist aber ein ausgesprochen anspruchsvolles Ziel, wenn man versucht, es tagtäglich in Politik umzusetzen.

Welches Rüstzeug brauchen wir dafür? So unerlässlich eine Analyse des Status quo auch ist, wichtiger sind die Schlüsse, die man daraus zieht, und die Ziele, die man sich setzt. Ansonsten verkommt die Analyse zum Selbstzweck und man verfällt schnell in Apathie. Daher beschäftigte mich schon seit langem der Gedanke, dass wir einen gesellschaftlichen Entwurf entwickeln müssen, der sich den zentralen unbeantworteten Fragen der Politik im engeren und der Gesellschaft im weiteren Sinne widmet – wir brauchen das normative Konzept einer guten Gesellschaft.

Anfang 2008 fand ich in dem britischen Labour-Parlamentarier Jon Cruddas einen Mitstreiter, den ähnliche Pläne umtrieben. Auch die Lage unserer Parteien war vergleichbar, denn Labour und die SPD hatten in den vergangenen Jahren identische Erfahrungen gemacht: Neben nicht besonders erfolgreich verlaufenen programmatischen Experimenten und dem damit einhergehenden Verlust großer Teile der Kernwählerschaft mussten sich beide Parteien mit neuen politischen Gegnern auseinandersetzen – die SPD mit der Linkspartei, Labour mit den Liberal Democrats.

Vor diesem Hintergrund machten John Cruddas und ich uns gemeinsam an den Entwurf eines zukunftsweisenden Konzeptes. Ein Konzept, das nicht auf den Nationalstaat beschränkt ist, das in seinen normativen Aussagen für unterschiedliche europäische Gesellschaften taugt und das zu seiner Verwirklichung auch die europäische Ebene in den Blick nimmt. Das Ergebnis von Monaten des Nachdenkens, der Diskussionen und der intensiven Arbeit nannten wir: »Die gute Gesellschaft. Das Projekt der Demokratischen Linken.« Das Papier basierte auf unseren Analysen, auf unseren Lebenserfahrungen, auf der Hoffnung, eine gute Gesellschaft aufzubauen. Wir hatte es vor dem Crash 2008 entworfen; als die Krise der internationalen Finanzmärkte einsetzte, spitzten wir es noch einmal zu. Die Parole lautete: »Blick nach vorn.« Denn die Zäsur, die durch den Zusammenbruch der Finanzmärkte erfolgte, war zu groß, um auf althergebrachte Politikansätze zurückzugreifen. Die Krise, in der vieles zusammenbrach, was wir lange für gegeben und unveränderbar gehalten hatten, ermöglichte es erstmals seit fast 15 Jahren, den Blick wieder frei zu machen und Gesellschaft wirklich neu zu denken. John Cruddas und ich haben versucht, dieses historische Zeitfenster zu nutzen.

Grundwerte einer guten Gesellschaft

Der Ausgangspunkt unserer Überlegungen war einfach und orientierte sich an den Grundwerten der Sozialdemokratie: Freiheit, Gleichheit und Solidarität sind auch im Konzept der guten Gesellschaft jene Werte, auf deren Fundament sich eine Welt errichten lässt, in der es keine Armut, keine Ausbeutung und keine Existenzangst mehr gibt; Nachhaltigkeit ist ihr Prinzip. Die gute Gesellschaft setzt voraus, dass die Privatwirtschaft der Demokratie gegenüber umfassend rechenschaftspflichtig ist. Gleichzeitig bedarf die Demokratie in unseren Augen der Weiterentwicklung – sowohl im internationalen Maßstab wie innerhalb der einzelnen Gesellschaften –, um ihren Aufgaben zukünftig gewachsen zu sein. Eine gute Gesellschaft, so John Cruddas und meine Überzeugung, kann nicht von oben nach unten errichtet werden, sie muss von der Basis der Gesellschaft ausgehen und sich stets an deren Bedürfnissen messen lassen.

Auch in der normativen Zielbestimmung des Konzepts der guten Gesellschaft waren wir uns schnell einig: Im globalen Zeitalter wollen wir als freie und gleichberechtigte Bürger Europas in pluralen Gesellschaften zusammenleben. Daher gilt es, politische Institutionen zu schaffen, die allen Menschen ein Gefühl der Zugehörigkeit vermitteln, und im Sinne einer »Good Global Governance« anderen Weltregionen partnerschaftlich die Hand zu reichen. Denn genau dieser Wunsch besteht überall auf der Welt. Das Ideal einer besseren, gerechteren und humaneren Erde findet Anklang bei Millionen von Menschen; Menschen in unserem eigenen Umfeld, aber auch in allen anderen Ecken unseres Planeten suchen nach neuen Wegen des Zusammenlebens. Es ist eine Hoffnung, die ebenso in unzähligen sozialen Bewegungen auf globaler und lokaler Ebene zum Ausdruck kommt wie auch in vielen informellen, einzelnen Initiativen für politische, gemeinnützige und soziale Zwecke.

Den Kern des Konzepts der guten Gesellschaft bildet der Begriff der Solidarität. Solidarität bedeutet, dass Menschen füreinander eintreten. Sie ist in Familien genauso wichtig wie in Staaten. Denn Solidarität schafft Vertrauen, das Vertrauen wiederum bildet die Grundlage für die Freiheit des Einzelnen. Diese Freiheit erwächst aus dem Gefühl der Sicherheit und Zugehörigkeit, aus der Erfahrung von Wertschätzung und Respekt. Im Gedanken der Solidarität drückt sich auch unsere gegenseitige Abhängigkeit aus; in einer globalisierten Welt hört auch die Solidarität nicht an den Ländergrenzen auf.

Weitere Ankerpunkte der guten Gesellschaft sind Selbstbestimmung und Emanzipation. Um Emanzipation zu verwirklichen, müssen jedem Menschen ausreichende Ressourcen zur Verfügung stehen – Geld, Zeit, Kommunikationsmöglichkeiten und politische Teilhaberechte –, die es ihm ermöglichen, sich ein gutes Leben aufzubauen. Alle Menschen haben ein Anrecht auf gute Arbeit, Erziehung und Ausbildung sowie soziale Sicherheit. Und natürlich geht es um Gerechtigkeit. Der ethische Kern von Gerechtigkeit ist die Gleichheit. In der guten Gesellschaft wird jedem Menschen, ungeachtet seiner aktuellen Lebensumstände und seiner Vergangenheit, das gleiche Maß an Respekt und Sicherheit zugestanden; jeder Mensch hat die gleichen Chancen.

Zudem ist das Konzept der guten Gesellschaft getragen von der Sorge um die Verletzlichkeit der Erde. Deswegen will es eine nachhaltige ökologische Entwicklung vorantreiben, die die gerechtfertigten Bedürfnisse der Menschen erfüllt und die Lebensqualität aller verbessert. Klimawandel, die Endlichkeit fossiler Brennstoffe und die Notwendigkeit, Versorgungssicherheit in Bezug auf Energie und Ernährung herzustellen, erfordern nach unserer Auffassung weitreichende wirtschaftliche

Veränderungen. Es ist allerhöchste Zeit, über ein neues Modell des Wohlstandes nachzudenken, das global realisiert werden kann, ohne eine Umweltkatastrophe auszulösen – und dieses dann auch umzusetzen. Qualitatives Wachstum, gute Arbeit und technologischer Fortschritt können zu mehr Wohlstand und einer besseren Lebensqualität führen, aber die Märkte allein können diese Ziele nicht erreichen. Der Staat muss in der Zukunft aktiver werden und mit einer langfristigen Wirtschaftspolitik an der Entwicklung einer nachhaltigen Wirtschaft mitwirken.

Bei der Politik der guten Gesellschaft geht es um Demokratie, Gemeinschaft und Pluralismus. Sie ist demokratisch, weil nur die freie Mitwirkung jedes Einzelnen echte Freiheit und Fortschritt garantieren kann. Sie ist gemeinschaftlich, weil sie auf der Erkenntnis unserer gegenseitigen Abhängigkeit und unseres gemeinsamen Interesses beruht. Und sie ist pluralistisch, weil es die Vielfalt der politischen Institutionen, der Formen wirtschaftlicher Aktivität und der kulturellen Identität einzelner Menschen ist, aus der die Gesellschaft die Energie und den Erfindungsreichtum schöpfen kann, die sie zum Aufbau einer besseren Welt braucht. Um eine gute Gesellschaft auf der Grundlage dieser Werte schaffen zu können, setzen wir uns dafür ein:

- die Vorrangstellung der Politik wiederherzustellen und ihre Unterordnung unter Wirtschaftsinteressen zu verhindern,
- die Beziehung zwischen dem Einzelnen und dem Staat als demokratische Partnerschaft zu erneuern,
- einen demokratischen Staat zu schaffen, der den Bürgern gegenüber rechenschaftspflichtig ist und mehr Transparenz bietet und so unsere demokratischen In-

stitutionen auf allen Ebenen, auch gegenüber der Wirtschaft, stärkt,

- individuelle bürgerliche Rechte auszuweiten und zu verteidigen,
- dem Vorrang der Interessen des Allgemeinwohls, wie Erziehung, Gesundheit und Wohlfahrt, vor den Interessen des Marktes neue Geltung zu verschaffen,
- eine Umverteilung der durch Klassenzugehörigkeit, Geschlecht und ethnische Zugehörigkeit geprägten Zuweisung von Risiken, Wohlstand und Macht, vorzunehmen,
- gute Arbeit für alle zu ermöglichen
- ethnische, religiöse und kulturelle Unterschiede anzuerkennen und zu respektieren,
- die Bedürfnisse der Menschen und der Umwelt über den Profit zu stellen.

Die Grundlage der guten Gesellschaft ist eine ökologisch nachhaltige und wirtschaftlich gerechte Entwicklung zum Wohle aller. Dafür gibt es weder schnelle Abkürzungen noch Blaupausen. Vielmehr werden wir diesen Weg Schritt für Schritt mit vielen gemeinsam gehen, um unsere Welt in einen Ort zu verwandeln, an dem es sich besser leben lässt. Wie Willy Brandt einmal sagte: »Was wir brauchen, ist die Synthese von praktischem Denken und idealistischem Streben.«

Mitreden – mitgestalten

Für die Schaffung der guten Gesellschaft müssen wir die um sich greifende politische Apathie überwinden, denn unser Projekt ist darauf angelegt, von möglichst vielen getragen und mit Leben erfüllt zu werden. Was wir in diesem Land und auch anderswo dringend brauchen, ist eine den gegenwärtigen Herausforderungen gewachsene Bürgergesellschaft, die den Staat von manchen Aufgaben entlastet – dass dies nicht nur notwendig, sondern in manchen Bereichen auch gewollt ist, muss man klar sagen –, die durch vertrauensvolle Kooperation unnötige Reibungsverluste vermeidet, die sich kümmert und verständigt, nicht dauernd zum Gericht rennt, nicht immer nur anfragt oder erwartet, sondern selbst handelt. Und eine solche Gesellschaft braucht Bürger, die selbstsicher, offen, ebenso vertrauensvoll wie fähig zur Kontrolle, genauso unabhängig wie bindungsfähig, rational argumentierend wie einfühlsam sind. Aber Millionen von Menschen, auch in den reichen OECD-Ländern, haben das Vertrauen in die Gestaltungsmacht von Politik und den Sinn von Engagement verloren und blicken pessimistisch in die Zukunft. Ich kann ihnen das nicht übel nehmen. Schließlich hatten wir in den letzten knapp fünfzehn Jahren nur eine Vision von Gesellschaft anzubieten: das Bild einer Gesellschaft, die von Märkten und Profit regiert wird. Der eine Teil der Partei- und Institutionenverdrossenen hat sich vollkommen aus dem öffentlichen Diskurs verabschiedet. Sie interessieren sich nur noch für die eigene Person oder ihr unmittelbares Umfeld, im traurigsten Falle für überhaupt nichts mehr. Diese Menschen wieder zu motivieren, sich in die Gesellschaft einzubringen, ist ein schwieriger, langwieriger Prozess, der nur gelingen kann, wenn wir den Menschen wieder Vertrauen in die Problemlösungsfähigkeit der Politik vermitteln können und es ihnen dadurch ermöglichen, eine zuverlässige Perspektive für das eigene Leben zu entwickeln.

Es gibt aber noch eine andere Gruppe unter denen, die sich von der offiziellen Politik abgewandt haben.

152

Diese Gruppe zeichnet sich aller Enttäuschung zum Trotz durch eine außergewöhnliche Fülle an politischem, kulturellem und gemeinschaftlichem Engagement aus. Diese Menschen engagieren sich, doch sie haben sich dafür neue Beteiligungsformen gewählt. Davon zeugt beispielsweise der Erfolg der Freien Wähler, einer Anti-Parteien-Partei, die auf kommunaler Ebene in den letzten Jahren große Erfolge erzielt hat. Die Freien Wähler sind ein Phänomen, das zeigt, dass viele Bürgerinnen und Bürger am Diskurs teilnehmen wollen, aber in den etablierten Parteien keine Möglichkeit dazu sehen. Gleiches gilt für die Mitglieder der zahlreichen Nichtregierungsorganisationen von Amnesty bis Greenpeace. Zum Konzept der guten Gesellschaft gehört es integral dazu, all diese Engagierten einzubinden und ihre Erfahrungen der Gesellschaft zugute kommen zu lassen. Damit dies gelingt, müssen wir Politikerinnen und Politiker eine neue Form der Sensibilität für gesellschaftliche Bewegungen entwickeln. Wir müssen uns öffnen und besser verstehen, was die eigentlichen Bedürfnisse sind, die aus der Gesellschaft an uns gerichtet werden. Ein Beispiel: In den letzten Jahren sind zahlreiche zivilgesellschaftliche Einrichtungen wie Tafeln, Frauenhäuser und Hospize neu entstanden. Gerade die Tafeln, die mittlerweile in fast allen deutschen Großstädten bedürftige Menschen mit übrig gebliebenen, aber qualitativ einwandfreien Lebensmitteln aus Restaurants und Großküchen versorgen, die ansonsten vernichtet würden, bilden mittlerweile eine gesellschaftliche Großbewegung. Diese Tafeln sind allesamt auf private Initiative hin gegründet worden. Auch wenn ich als Sozialdemokratin etwas gegen einen Suppenküchen-Sozialstaat habe, sehe ich doch sehr klar, dass die Tafeln einen wichtigen Beitrag zur Linderung der Armut in diesem Land leisten. Und dieser Beitrag kommt aus der Mitte der Gesellschaft, nicht aus der Politik. Die Tafeln tragen damit zum Zusammenhalt der Gesellschaft bei. Dass wir an einer Gesellschaft arbeiten müssen, in der niemand auf eine Tafel angewiesen ist, steht außer Frage. Aber solange wir dieses Ziel nicht erreicht haben, müssen wir pragmatisch handeln und auch die Tafeln unterstützen.

Ähnliches gilt übrigens für die Hospiz-Bewegung: Der Beitrag, den privat oder kirchlich errichtete Hospize für die Humanisierung der Gesellschaft leisten, kann gar nicht hoch genug veranschlagt werden, denn sie ermöglichen ein humanes Ende des Lebens. Aus Besuchen in Hospizen weiß ich aber, mit welch enormen Schwierigkeiten die meisten dieser Einrichtungen zu kämpfen haben. Staat und Politik betrachten sich hier meist als unzuständig. Dabei stünden sie doch in der Verantwortung, den Wert dieser so wichtigen Bewegungen politisch anzuerkennen und zu unterstützen!

Die gute Gesellschaft verlangt eine Öffnung und Neudefinition des Politischen. Wir müssen die Politik an die Basis der Gesellschaft, an die Keimzellen des Bürgersinns und des Engagements zurückführen. Die politischen Parteien werden auch in Zukunft ein wesentlicher Bestandteil der Demokratie bleiben. Denn sie sorgen für institutionelle Kontinuität und die Herausarbeitung von Allgemeininteressen, da sie viele verschiedene Schichten der Gesellschaft in sich vereinen, während Netzwerke und zivilgesellschaftliche Organisationen oft nur vorübergehenden Charakter besitzen und sich um einzelne Anliegen gruppieren. Auch wenn einen momentan das Gefühl beschleichen kann, dass der Organisationsweltmeister Deutschland die politische Partizipation auf mancher Ebene einfach wegorganisiert hat, bin ich optimistisch, dass das nur ein vorübergehender Zustand ist; das zu ändern, ist eines der wichtigsten anstehenden Ziele. Wenn es uns gelingt, die Synapsen zwischen Parteipolitik und Bürgersinn wiederherzustellen, werden wir einen wahren Schub der Politisierung erleben. Deshalb geht es auch nicht um Zivilgesellschaft *statt* Staat, sondern um ein kooperatives Miteinander verschiedener Formen gesellschaftlicher Steuerung. Allzu oft wird der Diskurs um die Bürgergesellschaft nämlich auch missbraucht, um staatliches Handeln zu delegitimieren. Das ist ein politisch-ideologischer Irrweg. Wir brauchen den Staat – und zwar nicht nur zur Gewährleistung der nationalen Sicherheit, sondern auch in der physischen Daseinsvorsorge und in allen Belangen, in denen Fragen des Gemeinwohls zu regeln sind. Der Staat bietet hier die robustesten Lösungen für die öffentliche Daseinsvorsorge und die Sicherung des Zugangs zu den öffentlichen Gütern. Auch die europäischen Sozialstaatsmodelle haben den Staat stets als Instrument der Gesellschaft begriffen und sind nicht zuletzt deshalb immer ein besonderer Garant für gesellschaftliche Solidarität geblieben. Aber wir müssen permanent prüfen, was die Gesellschaft besser regeln kann. Für mich ist die Zivilgesellschaft der eigentliche Ort der sozialen Teilhabe und der politischen Entscheidungsfindung, denn ganz im Sinne eines Goethe-Wortes meine ich, dass die Regierung die beste ist, »die uns lehrt, uns selbst zu regieren«. Der Bürgerinnen und Bürger müssen wieder umfassend als Citoyens, als demokratische Akteure anerkannt werden, ihre Einbeziehung muss gewollt sein und gestärkt werden. In den Worten Willy Brandts: Wir müssen »mehr Demokratie wagen« und unsere demokratischen Kulturen durch mehr Möglichkeiten für aktive Mitwirkung und beratende Teilnahme an Entscheidungsfindungsprozessen auch innerhalb unserer Parteien stärken. Das ist eine Entwicklung, der sich alle Parteien stellen müssen. Wer in Zukunft starke sozialdemokratische Parteien in Europa haben will, muss sich vergegenwärtigen, dass die Zeit der Kommunikation von oben nach unten vorbei ist.

Die Hauptaufgabe der kommenden Jahre wird sein, in der Öffentlichkeit wieder politisches Vertrauen herzustellen und es zu festigen. Vertrauen ist die Basis allen politischen und sozialen Handelns. Für eine nachhaltige Vertrauensbildung müssen Menschen zur Beratung über und Einigung auf gemeinsame Ziele und Entscheidungen zusammengebracht werden, statt sie aus Entscheidungsprozessen auszuschließen. Vertrauen entsteht, wenn wir offene Diskussionen anregen und uns auf sie einlassen, anstatt sie zu vermeiden.

Das gilt auch auf der großen Ebene: Die Nationalstaaten können und müssen sich – allein und gemeinsam – stärker für den Prozess der demokratischen Erneuerung einsetzen. Letztlich ist es die politische Gemeinschaft Europas, auf die wir uns stützen müssen, wenn wir die Wirtschaftskrise als Ausgangspunkt für eine andere Zukunft nutzen wollen, statt zur fehlgeschlagenen Politik der Vergangenheit zurückzukehren. Das europäische Ideal eines Kontinents, dessen Bürger in der Sicherheit und Freiheit nachhaltiger und gerechter Gesellschaften ein möglichst erfülltes Leben führen, kann Realität werden. Dies erfordert jedoch ein großes Maß an Vorstellungskraft und ambitioniertem Handeln.

Soziale Marktwirtschaft

Spätestens seit dem Tsunami der Finanzkrise wissen wir, dass der Kapitalismus eine unsoziale, ja unmenschliche

Dynamik entwickelt, wenn man ihm nicht klare Regeln setzt. Politische und kollektive, zum Beispiel gewerkschaftliche Interventionen sind beständig nötig, um seine negative Dynamik zu begrenzen. Darüber gab es in Deutschland lange eine Grundkonsens, der mit den Begriffen Rheinischer Kapitalismus, antagonistische Kooperation oder auch – je nach politischem Standpunkt – soziale Marktwirtschaft umschrieben wurde. Dieser Konsens ist durch den neuen Schub der Globalisierung nach 1989 und unter dem Einfluss der neoliberalen Ideologie zunehmend brüchig geworden, wie man zum Beispiel an der zunehmenden Kluft zwischen Unternehmensgewinnen und Löhnen oder auch am partiellen – und von schwarz-gelb gerade weitergedrehten – Ausstieg der Arbeitgeber aus der paritätischen Finanzierung der Sozialsysteme ablesen kann. Auch hat sich seit den 1970ern ein zunehmendes Ungleichgewicht zwischen dem weltweit mobilen Kapital auf der einen und der nationalen Regulierungsfähigkeit auf der anderen Seite herausgebildet. Ohne eine Auflösung dieser Asymmetrie wird es schwerlich gelingen, eine stabile weltwirtschaftliche Entwicklung zu garantieren. Die Welt braucht dringend eine koordinierte Wirtschafts- und Konjunkturpolitik! Auch das globale wirtschaftliche Ungleichgewicht zwischen den enormen Handelsüberschüssen einiger Volkswirtschaften und den Defiziten anderer ist ungesund und darf nicht bestehen bleiben.

Meine These ist, dass wir unseren Grundkonsens über den Charakter unserer Marktwirtschaft erneuern müssen. Das hat mit Vertrauen in die Beständigkeit von Regeln und auch mit Verantwortung zu tun. Was wir brauchen, ist eine neue, öffentlich erkennbare Kultur des Umgangs miteinander, die den Menschen wieder das Vertrauen zurückgibt, dass ihre Verantwortungsträger jedenfalls in wesentlichen Fragen an einem Strang ziehen und dass sie deshalb eine gute Zukunftsaussicht haben. Dies kann aber nur überzeugend gelingen, wenn wir einen Grundbestand an gemeinsamen langfristigen Interessen teilen. Ob es einen solchen Grundbestand gibt, und wie er aussehen könnte, das ist die Frage. Ich will hier meine Sicht der Dinge skizzieren: Markt und Staat bedürfen einander. Das ist für mich eindeutig. Staatliche Wirtschaftspolitik verankert Normen, die das Handeln von Unternehmen kalkulierbarer, sicherer und vorausschaubarer machen. Zudem stellt sie im Idealfall Transparenz auf den Märkten her und sichert so gleiche Ausgangsbedingungen für alle Marktteilnehmer. Gerade in der für Deutschland so prägenden sozialen Marktwirtschaft hat der Staat immer eine herausgehobene Rolle gespielt, wie die SPD-Präsidentschaftskandidatin von 2009, Gesine Schwan, in einem klugen Aufsatz für die *Welt* dargelegt hat. Er gewährleistete die Funktionsfähigkeit des Marktes, handelte aber auch im Interesse der Menschen, die im Konzept der sozialen Marktwirtschaft nie zu reinen Anhängseln des Marktes werden sollten. Die ordoliberalen Vordenker der sozialen Marktwirtschaft, Alexander Rüstow, Wilhelm Röpke, Walter Eucken und Franz Böhm, sowie die Politiker, die sie durchsetzten, gingen von einem Menschenbild aus, mit dem sich auch Vertreter der katholischen Soziallehre und der Sozialdemokratie identifizieren konnten: Ihm zufolge sind Menschen auf Freiheit angelegt und tragen als Individuen persönliche Verantwortung für ihr wirtschaftliches und gesellschaftliches Handeln. Der Markt dagegen ist die effizienteste Vermittlungsinstanz für ökonomische Transaktionen. Ausgehend von diesen beiden Kernprinzipien haben sich in der Geschichte der Bundesrepublik unterschiedliche Variationen der sozialen Marktwirtschaft entwickeln können.

Folgt man den Schriften des herausragenden Wirtschaftshistorikers Werner Abelshauser, so richtete sich die soziale Marktwirtschaft in ihrer Ursprungskonzeption vor allem gegen Oligopole und sah die Förderung des Wettbewerbs als ihr zentrales Anliegen. Die wichtigste Aufgabe des Staates war es, eine klare Wettbewerbsordnung zu setzen und zu garantieren. Für Ludwig Erhard bot die möglichst vollkommene Konkurrenz – gegen die deutsche Tradition des korporatistischen Wettbewerbs – den besten Weg, Chancengleichheit für alle Marktteilnehmer herzustellen. Damit sollte, wie auch durch die breite Verteilung von Produktivvermögen, Wohlstand für alle möglich werden und eine korrigierende oder absichernde Sozialpolitik weitgehend entbehrlich sein. Erhards Staatssekretär Alfred Müller-Armack, der – anders als Erhard – durch die katholische Soziallehre beeinflusst war, ergänzte diese Konzeption durch eine aktive Sozialpolitik, die wenigstens dort die größten Ungerechtigkeiten des Marktes korrigieren sollte, wo klar war, dass seine Steuerungsparameter versagten. Auch dafür brauchte man den Staat.

Angereichert wurde diese liberal-konservative Konzeption der sozialen Marktwirtschaft bald um sozialdemokratische Elemente. Bis zum Godesberger Programm 1959 hatten die SPD und die Gewerkschaften die soziale Marktwirtschaft abgelehnt zugunsten eines freiheitlichen Sozialismus, in dem Gemeineigentum an wichtigen Produktionsmitteln, indirekte Investitionslenkung sowie eine keynesianische Konjunktur- und Steuerungspolitik eine wichtige Rolle spielten. Hauptvertreter dieser Politik waren Gerhard Weisser und der spätere Wirtschaftsminister Karl Schiller. Als Schiller 1969 Wirtschafts- und Finanzminister wurde, hatte sich bereits gezeigt, dass Ludwig Erhards »Sozialpolitik« durch Verteilung von

Produktivvermögen in Aktien nicht den gewünschten Erfolg gebracht hatte. Stattdessen hat eine progressive Rentenversicherung im Wahljahr 1957 sowie eine erhebliche staatliche Vermögensförderung der Bevölkerung das Gefühl der Sicherheit und einer gleichberechtigten Teilhabe am Vermögen vermittelt.

Überdies war durch die wirtschaftliche Mitbestimmung und eine Politik des Flächentarifvertrages die Tradition der deutschen korporativen und kooperativen Marktwirtschaft, die Ludwig Erhard nicht wollte, wieder aufgenommen worden. Im Zuge der erweiternden Reform des Betriebsverfassungsgesetzes und der qualifizierten unternehmerischen Mitbestimmung wurde so in den 1970er-Jahren das Prinzip der »Sozialpartnerschaft« beziehungsweise der »antagonistischen Kooperation« aus der Erfahrung einer erfolgreichen Praxis sichtbar verankert. Geboren war das im Ausland nicht selten bewunderte »deutsche Modell«.

Auch hier fungierte der Staat als Spielmacher, der die Regeln setzte. Das Konzept gewann auch gesellschaftspolitisch eine große Bedeutung, weil es die gegenseitige partnerschaftliche Anerkennung von Kapital und Arbeit bekräftigte. Das reichte bis in die persönliche gegenseitige Anerkennung von Arbeitgeber- und Arbeitnehmervertretern, die sich auf ihre jeweilige politische Geschicklichkeit und Integrations- wie Verantwortungsfähigkeit verlassen konnten. Ein Beispiel dafür war trotz ihrer politisch gegensätzlichen Biografien das Verhältnis zwischen IG-Metall Chef Otto Brenner und Arbeitgeberpräsident Hanns Martin Schleyer.

Als sozialdemokratischer Wirtschafts- und Finanzminister in der sozialliberalen Koalition kurbelte Karl Schiller mit der Konzertierten Aktion auf der Grundlage einer keynesianischen Konjunkturpolitik zunächst erfolgreich das wirtschaftliche Wachstum an. Lohnpolitische Zurückhaltung sollte durch Sozialpolitik ausgeglichen werden. Dabei sah er seine Politik in Kontinuität zur sozialen Marktwirtschaft und nannte sie in Anspielung an die Freiburger Schule eine »Synthese von Freiburger Imperativ und keynesianischer Botschaft«.

Aber die Konzertierte Aktion hielt den verteilungspolitischen Herausforderungen nicht stand. Helmut Schmidt versuchte als Bundeskanzler, dies durch erweiterte Mitbestimmungsregelungen zu kompensieren. Die Gewerkschaften sahen in der Konzertierten Aktion aber am Ende eine Zementierung ihrer Unterlegenheit und kündigten sie 1979 auf, nachdem die Arbeitgeber erfolglos beim Bundesverfassungsgericht gegen ein Kernstück der gewerkschaftlicher Forderungen, die Einführung der paritätischen Mitbestimmung in Großunternehmen ab 2000 Mitarbeitern, geklagt hatten.

So ließ sich dieser erneuerte Kurs der sozialen Marktwirtschaft ordnungspolitisch nicht über die 1970er-Jahre hinaus fortsetzen. Das Nachkriegswachstum, das Defizite über längere Zeit kompensiert hatte, kam auch wegen der Grenzen des Arbeitsmarktes an sein Ende, und der Wirtschaftspolitik gelang es nicht, die in den 1970er-Jahren beginnenden Beschäftigungskrisen, die nicht mehr dem herkömmlichen Konjunkturzyklus folgten, zu überwinden. Die Arbeitslosigkeit stieg. Der Preis für die Fortsetzung der sozialen Marktwirtschaft war eine signifikante Erhöhung der Sozialausgaben.

Immerhin war aber auf diese Weise ein durch institutionalisierte Kooperation begründetes Vertrauensnetz entstanden, das die Mehrheit der Bevölkerung hinsichtlich ihrer Entlohnung, ihrer sozialen Sicherheit (einschließlich ihrer Rente) und insgesamt ihrer persönlichen Anerkennung zufriedengestellt und zu loyalen Bürgern der westdeutschen Bundesrepublik gemacht hat. Im Rahmen der sozialen Marktwirtschaft gelang es durch staatliche Vermittlung, effizientes Wirtschaften mit sozialer Verantwortung in Einklang zu bringen.

Seit dem Ende der 1970er Jahre geriet dieses »angereicherte« Modell der sozialen Marktwirtschaft allerdings mehr und mehr in eine Sackgasse. Der Hauptgrund dafür war, dass ein neuer Globalisierungsschub – ausgelöst vor allem durch die Aufhebung von tarifären Hindernissen – dem Nationalstaat durch eine erodierende Einnahmenbasis mehr und mehr von seiner Handlungsfähigkeit raubte. Seine Möglichkeiten, keynesianisch die Konjunktur zu beeinflussen oder sozialpolitisch zu intervenieren, wurden von Jahr zu Jahr geringer. Zugleich schwächte die sich damals verfestigende Arbeitslosigkeit die Gewerkschaften und ermutigte diejenigen auf der Arbeitgeberseite zu Forderungen nach einem »roll back«, die die sozialdemokratische und Schiller'sche Weiterentwicklung von Erhards sozialer Marktwirtschaft immer schon für einen Sündenfall gehalten hatten. Es folgten zwei Jahrzehnte, in denen die sogenannte Angebotsökonomie tonangebend war, die unter dem Eindruck der verschärften globalen Konkurrenz einseitig auf die Verbesserung des Umfelds der Unternehmen durch Steuer-, Abgaben und Lohnsenkungen ausgerichtet war. Die damit verbundene Absenkung der Binnenkaufkraft nahm man billigend in Kauf – ein Umstand der uns in Gestalt der Exportabhängigkeit der deutschen Wirtschaft bis heute belastet. »Deregulierung« wurde zum umfassenden Imperativ, der theoretisch alles für dysfunktional erklärte, was einer rein betriebswirtschaftlich kalkulierten Kapitalrendite im Wege stand.

Es ist nicht zuletzt der Turbokapitalismus der vergangenen drei Jahrzehnte, in dessen Gefolge die aktuelle

Finanz- und Wirtschaftskrise entstand. Es ist aber auch diese Krise, die uns die Chance gibt, unseren Standort neu zu bestimmen. Allerdings nur, wenn wir sie nicht als bloßen Unfall, sondern als Folge eines Entwicklungspfades begreifen. Wir müssen praktische Maßnahmen ergreifen – etwa das Verbot eines Schattenbanksystems und von allzu riskanten Finanzprodukten, die Einführung einer global wirksamen Aufsicht für die Finanzmärkte, das Austrocknen von Steueroasen –, vor allem aber müssen wir uns sozialethisch auf eine Wirtschaftsordnung rückbesinnen, die die Menschen wieder in den Stand versetzt, ihre Lebensbedingungen selbst zu bestimmen. Freiheit heißt demnach heute zuallererst Befreiung von einem anonymen und undurchsichtigen Marktgeschehen zugunsten der politischer Gestaltung unserer Lebensverhältnisse.

Die Rückbesinnung auf die soziale Marktwirtschaft scheint mir hierfür die wichtigste Ressource zu sein, denn sie beinhaltet alles, was wir für eine gute Gestaltung der Wirtschaft brauchen: ein klares Bekenntnis zur Freiheit, der Wille, Märkte nicht dem Laisser-faire zu überlassen, sondern sie politisch zu regeln und so für Transparenz zu sorgen, sowie die Idee der Partnerschaftlichkeit, die sich in der Wirtschaft als Sozialpartnerschaft beziehungsweise antagonistische Kooperation zwischen Kapital und Arbeit sowie durch die Institutionalisierung der Mitbestimmung und der Flächentarifverträge ausprägt. Persönliche Freiheit und Verantwortung als Fundament, starke politische Regeln zur Erhaltung des Wettbewerbs, soziale Absicherung, Partnerschaft in den industriellen Beziehungen sowie Eingrenzung der Abstände zwischen arm und reich – dies sind die wesentlichen Fixpunkte einer gerechten und gleichzeitig dynamischen Wirtschaft, die sowohl ethisch fundiert wie politisch geregelt ist.

Konkrete Regeln und Ethik sind kein Widerspruch – im Gegenteil. Ohne Regeln wird verantwortliches Handeln bestraft. Umgekehrt bleiben Regeln hohl und wirkungslos, wenn persönliche ethische Grundsätze fehlen. Wir brauchen dringend einen gesellschaftlichen Konsens, der festschreibt, dass wirtschaftliches Handeln nicht nur der rücksichtslosen eigenen Bereicherung dienen darf, sonst wird es immer wieder Versuche geben, bestehende Regeln zum eigenen Vorteil zu umgehen. Solange solche Versuche die Ausnahme sind, kann man sie bekämpfen. Sobald sie aber gängige Praxis der wirtschaftlichen »Eliten« sind, stößt auch die politische Regulierung schnell an ihre Grenzen.

Die zentrale Aufgabe der kommenden Jahre liegt darin, die Globalisierung nicht als allgemeine Entwicklung »nach unten«, sondern mit Blick auf die Löhne, den Ausbau der sozialen Sicherungssysteme und die Mitbestimmung als globale Angleichung »nach oben« zu gestalten. Möglich ist dies. Deutschland hat sich ja dem *race to the bottom* mit einigem Erfolg widersetzt und ist im Sturm der Globalisierung weder zum Niedriglohnland noch vollkommen deindustrialisiert worden. Ohne Konflikte wird dies allerdings nicht gehen, und manche Kämpfe stehen uns bevor, denn die Gestaltung einer gerechten Marktwirtschaft ist eine dauernde Aufgabe. Wir müssen uns darüber im Klaren sein, dass die soziale Marktwirtschaft weder eine Formel zur Beschreibung eines aktuellen gesellschaftlichen Zustands beziehungsweise einer glänzenden Vergangenheit ist, noch die Zielformel für den Endpunkt einer gesellschaftlichen Entwicklung. Sie ist vielmehr eine regulative Idee. Darum kann auch keine »Brücke« und kein »Weg« zu ihr »zurückführen«. Solche Metaphern vernebeln das Eigentliche: Die soziale

Marktwirtschaft muss dem Kapitalismus durch politische und gesellschaftliche Kraftanstrengungen immer wieder aufs Neue abgerungen werden. Dazu gehört mit an erster Stelle die Mitbestimmung von Arbeitnehmern in der Wirtschaft. Betriebsräte und die Arbeitnehmervertreter in den Aufsichträten können dafür eintreten, dass Unternehmen auf langfristigen Erfolg achten und Arbeitsplätze schaffen, statt nur auf das nächste Quartalsergebnis und die hohe Rendite zu schielen. Zwar schneidet Deutschland im Hinblick auf die betriebliche Mitbestimmung im internationalen Vergleich gut ab, doch hat gerade die Krise wieder deutlich gemacht, welch wichtige stabilisierende Rolle Betriebsräte und Arbeitnehmervertreter in Aufsichtsräten und Gewerkschaften spielen. Deshalb wollen wir die Möglichkeiten der Mitbestimmung in Unternehmen auf allen Ebenen ausbauen; Arbeitnehmer sollen bei der Aus- und Weiterbildung ebenso ein Mitspracherecht haben wie bei der Abwehr feindlicher Firmenübernahmen. Auf diese Weise entsteht ein stabiler wirtschaftlicher Pluralismus, der die Rückkehr zu einem so unausgewogenen globalen Wirtschaftswachstum wie jenem, das die aktuelle Krise herbeigeführt hat, verhindert.

Hier haben wir einen der wesentlichen Anknüpfungspunkte für die Marktwirtschaft der Zukunft. Jeder verantwortungsbewusste Unternehmer und Manager sollte in den letzten Jahren gelernt haben, dass bei dem Versuch, eine langfristige Unternehmensstrategie durchzusetzen, seine Verbündeten die Betriebsräte sind und nicht die Finanzinvestoren. Allerdings kann eine runderneuerte soziale Marktwirtschaft, die aus den Fehlern der Vergangenheit die richtigen Schlüsse zieht, nicht am Reißbrett entworfen werden. Wir müssen uns überlegen, wie wir den Markt zu einem gut funktionierenden Instrument machen und ihn nicht weiterhin als Religionsersatz betrachten. Es ist an der Zeit, mit der Mär von den Selbstheilungskräften und der allein selig machenden Kraft der Märkte aufzuräumen. Das dynamische ökonomische Potenzial der Märkte bestreitet dabei niemand. Natürlich können qualitatives Wachstum, gute Arbeit und technologischer Fortschritt zu mehr Wohlstand und einer besseren Lebensqualität führen. Doch dafür bedarf es politischer Impulse. Dem Wettbewerb wieder Regeln zu geben, den Primat der Politik wiederherzustellen, das zu verwirklichen, ist eine anspruchsvolle Aufgabe. Aber selbst wenn es uns gelingt, gute Regeln für den Markt zu schaffen, dürfen wir uns nichts vormachen. Auch in einem perfekten Markt wird es Armut geben, sowohl in der Welt, als auch in unserem Land. Weil Armut für uns ethisch aber nicht hinnehmbar ist, müssen wir die Ergebnisse des Marktes an dieser Stelle korrigieren.

Transparenz der Märkte

Der Bereich der Wirtschaft, in dem eine grundlegende Neuordnung am dringlichsten geboten ist, sind die Finanzmärkte. Sie bedürfen sowohl international als auch auf europäischer Ebene der Re-Regulierung. Ein europäisches Aufsichtsorgan könnte hier angemessene Eigenkapitalanforderungen an Banken durchsetzen, das Investitionsverhalten der Finanzmarktakteure transparenter machen und einen effizienten Informationsaustausch zwischen nationalen Aufsichtsbehörden unterstützen.

Selbstverständlich müssen sich auch die Banken bewegen und ihre Geschäftsmodelle kundenorientierter gestalten; sie haben eine transparentere und verantwortungsbewusstere Form der Unternehmensführung an den Tag zu legen. Das gilt für Geschäftsbanken genauso wie für Genossenschaftsbanken und regionale Banken. Ein neuer Regulierungsrahmen sollte die Rolle und Funktionsweise des Bankenwesens sowie das Vergütungssystem von Führungskräften festlegen.

Die privaten Ratingagenturen, deren – weiß Gott nicht durchweg positiver – Einfluss auf die Wirtschaftsleistung in den letzten Jahren enorm war, müssen reformiert und unter öffentliche Kontrolle gestellt werden. Auch der Prozess, durch Liberalisierung und Globalisierung des Kapitals das Vermögen von armen auf reiche Volkswirtschaften umzuverteilen, was wiederum die Finanzmärkte destabilisiert, muss gestoppt werden. Kapitalkontrollen, die Abschaffung der Steuerparadiese und eine Besteuerung globaler Finanzgeschäfte sind unverzichtbar.

Genauso unverzichtbar ist eine Neugestaltung der Europäischen Zentralbank (EZB) und der Europäischen Währungsunion – als ein positiver Nebeneffekt würden sich damit die Aussichten auf einen Beitritt Großbritanniens zur Eurozone erhöhen. Das Mandat der EZB muss in Form eines Gesetzes, das der Europäische Rat und das Europäische Parlament ändern können, erweitert werden. Es sollte neben der Preisstabilität auch andere, unter anderem auch soziale Ziele zulassen. Die Vermeidung und Verringerung der Arbeitslosigkeit, die Stabilität des Finanzsystems, die Unterstützung wirtschaftspolitischer Maßnahmen der EU und die monetäre Kooperation mit Staaten außerhalb der EU gehören dazu.

Unsere Vision ist es, dass die europäischen Finanzmärkte eine Quelle für Stabilität und Entwicklung in einer produktionsorientierten europäischen Wirtschaft werden. Das bedeutet, dass man nicht weiterhin nur das kurzfristige Renditeinteresse der Aktienbesitzer in den Vordergrund stellen kann, will man nicht Kapitalinvestitionen in Sachanlagen und damit Wachstum und Beschäftigung hemmen. Das Denken in Kategorien des »shareholder value« gefährdet nicht nur die soziale, sondern auch die wirtschaftliche Zukunft Europas.

Zu einer guten Gesellschaft gehört übrigens auch eine gute öffentliche Daseinsvorsorge. Wasser, Straßen, Mülldeponien und Sporteinrichtungen müssen überall in geeigneter Zahl und Qualität zur Verfügung stehen. Durch die Privatisierung öffentlichen Eigentums haben wir dies in den vergangenen Jahren in vielen Bereichen in Frage gestellt. Wohin die Ideologie »Privat vor Staat« führen kann und wie gefährlich sie für die Gewährleistung der Grundversorgung ist, zeigt das Beispiel Cross-Border-Leasing, also ein Leasing über Nationengrenzen hinweg. Kanalisationsnetze, Verkehrsbetriebe und andere Einrichtungen deutscher Kommunen wurden mit diesem Modell an amerikanische Investoren verkauft und von den Gemeinden zurückgemietet. Mit der Wirtschaftskrise 2008 brach das System in sich zusammen, weil offensichtlich wurde, dass vielfach dubiose Finanzierungspläne hinter dem Cross-Border-Leasing steckten. Statt zu überlegen, wie die grundlegende Versorgung mit öffentlichen Gütern zu einem vernünftigen Preis sichergestellt werden kann, hatte man elementare Einrichtungen um des kurzfristigen Profits willen verpfändet. Weil dummerweise niemand das Kleingedruckte in den Hunderte von Seiten langen Verträgen gelesen hatte, wurde es am Ende für so manche Kommune teuer. Ein schönes Beispiel aus meiner Heimatregion zeigt, dass es auch anders herum geht: Im Rhein-Hunsrück-Kreis wurde die Müllabfuhr wieder rekommunalisiert. Mit dem erfreulichen Ergebnis, dass die Bürger jetzt über eine Million Euro weniger Müllgebühren zahlen müssen. Warum das so ist? Weil bei einem öffentlichen System die exorbitanten Renditenerwartungen wegfallen. So einfach ist das.

Guter Lohn für gute Arbeit

»Und der eine trinkt Champagner, den der Himmel ihm beschert. Und der andre all die kleinen Kümmelchen, die er find´ auf der Erd.« – So heißt es in einem Volkslied. Zur guten Gesellschaft gehört für mich auch ein Mindestmaß an Gerechtigkeit bei der Verteilung von Löhnen, Gehältern und Zinseinkünften. Aktuelle Statistiken zeigen aber leider: Wir sind weit entfernt davon. Die Arbeitseinkommen der einfachen und mittleren Angestellten sowie der Arbeiter auf der einen Seite und der Besserverdienenden auf der anderen Seite sind in den letzten Jahren eklatant auseinandergedriftet. Gleichzeitig sind die Vermögenseinkommen explodiert. Um das Bild des zu teilenden Kuchens zu gebrauchen: Viele haben nur mehr Krümel auf dem Teller, anderen müsste es ziemlich schlecht gehen, weil sie den Hals nicht voll bekommen haben. Nach dem Weltreichtumsbericht des Finanzdienstleisters Merrill Lynch – der gänzlich unverdächtig ist, linken Wirtschaftskonzepten nahe zu stehen – hat sich die Anzahl der Dollar-Millionäre weltweit im Zeitraum von 1996 bis 2007 mehr als verdoppelt. Gemeinsam verfügen sie nun über ein Vermögen von 37,2 Billionen Dollar – bei einer Steigerungsrate von über 8 Prozent pro Jahr. Während in Deutschland das Bruttoinlandsprodukt im Zeitraum von 1991 bis 2005 nominal um 46 Prozent zunahm, ist das private Geldvermögen um 111 Prozent auf 4,26 Billionen Euro angewachsen. Das reichste Zehntel der Bevölkerung besitzt fast zwei

Drittel des gesamten Vermögens. Diese Zahlen sind weder neu noch ungehört; dafür aber unerhört. Man muss sie sich immer wieder vor Augen führen, da sie das Problem der Verteilungsungerechtigkeit schonungslos beim Namen nennen. Darum mache ich mit den Zahlen noch ein bisschen weiter: Die strukturbereinigte Lohnquote ist in Deutschland im Jahr 2008 auf einen Tiefstand von 62 Prozent gesunken. Die realen Bruttolöhne stagnieren seit Anfang der 1990er-Jahre, die Netto-Reallöhne sind in Deutschland in den Jahren 2004 bis 2008 sogar gesunken. Das traurige Fazit: Am letzten wirtschaftlichen Aufschwung haben die Arbeitnehmer nicht partizipiert.

Auch im Vergleich mit den EU-15-Staaten – alle Mitgliedstaaten der Europäischen Union vor der Ost-Erweiterung im Jahr 2004 – hinken wir hinterher. Ein Minus von 9 Prozent bei den Arbeitnehmerentgelten bedeutet aus europäischer Perspektive, dass Deutschland versucht, im Standortwettbewerb mit Lohndumping zu punkten. Gleichzeitig ist Deutschland hinsichtlich der Besteuerung von Vermögen im internationalen Vergleich mehr als zurückhaltend. Das Aufkommen aus vermögensbezogenen Steuern beträgt nur 0,9 Prozent des Bruttoinlandproduktes. Eine Erhöhung auf den OECD-Schnitt von 2 Prozent würde dem Staat Mehreinnahmen von 25 Milliarden Euro im Jahr erbringen.

Dieser abstrakte Zahlenblick auf die Verteilungssituation entspricht der Erfahrung, die Erwerbstätige und ihre Familien permanent machen. Sie merken, dass sie nicht an der allgemeinen Wohlstandsentwicklung teilhaben – Leistung zahlt sich für sie nicht aus.

Neben der für viele sich verschlechternden materiellen Lage kommen weitere Unsicherheiten hinzu. Die zunehmende Prekarität von Arbeitsverhältnissen ist hier

ein zentrales Problem. Von den 34,7 Millionen Erwerbstätigen in Deutschland befinden sich nur noch 22,9 Millionen in einem sogenannten Normalarbeitsverhältnis.
Ihr Anteil ist damit in den letzten zehn Jahren deutlich
von 72,6 Prozent auf nun 66 Prozent zurückgegangen.
Umgekehrt haben vor allem die Ein-Personen-Selbst-
ständigkeit und sogenannte atypische Beschäftigungsformen wie Befristung, Teilzeit, geringfügige Beschäftigung
und Leiharbeit erheblich zugenommen. Auch wenn in
manchen Fällen eine atypische Beschäftigungsform individuell erwünscht ist – meist handelt es sich dabei um
Teilzeitarbeit – so gibt es doch einen Zusammenhang
zwischen der Erosion der Normalarbeitsverhältnisse und
der Lohnentwicklung. Erhalten Beschäftigte in Normal-
arbeitsverhältnissen im Schnitt 18 Euro pro Stunde, sind
es in atypischen Beschäftigungsformen gerade einmal
12 Euro. Nicht nur nach oben, auch nach unten scheint
die Lohnskala offen zu sein. Gut ein Fünftel der Arbeitnehmer bezieht einen Niedriglohn von weniger als zwei
Dritteln des Medianeinkommens. Insgesamt 3,6 Millionen abhängig Beschäftigte arbeiten für einen Lohn von
weniger als sieben Euro pro Stunde. Man muss nur einen Blick auf unsere Sprache werfen, um zu sehen, dass
einiges im Argen liegt. Die zwei Begriffe, die umgangs-
sprachlich für Arbeitsentgelt benutzt werden, sind Verdienst und Lohn. Verdienst bedeutet wörtlich, dass jemand so viel bekommen sollte, wie er für seinen Einsatz
und seine Arbeit verdient. Im Wort Lohn steckt der Gedanke, dass das Arbeitsentgelt so hoch sein muss, dass es
sich lohnt zu arbeiten. Beides ist in unserer Wirtschaft
in sehr vielen Bereichen nicht mehr gegeben. Ein Stun-
denlohn von sieben Euro oder weniger ist kein Lohn im
ursprünglichen Sinne, denn er lohnt die Arbeit nicht.

Handlungsfähiger Staat

Neben den Arbeitnehmern hat noch jemand in den letzten Jahren einen immer kleineren Anteil vom großen Kuchen bekommen: der Staat. Allerdings ist das nicht unverschuldet, denn wir Politikerinnen und Politiker haben selbst die Geister gerufen, unter denen wir nun leiden: durch einen Prozess der Selbstaufgabe, des sich selbst Überflüssigmachens, durch Entstaatlichung.

Die »Entstaatlichung« – ein hässliches Wort, für das es leider kein passendes Synonym gibt – ist in Deutschland bereits weit gediehen. Das erste Jahrzehnt des neuen Jahrtausends wird für Deutschland als eine Dekade der Entstaatlichung in die Geschichtsbücher eingehen. Zum einen wurden die finanziellen Ressourcen des Staates massiv reduziert und damit seine Möglichkeiten, Gegenwart und Zukunft aktiv zu gestalten. Damit ging Deutschland einen anderen Weg als seine Nachbarn. Der Vergleich mit anderen hoch entwickelten Ländern zeigt, dass sich die meisten Nationalstaaten als handlungsfähige Akteure im letzten Jahrzehnt trotz des hohen Globalisierungstempos recht gut behaupten konnten. Die Staatsquoten, also die Staatsausgaben in Relation zum Bruttoinlandsprodukt, blieben weitgehend unverändert. Anders bei uns. Schon jetzt ist festzustellen, dass sich die Entstaatlichung in Deutschland zu Lasten der Zukunftsinvestitionen in den Bereichen Bildung und Infrastruktur auswirkt. Sie führt zudem zu einer wachsenden sozialen Ungleichheit und einer Erosion des Wohlfahrtsstaates.

Wie kam es dazu, was steckt hinter diesem Ressourcenentzug? Ich möchte diesen Punkt genauer betrachten, was nicht ohne Schmerzen möglich ist, denn wir Sozialdemokraten waren daran nicht ganz unbeteiligt. Ausgehend von einer relativ geringen Neuverschuldung wurden im Jahr 2000 von uns weitreichende Steuersenkungen beschlossen. Sie führten zu einem drastischen Rückgang der Steuerquote (Steuereinnahmen in Relation zum Bruttoinlandsprodukt) in den folgenden vier Jahren. Die Neuverschuldung stieg dadurch – wie auch durch die konjunkturelle Abschwächung im gleichen Zeitraum – stark an und überschritt 2003 und 2004 die Maastricht-Kriterien. Dadurch entstand ein starker Druck, die öffentlichen Haushalte wieder auszugleichen – durch Ausgabenkürzungen. Dieser Ressourcenentzug hat dafür gesorgt, dass die Staatsquote von 48 Prozent im Jahr 1999 auf 43,5 Prozent im Jahr 2008 zurückging. Weil Prozentzahlen oft so abstrakt sind, möchte ich es auch noch in absoluten Zahlen ausdrücken: Bei einem zugrunde gelegten Bruttoinlandsprodukt von gut 2500 Milliarden Euro würden dem Staat ohne die rot-grüne Steuerreform weit über 100 Milliarden Euro mehr zur Verfügung stehen. Wahrlich kein Pappenstiel ...

Nun hätte man bei diesem exorbitanten Aderlass innerhalb weniger Jahre erwarten können, dass ab sofort die Stabilisierung der öffentlichen Einnahmen im Fokus der Finanzpolitik stehen würde. Und tatsächlich wurde kurzzeitig dieser Eindruck erweckt, als die große Koalition die äußerst unpopuläre Entscheidung traf, die Mehrwertsteuer ab 2007 um drei Prozentpunkte zu erhöhen. Doch dann wurden die gesamten Mehreinnahmen zur Finanzierung der Unternehmenssteuerreform 2009 und zur Senkung des Beitrags zur Arbeitslosenversicherung verwendet. Damit nicht genug: Auch für die Zukunft ist eine weitere Absenkung der Staatsquote geplant.

In der öffentlichen Diskussion wird dieser Prozess oft mit den Zwängen der Globalisierung erklärt. Der Steuerwettbewerb zwischen den Staaten zwinge diese in einen Abwärts-Wettlauf, aus dem es kein Entrinnen gebe und der sich in drastisch verringerten Einnahmen niederschlage. Dabei lässt sich diese These des durch die Globalisierung ausgelösten Steuerschwunds und den dadurch verursachten eingeschränkten Handlungsspielräumen des Nationalstaats relativ leicht überprüfen. Nimmt man die Einnahmenquote (Staatseinnahmen in Relation zum Bruttoinlandsprodukt) als Indikator, kann man für die letzten gut zehn Jahre feststellen, dass es sowohl in der Gruppe der OECD-Länder als auch in den Mitgliedstaaten der EU-15 – Deutschland ausgenommen – möglich gewesen ist, die finanzielle Basis nahezu konstant zu halten. Der Steuerschwund ist somit, wie der Wirtschaftsweise Peter Bofinger, auf den ich mich hier beziehe, gezeigt hat, kein generelles, dem Druck der Globalisierung geschuldetes Phänomen, sondern eine rein deutsche Entwicklung. Das ist wahr, auch wenn es kaum jemand wahrhaben möchte. Deutschland hat sich mit seiner rapide gesunkenen Staatsquote vom kontinentaleuropäischen und skandinavischen Modell verabschiedet und befindet sich jetzt im Hinblick auf die Staatstätigkeit eher in Gesellschaft der angelsächsischen Länder.

Nun mögen einige einwenden, die Staats- beziehungsweise Einnahmenquote sei ja nur eine relative Größe, am Ende würden die reellen Zahlen entscheiden. Doch auch in dieser Hinsicht sieht es nicht besser aus. Im Gegenteil. Während reiche Länder wie Luxemburg oder die Schweiz bei einer eher niedrigen Staatsquote immer noch über relativ hohe Staatsausgaben pro Bürger verfügen, liegen bei dieser Berechnung nur noch einige angelsächsische und südeuropäische Länder hinter Deutschland.

Es geht aber noch schlechter: Bei den öffentlichen Bildungsausgaben und den Infrastrukturinvestitionen – beide wieder auf das Bruttoinlandsprodukt bezogen – findet sich Deutschland auf dem viert- beziehungsweise zweitletzten Platz wieder.

Auch die Industrie hat die Gefahr bereits erkannt. Eine von ihr in Auftrag gegebene Studie kommt zu dem Schluss, dass die Wohlstands- und Wachstumsverluste allein durch unterlassene Verkehrsinfrastrukturinvestitionen mittlerweile massiv seien.

Insgesamt gesehen hat die Entstaatlichung in Form des Ressourcenentzugs zu erheblichen Defiziten bei den Zukunftsinvestitionen des Landes geführt, die sich früher oder später in einer mangelnden Standortqualität und einem Verlust der internationalen Wettbewerbsfähigkeit niederschlagen werden.

Statt diesem Handlungsverlust des Staates Einhalt zu gebieten, haben wir jetzt noch eins draufgesetzt: die Schuldenbremse. Bis vor kurzem regelte Artikel 115 des Grundgesetzes die konjunkturpolitischen Eingriffsmöglichkeiten der Politik. Danach durften die aufgenommenen Kredite die Ausgaben für Investitionen überschreiten, wenn eine Störung des gesamtwirtschaftlichen Gleichgewichts vorlag. Nun wurde der Artikel geändert; mit der Begründung, dass die Staatsverschuldung in den vergangenen Jahren erheblich zugenommen habe. Dabei blieb weitgehend unerwähnt, dass diese Zunahme der Staatsverschuldung seit 1990 zum Großteil den hohen unvermeidbaren Lasten der Wiedervereinigung geschuldet ist; die hohen Defizite der Jahre 2002 bis 2005 hingegen wurden durch eine schlechte allgemeine Wirtschaftslage verursacht.

Alle Einwände – ich persönlich habe meine Bedenken in den Gremien der SPD und öffentlich kundgetan – halfen nicht. Bundestag und Bundesrat haben in diesem Sommer die sogenannte Schuldenbremse verabschiedet. Sie besagt, dass die Bundesländer vom Jahr 2020 an überhaupt keine neuen Schulden mehr machen dürfen. Dem Bund wird von 2016 an bei »Normallage«, wie es nun heißt, nur noch ein Spielraum von 0,35 Prozent des Bruttoinlandsproduktes pro Jahr zugestanden – ein dramatisch niedriger Satz. Damit ist diese Schuldenbremse ein völlig falsch austariertes Steuerungsinstrument.

Denn eine Schuldenregel sollte die Haushaltsdefizite reduzieren, nicht aber die Staatsquote senken. Was wir brauchen, ist eine intelligente Schuldenregel. Sie muss langfristig wirken und zugleich flexibel genug sein, um auf konjunkturelle Herausforderungen antworten zu können. Dazu benötigen wir verbindliche Ausgabenziele und Begrenzungsmechanismen für Steuerausfälle. Die Ausgabenziele sollten auf einen Zeitraum von vier bis fünf Jahren ausgerichtet sein. Denn einerseits soll kein Zwang zu wenig nachhaltigen Haushaltskonsolidierungen geschaffen werden – ein hektischer Versuch, im Abschwung Defizite zu reduzieren, beschleunigt die wirtschaftliche Talfahrt und schafft so Verschuldungsprobleme. Andererseits muss eine Verschiebung des Schuldenabbaus auf den Sankt-Nimmerleins-Tag verhindert werden.

Öffentliche Haushalte sollten in wachstumsschwachen Phasen stärker wachsen als die Wirtschaft, in Boomphasen müssten die Ausgaben relativ zum Wachstum begrenzt werden. Die öffentlichen Haushalte würden in dieser Weise antizyklisch wirken. Deshalb darf es in Wachstumsphasen nicht zu prozyklisch wirkenden Steuer- und Abgabensenkungen kommen. All diese meines Erachtens richtigen Maßnahmen kann der Staat durch die Verabschiedung der Schuldenbremse nur noch in einem engen Rahmen ergreifen. Ihm sind nunmehr die Hände gebunden durch ein untaugliches Instrument.

Als Vorbild diente der deutschen Schuldenbremse zum Teil die entsprechende Schweizer Regelung – für mich absolut unverständlich. Hatte doch – vermutlich wegen der damit verbundenen massiven Einschränkungen der staatlichen Handlungsfähigkeit – kein anderes Land diese Regelung übernommen. Mehr noch, die Schweizer selbst haben sie de facto außer Kraft gesetzt, als sie das erste Mal mit einer starken Konjunkturschwäche konfrontiert waren. Nur den deutschen Apologeten einer zunehmenden Entstaatlichung scheint sie immer noch das Mittel der Wahl zu sein. Allerdings hat die schwarz-gelbe Koalition in Deutschland auch schon vor Amtsantritt nach Möglichkeiten gesucht, die Schuldenbremse zu umgehen. Die Ideologie der staatlichen Selbstbeschränkung stößt auch bei uns in der Praxis auf ihre Grenzen.

Noch einmal: Der Versuch, mit Sparsamkeit durch Krisen zu kommen – ob durch die jetzige oder zukünftige –, ist fatal. Wer in Krisen nicht gezielt investiert, nimmt höhere Arbeitslosigkeit, weniger Steuereinnahmen und steigende Abgaben sehenden Auges in Kauf. Und das gilt gerade vor dem Hintergrund der Generationengerechtigkeit, die oft von den Befürwortern der Schuldenbremse als Rechtfertigung benutzt wird. Wir machen die kommenden Generationen ärmer, wenn wir in Krisen hineinsparen. Investitionen des Staates in Bildung und Forschung, Energieeffizienz und transnationale Transportnetze machen sie dagegen reicher. Wirtschaft ist eben kein Nullsummenspiel!

Auch wenn die verabschiedete Schuldenbremse nunmehr eine bedrückende Tatsache ist, will ich weder in Betroffenheit noch in Resignation verfallen. Im Gegenteil: Diese Entscheidung stachelt meinen Kampfgeist nun erst richtig an. Der erste Schritt aus dem Dilemma heraus lautet: mehr Transparenz. Die deutsche Öffentlichkeit, leider auch ein Gutteil der Intellektuellen, ist der festen Überzeugung, dass der Staat immer noch mehr Mittel als nötig besitzt: Es wird gesagt, »wir leben über unsere Verhältnisse«, und viele der deutschen Medien tun ihr Bestes, dieses Bild in den Köpfen der Menschen zu verankern. Wir stehen also vor der Aufgabe, staatliche Leistungen international vergleichbar zu machen, gleichzeitig muss auch die Verwendung der Abgaben nachvollziehbar sein. Nur dann werden wir es schaffen, mit der Mär vom Überfluss öffentlicher Gelder Schluss zu machen. Populistische Steuersenkungsversprechen rücken dann allerdings in weite Ferne.

Leistungsstarke Wirtschaft

Statt auf weniger Staat sollten wir lieber auf mehr wirtschaftliche Dynamik setzen – denn das ist nur ein vermeintlicher Widerspruch. Im Regierungsprogramm der SPD haben wir im April 2009 geschrieben: »Wirtschaftskompetenz – gerade in und nach der Krise – bedeutet für uns, das wirtschaftliche Ganze im Blick zu haben. Wir wollen eine Wirtschaft, die auf zwei stabilen Säulen steht: einem innovativen, produktiven Exportsektor und einem starken Binnenmarkt. Darum machen wir eine Wirtschaftspolitik, die die zentralen volkswirtschaftlichen Ziele in eine neue Balance bringt: mehr zielgerichtete öffentliche Investitionen und Abbau der Staatsverschuldung. Internationale Wettbewerbsfähigkeit und starke Binnennachfrage durch gerechte Einkommensverteilung. Wachstum und ökologische Nachhaltigkeit.«

Was heißt das im Detail?

Zunächst: Dass der deutsche Exportsektor höchstes internationales Niveau besitzt, steht außer Frage. Das soll und muss auch in Zukunft so bleiben. Nur hat die aktuelle Krise gezeigt, dass eine zu große Exportorientierung ihre Risiken birgt. Dadurch ist die deutsche Wirtschaft in hohem Maße abhängig von der Wirtschaftsentwicklung anderer Staaten und Regionen. Eine allein auf Export ausgerichtete Wirtschaft kann deshalb nicht der Weisheit letzter Schluss sein. Wir brauchen ein zweites Standbein, einen starken Binnenmarkt. Unser Problem ist, dass die Binnennachfrage stockt. Das liegt in erster Linie daran, dass der größte und wichtigste Teil dieser Nachfrage, die Millionen Arbeitnehmerinnen und Arbeitnehmer, schlicht zu wenig Geld zur Verfügung hat. Dabei geben die niedrigen und mittleren Einkommensempfänger einen höheren prozentualen Anteil ihres Einkommens für den Konsum aus, als es die Besserverdienenden tun. Insofern ist eine bessere finanzielle Ausstattung der niedrigen und mittleren Einkommensschichten nicht nur sozial gerecht, sondern auch wirtschaftlich vernünftig.

Für mich gilt, dass eine stärkere Nachfrage im Inland ein äußerst wichtiger Wirtschaftsfaktor ist. Und natürlich kann der Staat diese so wichtige Binnennachfrage ankurbeln: durch Investitionen, Subventionen und Transferleistungen. Viel entscheidender ist aber die sogenannte Primärverteilung, also welche Lohnsumme überhaupt zur Auszahlung gelangt.

Der Leitsatz der FDP im Jahr 2009 lautet: »Mehr netto vom Brutto«. Das klingt ja gar nicht mal so falsch, steckt doch die Idee eines höheren verfügbaren Einkommens dahinter. Nur bevor man an die Sekundärverteilung geht, sollte es doch selbstverständlich sein, die Primärverteilung in Augenschein zu nehmen. Mehr Brutto sollte das Motto lauten! Aber da ist einiges faul im Staate Deutschland.

Wohlstandssteigerungen sollen nach dem Verständnis der jetzigen Regierungsparteien in erster Linie über Steuersenkungen erfolgen. Bei der Verhandlung von Löhnen und Gehältern plädieren sie im Interesse der Wirtschaft für vornehme Zurückhaltung. Genau das führt aber auf einen niedrigeren Wachstumspfad; die zweite Säule unserer Volkswirtschaft, der Binnenmarkt, bleibt ein wackeliger Stummel.

Ein wichtiges wirtschaftspolitisches Ziel ist aus meiner Sicht die Stabilisierung der Lohnquote. Das ist einfacher, wenn die Verteilungsspielräume zunehmen, sprich: die volkswirtschaftliche Produktivität gesteigert wird. Deshalb ist eine Effizienzsteigerung des Energie- und Ressourceneinsatzes ein praktikables Mittel, um den Druck von den Löhnen zu nehmen und neue Verteilungsspielräume zu erschließen. Allerdings ist zu bedenken, dass Effizienzrenditen vor allem in Bereichen mit einer guten Lohnentwicklung und höherer Tarifbindung zu holen sind. Um das volkswirtschaftliche Lohngefüge insgesamt zu heben, müssen neue Wege zur Dynamisierung der Wirtschaft gegangen werden. Dafür ist auch ein Investitionsschub zur Steigerung der Energie- und Ressourceneffizienz erforderlich. Er entlastet die Unternehmen auf der Kostenseite und lenkt Nachfrage in den Wachstumssektor »Green Tech« – quer durch alle wichtigen Branchen. Im Mittelpunkt sollten dabei die Bereiche Bildung, Umwelt und Infrastruktur stehen. Alle drei sichern Beschäftigung, erhöhen das Wachstumspotenzial und machen – damit es kein Selbstzweck bleibt – unser Land lebenswerter.

Dieser Investitionsschub erfordert einen gesellschaftlichen Produktivitätspakt, dessen Kern ein Zukunftsfonds ist – hierzu gibt es bereits Vorschläge aus der Wirtschaft und von den Gewerkschaften. Ein solches Modell ist nicht nur effizient, es drückt den gemeinsamen gesellschaftlichen Kraftakt auch symbolisch aus und ist damit für viele Menschen eher nachzuvollziehen als beispielsweise Änderungen im Steuerrecht oder Förderprogramme. Die technischen Details müssten – unter Einbeziehung aller Akteure – noch eingehend beraten werden, doch die Idee als solche ist bestechend. Folgende Prinzipien könnten dem Pakt zugrunde liegen: Ein Teil der Spitzenvermögen würde moderat abgeschöpft werden und in den Fonds einfließen. Denkbar sind etwa ein Zuschlag auf die Erbschafts- oder Abgeltungssteuer und eine Anleihe auf hohe Vermögen. Aus dem Fonds können Unternehmen dann zinsgünstige Darlehen für Investitionen zur Steigerung der Energie- und Ressourcenproduktivität erhalten. Aufgabe der Tarifparteien ist es, die so möglichen Produktivitätssteigerungen in entsprechende Lohnsteigerungen zu übersetzen. Dies würde die Binnenkonjunktur ankurbeln und zur Beflügelung der gesamtwirtschaftlichen Dynamik beitragen.

Um den zukünftigen Bedürfnissen Europas und seiner Volkswirtschaften gerecht zu werden, muss auch eine neue Industriepolitik entwickelt werden. In vielen Ländern nimmt die Bedeutung der verarbeitenden Industrie für das Bruttoinlandsprodukt immer mehr ab, die Beschäftigungszahlen im Industriesektor sind rückläufig, und die Löhne stagnieren. Die Finanzkrise hat aber gezeigt, dass »moderne«, produktions- und gesellschaftsferne Dienstleistungen, besonders im Banken- und Finanzsektor, erhebliche Stabilitätsrisiken aufweisen. Der Zusammenbruch der Londoner City ist dafür ein eklatantes Beispiel. Daher gilt es jetzt europaweit, Kernstrukturen der Industrie aufrechtzuerhalten oder neu aufzubauen, um einerseits die noch vorhandenen Arbeitsplätze zu sichern und andererseits den Grundstein für einen starken Dienstleistungssektor zu legen.

Die produktionsnahen Dienstleistungen von Logistik bis IT-Services und Software, die ein integraler Bestandteil einer industriellen Produktion sind und bisher etwa 50 Prozent der deutschen Wirtschaftsleistung ausmachten, werden auch in Zukunft eine tragende Rolle spielen.

Ich möchte das Augenmerk an dieser Stelle aber eher auf die klassischen Dienstleistungen legen, in denen enorme wirtschaftliche Potenziale liegen. Insbesondere die Gesundheitswirtschaft wird sich nach Einschätzung vieler Experten im nächsten Jahrzehnt zum Beschäftigungsmotor entwickeln.

Die Gesundheitswirtschaft umfasst das öffentliche Gesundheitswesen, sprich Krankenhäuser, niedergelassene Ärzte und andere Einrichtungen. Hinzu kommen gesetzliche und private Krankenversicherer, die Pharmaindustrie, Biotech-Unternehmen, Hersteller von Medizintechnik und Medizinprodukten und Apotheken. Alle zusammen bilden eine dynamische Wirtschaftsbranche mit hoher Innovationskraft, die bereits jetzt eine erhebliche wirtschaftliche Bedeutung für den Standort Deutschland hat. Den Dienst an kranken oder pflegebedürftigen Menschen werden niemals Maschinen oder Computer erledigen können. Das Gesundheitswesen wird immer personalintensiv sein, und es kann auch nicht ins Ausland verlagert werden. Dass die Kosten des Gesundheitswesens ein komplexes und umstrittenes Thema sind, hat die hochemotionale Diskussion über die Gesundheitsreform in den letzten Jahren bewiesen. Ich sehe in der Gesundheitswirtschaft keinen überflüssigen Kostenfaktor, sondern eine Chance für qualitatives Wachstum und die Schaffung von Beschäftigung.

Fest steht: Wir brauchen ein solidarisches Gesundheitssystem, in dem es keine Zwei-Klassen-Medizin gibt, sondern eine gute Versorgung, zu der alle Bürgerinnen und Bürger in allen Regionen den gleichen Zugang haben. Verwirklicht werden kann dies durch die Bürgerversicherung. Die SPD hat hierzu bereits im Jahre 2004 unter meiner Federführung ein Konzept entwickelt, um auch in Zukunft eine gerechte und tragfähige Finanzierung der Gesundheitsversorgung sicherzustellen.

Das Resultat, das die Gesundheitswirtschaft – auch und gerade durch die demografische Entwicklung – im nächsten Jahrzehnt erreichen kann und bei richtiger Weichenstellung auch wird, ist ebenfalls höchst erfreulich: Mit bis zu einer Million möglichen neuen Jobs ist sie eine der wichtigsten Zukunftsbranchen. Ein großer Teil davon entsteht in der Kranken- und Altenpflege, auch durch neue Kompetenz- und Tätigkeitsfelder. Bisherige rein ärztliche Tätigkeiten sollen auch von nicht-ärztlichen Berufsgruppen, zum Beispiel Krankenpflegekräften, Dokumentationsassistenten, aber auch Arzthelferinnen übernommen werden können. Die Gesundheitsvorsorge und -förderung soll durch ein eigenständiges Präventionsgesetz ausgebaut werden. Koordination und Kooperation im Gesundheitswesen benötigen ein gutes Management durch speziell ausgebildete Arbeitskräfte. Auch hier entwickeln sich neue Tätigkeitsfelder und Berufsbilder. Hinzu kommen Beschäftigungschancen in Medizintechnik- und Biotech-Unternehmen sowie in Betrieben, die IT-Lösungen im Gesundheitsbereich liefern.

Der zweite Dienstleistungsbereich, in dem ein immenses Wachstumspotenzial liegt, ist die Kreativ- und Kulturwirtschaft. Sie ist zu einer wichtigen wirtschaftlichen Größe geworden.

Ihre Bedeutung wird in Deutschland leider oft unterschätzt. Verlags- und Musikbranche, Film, Fernsehen und Bühne, freischaffende Künstler, Architektur und Design, Kulturtourismus sowie die Branchen Software/

Computerspiele und Werbewirtschaft beschäftigen rund eine Million Menschen und liegen, was ihren Anteil am Bruttoinlandsprodukt betrifft, bereits deutlich vor der Chemiebranche. Die Kreativwirtschaft ist ein schlummernder Riese, dessen Potenziale wir in den nächsten Jahren zielstrebig entwickeln wollen. Denn Kreativität »Made in Germany« genießt weltweit höchstes Ansehen; von der Literatur über die international erfolgreiche Architektur, von der Mode über den Film, von Games bis hin zu E- und U-Musik. Nicht zuletzt zeugen zahlreiche internationale Preise für deutsche Künstler davon. Deutsche Kreative entwerfen Städte der Zukunft von China bis Südamerika, arbeiten in den international erfolgreichen Unternehmen und Metropolen. Berlin und andere Städte in Deutschland ziehen Künstler und Kreative aus der ganzen Welt an.

Die Kreativwirtschaft unterstützt die Modernisierung und den Strukturwandel in Deutschland.

Die tiefgreifenden technologischen Veränderungen der vergangenen Jahre haben der kreativen Branche zu einem Schub verholfen, die Arbeitswelt verändert und viele neue Produkte und Dienstleistungen hervorgebracht. Die Herstellung, Verbreitung und Vermarktung kreativer Inhalte hat sich grundlegend verändert. Jede Information kann im Internet in Sekundenschnelle zu Milliarden Menschen gelangen. Deutschland bleibt in dieser Hinsicht noch weit unter seinen Möglichkeiten zurück. Das wollen wir ändern. Unser Land braucht möglichst rasch eine flächendeckende Versorgung mit leistungsfähigen Breitbandanschlüssen und mehr informationstechnologische Dienstleistungen. Die Gesundheits- und die Kreativwirtschaft stehen exemplarisch für das wirtschaftliche Potenzial, das in der und durch die gute Gesellschaft erschlossen werden soll.

Bildung

Wenn man über Zukunftskonzepte für Deutschland nachdenkt, kommt man an einem Thema nicht vorbei: der Bildung. Ihr kommt in zweierlei Hinsicht eine große Bedeutung zu. Zum einen brauchen wir in unserer wissensbasierten Wirtschaft bestmöglich ausgebildete Menschen, um den Herausforderungen des 21. Jahrhunderts begegnen zu können. Ein hohes Qualifikationsniveau unter den Beschäftigten ist *die* Voraussetzung für die Zukunftsfähigkeit unseres demokratischen Gemeinwesens und die Wettbewerbsfähigkeit unserer Volkswirtschaft. Weil aufgrund des demografischen Wandels die Anzahl der Erwerbstätigen in den nächsten Jahrzehnten deutlich sinken wird, ist es umso wichtiger, dass alle Menschen in unserem Land ihre Entwicklungspotenziale voll ausschöpfen können. Auf der anderen Seite sind gute Bildung und ein höherer Schulabschluss für jeden Einzelnen wichtig, um Aufstiegsperspektiven zu besitzen und am gesellschaftlichen Fortschritt teilzuhaben. Wer über eine solide Grundbildung verfügt, wird besser mit dem rasanten Wandel in der Arbeitswelt Schritt halten können – lebenslanges Lernen wird künftig die Regel sein.

Gemessen an diesen hehren Zielen liegt bei uns manches im Argen. Unsere Schulen und Ausbildungseinrichtungen produzieren Jahr für Jahr Verlierer, deren weiteres Schicksal wir oft einfach vergessen. Doch was sind das für Menschen, die unser Bildungssystem so einfach aussortiert? Sie mögen ihre Ecken und Kanten haben und nicht so »spuren«, wie wir das gern hätten, doch sie sind ohne jede Frage ein Teil unserer Gesellschaft. Die Gleichgültigkeit, mit der diesen Menschen begegnet wird, empört mich.

Vor einiger Zeit habe ich in Trier auf Empfehlung der rheinland-pfälzischen Bildungsministerin Doris Ahnen das »Palais« besucht, eine Organisation, die Schulsozialarbeit anbietet und ein Schulverweigerungsprojekt betreut. Mir ist in dem Gespräch dort klar geworden, das die jungen Menschen spüren, wenn sie eine Chance bekommen. Und natürlich genauso spüren, wenn wir – die Gesellschaft – sie abschreiben. Das ist nicht nur ein bildungspolitisches, sondern auch ein gesellschaftliches Versagen, denn es zeugt von einem Mangel an Empathie und der fehlenden Bereitschaft, Verantwortung für andere zu übernehmen. Und es macht deutlich, dass es in unserem Land nach wie vor ungerecht zugeht.

Die Verwirklichung von Chancengleichheit war immer das zentrale bildungspolitische Ziel der Sozialdemokratie. Auch Kindern aus Arbeiter- oder Migrantenfamilien sollte endlich der Weg in die oberen Etagen der Gesellschaft geöffnet werden. Aber Klaus von Dohnanyi, von 1972 bis1974 als Bildungsminister im Kabinett von Willy Brandt für die Bildungsreformen zuständig, resümiert heute ernüchtert: »Was die Chancengleichheit angeht, haben wir viel zu wenig erreicht, viel zu wenig.« Die nackten Zahlen sind tatsächlich ernüchternd: Von 100 Kindern aus der Oberschicht gehen heute 84 aufs Gymnasium und danach 72 zur Universität. Aus den unteren Schichten werden nur ganze 33 von 100 auf die höhere Schule geschickt. An eine Universität schaffen es gerade noch acht.

Der Soziologe Michael Hartmann hat in einer im Jahr 2001 veröffentlichten Langzeitstudie (»Der Mythos von den Leistungselite«) die Berufskarrieren von insgesamt 6500 Ingenieuren, Juristen und Ökonomen mit Doktortitel untersucht, die in den Jahren 1955, 1965, 1975 und 1985 promovierten. Sein Fazit: 80 Prozent der Topmanager, rund 60 Prozent der hohen Richter und Beamten und gut die Hälfte der bundesdeutschen Professoren stammen aus dem Bürgertum, das heißt den oberen 3,5 Prozent der Gesellschaft. Fast jeder zweite Spitzenmanager entstammt sogar dem Großbürgertum, das nur 0,5 Prozent der Gesamtgesellschaft ausmacht. Dabei sind sich alle Experten einig, dass es nicht das höhere Leistungsvermögen dieser Gruppen ist, das sie in gesellschaftliche Führungspositionen bringt, sondern ihre soziale Herkunft und die damit verbundenen Privilegien.

»Kein Bildungssystem benachteiligt die Benachteiligten und bevorzugt die Bevorzugten so stark wie das deutsche«, stellte der Soziologe Walter Müller fest. In der Tat leistet sich kein anderes europäisches Land eine so frühe Selektion in angehende Professoren und Maurergehilfen wie Deutschland mit seiner überkommenen Trennung von Gymnasium, Haupt- und Realschule. Institutionen wie die stigmatisierenden Sonderschulen – auch wenn sie vielfach Förderschulen heißen – sind in unseren Nachbarländern ebenfalls weithin unbekannt. Wer Ungerechtigkeit in dieser Gesellschaft beseitigen will, muss mit dem Bildungssystem anfangen. Nicht nur, weil Chancengleichheit ein Gebot der Gerechtigkeit ist, sondern weil individuelle Aufstiegschancen der Motor für gesellschaftliche Dynamik und wirtschaftliches Wachstum sind. Jürgen Kluge, der ehemalige Chef von McKinsey Deutschland, bringt es auf den Punkt: »Bildungsarmut erzeugt Wachstumsarmut.« Ich bin gegenüber McKinsey kritisch eingestellt, aber in dieser Aussage stimme ich Jürgen Kluge zu. Das Ziel aller Anstrengungen formuliert der Dortmunder Politikwissenschaftler Thomas Meyer: »Wir müssen zu einem Bildungssystem kommen, das jede einzelne Begabung ernst nimmt und individuell fördert und keine Abschiebeschulen mehr kennt, die jenen Rest auffangen sollen, der übrig bleibt, wenn nach verfrühter Auslese die Leistungsstärksten aussortiert sind.«

Ich selbst erinnere mich an meine ersten Monate in der Grundschule in Weiler. Voller Begeisterung ging ich am ersten Schultag in meine Klasse – um schon nach einigen Wochen von schweren Versagensängsten geplagt zu werden. Es gelang mir zwar, die einzelnen Buchstaben zu lernen, aber nicht, die Silben zusammenzufügen. Oder anders ausgedrückt: Ich schaffte es nicht, Lesen zu lernen. Das führte zu einer tiefen Verunsicherung, und es ist wirklich die erste dunkle Wolke an meinem Kinderhimmel, an die ich mich sehr gut erinnern kann. Ich bin dumm, dachte ich damals – obwohl ich in allen anderen Fächer hervorragend mitkam. Allein wie nie fühlte ich mich, und das blieb wochenlang so. Dann hatte mein Vater einen Autounfall, der ihn sechs Wochen krank zu Hause hielt. Sein Pech war mein Glück. Mit großer Geduld übte er jeden Tag lesen mit mir. Er hatte irgendwo eine große Tafel besorgt und wir lernten und lernten, bis es klappte. Ich war erlöst.

Diese Geschichte erzähle ich, weil ich aus eigener Erfahrung um die Bedeutung von individueller Förderung weiß. Ich wäre sonstwo gelandet, hätte ich nicht für eine sehr entscheidende Zeit in meinem Leben jemanden gehabt, der mich ganz intensiv förderte. Meine Mutter ist übrigens jahrelang dreimal die Woche weite Wege gefahren, damit ich an Projekten wie Schülerzeitung und Musikunterricht teilnehmen konnte. In vielen Fällen kann so etwas nicht von Familienmitgliedern übernommen werden, das ist klar. Daher habe ich mich im letzten Wahlkampf – ich war als Mitglied im Kompetenzteam von Frank-Walter Steinmeier für Bildung und Integration zuständig – massiv für die Einstellung von Schulsozialarbeitern an jeder Schule eingesetzt. Individuelle Förderung benötigt eben mehr Pädagogen und Sozialarbeiter und deshalb auch mehr Bildungsinvestitionen. Wir brauchen einen frühen Bildungsbeginn, Ganztagsschulen für alle und lebenslange Bildungs- und Weiterbildungsangebote in öffentlicher Verantwortung. Die List der Vernunft sorgt dafür, dass die hohen Investitionskosten, die das erfordert, am Ende nicht nur dem Einzelnen, sondern der ganzen Gesellschaft zugute kommen. Denn sowohl die Ökonomie der Wissensgesellschaft als auch die Finanzgrundlagen des Sozialstaats können keine einzige Begabung entbehren. Leider scheint das bei vielen noch nicht angekommen zu sein. Wie sonst ist es zu erklären, dass – gemessen an der Wirtschaftskraft unseres Landes – die staatlichen Ausgaben für Schulen und Hochschulen gesunken sind, wie der jüngste Bildungsfinanzbericht alarmierend gezeigt hat. 1995 betrugen sie noch 4,1 Prozent des Bruttoinlandsprodukts, 2005 waren es nur noch 3,9 Prozent, 2008 gar nur 3,7 Prozent.

Doch es geht nicht nur ums Geld. Ich glaube vielmehr, wir haben unseren Begriff von Bildung so gründlich deformiert, dass wir nicht mehr genau wissen, was wir mit Bildung eigentlich wollen. Und genau deswegen lassen wir es zu, dass unser Bildungssystem so viele Verlierer produziert.

Ursächlich für diesen Missstand scheint mir ganz wesentlich der neoliberale Umbau unseres Bildungssystems zu sein, der die Schulen und Universitäten unseres Landes mehr und mehr zu Einrichtungen gemacht hat, die den Erfordernissen des Arbeitsmarktes zu entsprechen haben. Gesine Schwan, die diese Entwicklungen seit Jahren massiv kritisiert, stellt zu Recht fest: »In den letzten zehn bis fünfzehn Jahren hat eine Verengung der Bildungsziele um sich gegriffen, die die Chancen gelungener Bildung wenn nicht zu ersticken, so doch erheblich zu beeinträchtigen droht. Der Vorrang des ökonomischen Prinzips einer rasch sichtbaren Effizienz und eines möglichst ungebremsten Wettbewerbs hat die Weisheit von Jahrhunderten verdrängt, dass Bildung langfristiges und gemeinsames Denken braucht; dass sie verkümmert, wenn man sie nur für vordergründige Ziele instrumentalisiert; dass mit der Geringschätzung zweckfreier Neugier kostbare Erkenntnisquellen versiegen, die uns in Zukunft unerwartete und ebenso unverzichtbare Dienste leisten können.« Bildung ist eben keine Ware, wie dies am deutlichsten die – von mir abgelehnten – Studiengebühren suggerieren, sondern ein Reifeprozess, der durchaus einen offenen Ausgang haben kann. Man sollte nicht nur auf Effizienz, Marktwert und Karriereaussichten achten, sondern auch berücksichtigen, welchen Beitrag Bildung zu einem guten und gelingenden Leben leisten kann. Dem widerspricht allerdings das Postulat der Effizienz, das mittlerweile auch für die Bildung gilt. Noch einmal Gesine Schwan: »Schnell und zielgerichtet von A nach B kommen, keine Umwege, keine Fehler, kein Liebeskummer. Je kürzer die Schulzeit und das Studium, desto besser, je mehr Drittmittel, desto forschungsstärker, je enger mit der Wirtschaft verbunden, desto exzellenter. Soziales oder politisches Engagement in der Mitverwaltung von Schule oder Hochschule, das Sammeln künstlerischer Erfahrungen, geduldiges Nachdenken ohne verwertbares Ergebnis, überhaupt komplizierte Zusammenhänge ergründen, die sich nicht in zwei Sätzen zusammenfassen lassen, Umwege gehen, Scheitern zugeben und verarbeiten, was untrennbar zu Kreativität und Innovation gehört, all das können wir uns in der schönen neuen Welt der Bildung nicht mehr leisten. Wir hasten von Output zu Output und müssen immer in Höchstform sein.«

Da ist er wieder, der Fitnesswahn. Leistung entsteht demnach nur durch Wettbewerb und zeigt sich in Rankings und Platzierungen; für Nachdenken bleibt da kein Platz. Bestes Beispiel für diesen Bildungswettlauf »Schneller pauken« war die Einführung des sogenannten G8, der auf acht Jahre verkürzten Gymnasialzeit. Ob in Bayern, Baden-Württemberg, Nordrhein-Westfalen oder Hessen – die konservativ geführten Landesregierungen überfordern Schulen, Schüler und Eltern, indem sie auf der einen Seite im Hauruckverfahren die verkürzten Abiturzeiten durchsetzten, auf der anderen Seite aber bis heute dogmatisch am deutschen System der Halbtagsschule festhalten. Herausgekommen sind verdichtete Lehrplänen und ein Lernpensum, das von vielen nicht zu bewältigen ist. Die Regierung meines Bundeslandes Rheinland-Pfalz hat übrigens von vornherein einen anderen, besseren Weg gewählt. Gymnasien können sich für ein Abitur nach zwölf Jahren entscheiden, aber nur dann, wenn sie sich gleichzeitig zu Ganztagsschulen umwandeln.

Die wachsende Überforderung der Kinder und Jugendlichen zeigt, dass ein falsch verstandener Wettlauf mit anderen Staaten – hinter vielen Veränderungen standen die schlechten deutschen Ergebnisse bei den PISA-Studien – mehr Schaden anrichtet als Nutzen stiftet. Der Wunsch, besser als andere zu sein, ist nicht per se falsch. Aber wir sollten im Interesse der jungen Generation die ursprünglichen Ziele von Bildung nicht vernachlässigen. Wichtiger als blanker Wettbewerb ist das Zusammenwirken von Schülern, Lehrern und Eltern. Die Betonung von Ehrgeiz und Wettbewerbsdenken sollte einer Bildung Platz machen, die so früh wie möglich jedes Kind mit seinem individuellen Potenzial in den Blick nimmt und die vorhandenen Fähigkeiten fördert und stärkt. Welchen Platz eine solchermaßen gebildete Persönlichkeit dann in der Gesellschaft einnehmen wird, wird sich im späteren Verlauf ihrer individuellen Entwicklung zeigen. Ich bin mir allerdings sicher: Wir würden weitaus weniger Verlierer produzieren als heute und die Begabungspotenziale unserer Gesellschaft viel besser ausschöpfen. Und – ganz wichtig – wir könnten solidarischer miteinander leben, denn alle würden einen angemessenen Platz in der Gesellschaft finden, ohne stets von diesem mörderischen Druck der Konkurrenz bedroht zu sein.

Mit diesem Entwurf unterscheiden wir Sozialdemokratinnen und Sozialdemokraten uns ganz erheblich von den Konservativen. Mit Erstaunen las ich im August 2009 ein Interview mit Karl-Theodor zu Guttenberg, in dem dieser sein Verständnis von Gerechtigkeit erläuterte. Gerecht ist es demnach, wenn man »die Schnelleren nicht bremst, sondern allen Geschwindigkeiten, die in diesem Land herrschen, Raum lässt – zum Nutzen von allen«. Und auf die Sozialdemokratie gemünzt behauptete er: »Dort heißt es: Man muss jedem Einhalt gebieten, der schneller ist, damit die Langsameren sich nicht so schlecht fühlen. Den Langsamen vermittelt man so das Gefühl, dass es auch ohne Anstrengung geht.«

Die SPD war immer die Partei der leistungsbereiten Arbeitnehmerschaft. Es ist schon dreist von Herrn zu Guttenberg, so zu tun, als würde sie eine Bildungspolitik propagieren, die Hürden errichtet für jene, die schlau und gewitzt sind. Das ist nicht wahr. Richtig ist: Wir brauchen Schulen, in denen die Kinder in unterschiedlichem Tempo lernen können – ein jedes so, wie es seinen Voraussetzungen und Fähigkeiten entspricht. Vor allem muss endlich Schluss sein mit der Selektion der vermeintlich Schwachen. Die skandinavischen Länder zeigen mit Erfolg, dass individuelles Lernen und Leistung einander nicht ausschließen – im Gegenteil!

Wir wollen, dass Kinder nicht nur lernen, wie sie schnell viel Wissen anhäufen können, sondern auch, wie sie stark werden und trotzdem Rücksicht nehmen auf Schwächere. Für uns sind Schulen Orte, an denen die Kinder bei aller Verschiedenheit das Miteinander lernen. Herr zu Guttenberg weiß nicht, wie wir Sozialdemokraten Gerechtigkeit buchstabieren, denn anders als er glaubt, ist Gerechtigkeit nur in gesellschaftlicher Solidarität möglich. Gerechtigkeit setzt einen Grundkonsens aller Betroffenen voraus – es ist die Übereinkunft, was Gerechtigkeit ist und wie sie verwirklicht werden kann. »Zur Idee der Kooperation«, schreibt John Rawls in »Gerechtigkeit als Fairness«, »gehört auch die Idee der fairen Modalitäten der Zusammenarbeit. (...) Alle, die gemäß den Forderungen der anerkannten Regeln ihren Beitrag leisten, sollten einem öffentlichen und übereinstimmend bejahten Maßstab entsprechend ihren Nutzen genießen.«

Rawls zeigt auf, wie ein solidarisches Zusammenleben möglich ist. Guttenberg und die Anhänger seines Bildungsideals haben sich allerdings, so scheint es, aus einer öffentlichen Zusammenarbeit verabschiedet; das Streben nach gemeinsamen Maßstäben einer solidarischen Bildungspolitik für alle spielt in ihren Überlegungen keine Rolle. Man kann auch sagen: Die »Schnellen« machen sich allein auf den Weg. Hoffentlich vereinsamen sie dabei nicht.

Wer sich, wie ich als Sozialdemokratin, den Schwächeren verpflichtet fühlt, sollte wissen, wo heutzutage die von der Bildung abgeschnittenen Menschen zu finden sind. Denn hier hat sich in den letzten Jahrzehnten ein Standortwechsel – geografisch wie soziodemografisch – vollzogen. Vor fast vierzig Jahren, in den frühen Siebzigern, beim schon erwähnten, damals von Sozialdemokraten und Liberalen gemeinsam vorangetriebenen Bildungsaufbruch, stand das »katholische Arbeitermädchen vom Lande« als Inbegriff aller Benachteiligung im deutschen Bildungssystem. Das hat sich Gott sei Dank geändert: Heute kann ein katholisches Arbeitermädchen so ziemlich alles schaffen. Und das gilt nicht nur für mich. Es gibt viele in meiner Generation, die wie ich ein Hochschulstudium abgeschlossen haben, obwohl alle Bildungsnachteile der 1970er-Jahre in ihrer Biografie versammelt sind.

Heute grenzt nicht der konfessionelle Hintergrund einer Familie oder die Herkunft vom Lande von Bildungschancen aus – wohl aber ein bildungsfernes Elternhaus. Mädchen haben gegenüber Jungen oft die besseren Bildungsabschlüsse. Eines aber hat sich bis heute nicht geändert: Arbeiterkinder erwerben immer noch die formal niedrigsten Schulabschlüsse. Der Geldbeutel der Eltern (vor)entscheidet auch heute noch über die Zukunft ihrer Kinder.

Insgesamt aber haben sich die Problemfelder verlagert. Vor allem in den Großstädten sind Bezirke entstanden, in denen Jugendliche mit dem alltäglichen Gefühl der Perspektivlosigkeit und in einer großen Bildungsferne aufwachsen. Das heißt: Obwohl viele Benachteilungen verschwunden sind, gibt es immer noch keine Chancengerechtigkeit. Alte Hürden wurden abgebaut, neue sind entstanden; in ihrer Bedeutung und blockierenden Wirkung unterscheiden sie sich nicht grundsätzlich von den alten. Auch heute kennen die betroffenen Jugendlichen ihre Stärken nicht und wissen sie daher auch nicht erfolgreich einzusetzen.

Desintegration, der Ausschluss von gesellschaftlicher Teilhabe, wird mehr und mehr zur Normalität, nicht nur im Hinblick auf Migrantenkinder, sondern generell für Jugendliche, die keine Perspektive mehr für sich sehen. Eine Normalität, die sich in den Problembezirken unserer Städte immer mehr ausbreitet. Nur Bildung schafft Lebensperspektiven – Bildung ist der Schlüssel zur vollen Teilhabe an unserer Gesellschaft. In diesem Sinn ist moderne Bildungspolitik immer auch Gesellschafts- und Integrationspolitik. Wir sind weit von einem Bildungssystem entfernt, das allen Kindern gleich gute Voraussetzungen bietet – ein neuer Bildungsaufbruch ist unumgänglich.

Wie kann ein solcher Bildungsaufbruch für eine gute Gesellschaft aussehen? Welche Schritte sind notwendig, um ein gerechtes und leistungsstarkes, man kann auch sagen: gutes Bildungssystem zu schaffen? Ein Bildungssystem, das die Basis für die gute Gesellschaft darstellt.

Der Zugang zu Bildung muss allen offen stehen, unabhängig von ihrer sozialen oder kulturellen Herkunft. Das bedeutet eine gebührenfreie Bildung vom ersten Tag in der Kita bis zum Master in der Hochschule. Es darf keine Privatisierung der Bildungskosten geben, sondern klare Rechtsansprüche auf Zugang, Förderung und finanzielle Absicherung.

Ich will einige Schwerpunkte nennen, die mir wichtig sind. Dazu gehört der Ausbau der frühkindlichen Bildung. Nur so können wir die richtigen Weichen stellen und eventuelle Benachteiligungen durch Herkunft oder Elternhaus rechtzeitig ausgleichen. Die Qualität der Betreuung in den Kindertagesstätten muss kontrolliert und, wo nötig, verbessert werden.

Natürlich wollen wir den Eltern nicht die Verantwortung abnehmen, wir möchten ihnen in ihrer wichtigen Erziehungsarbeit vielmehr den Rücken stärken. Denn der Grundstein für eine erfolgreiche Bildungsbiografie wird in der Familie gelegt. Deshalb brauchen wir Kindertagesstätten, die als Eltern-Kind-Zentren neben einer qualitativ hochwertigen Kinderbetreuung auch umfassende Hilfen und Beratungsangebote für Familien bieten. Das verstehe ich unter einer ganzheitlichen Entwicklung – sie setzt beim Kind und beim Elternhaus an, statt Kinder als isolierte Einzelwesen zu betrachten.

Aus dem von der SPD bereits durchgesetzten Rechtsanspruch auf Betreuung für jedes Kind vom ersten Geburtstag an – er gilt ab 2013 – sollten wir ein Recht auf Ganztagsbetreuung machen. Die Kinder sollen so früh wie möglich individuell gefördert werden, um ihre persönlichen, sozialen, kognitiven, körperlichen und motorischen Kompetenzen zu stärken. Besonderes Augenmerk gilt Kindern mit Sprachdefiziten, egal ob sie Migrantenkinder sind oder nicht. Sie werden intensiv unterrichtet mit dem eindeutigen Ziel, dass alle möglichst schnell gut deutsch sprechen können.

Die zunehmend verantwortungsvolle Arbeit der Erzieherinnen und Erzieher – dazu gehören eine verstärkte Schulvorbereitung in der Kita und eine verbindliche Zusammenarbeit von Kita und Schule – muss durch bessere Angebote zur Aus- und Weiterbildung unterstützt und durch eine angemessene Bezahlung honoriert werden. Ein gemeinsames »Haus der frühen Bildung« verhindert dabei, dass wichtiges Wissen über die Kinder bereits am Übergang zwischen den ersten beiden Bildungsinstitutionen verloren geht.

Wenn die Kinder dann in die Schule kommen, sollen sie mehr Zeit zum Lernen erhalten. Deshalb steht der Ausbau der Ganztagsschulen ganz oben auf meiner Prioritätenliste. Neben abfragbarem Wissen geht es immer auch um das soziale und kulturelle Lernen, wofür Kinder und Jugendliche genügend Raum und individuelle Förderung benötigen. Darüber hinaus sollten theoretische wie praktische Ausbildungskomponenten in den Alltag an Ganztagsschulen integriert werden. Entsprechende Ansätze lassen sich in Skandinavien beobachten; auch an den polytechnischen Oberschulen der DDR gab es sie. Es geht darum, Menschen nicht nur als Kopfwesen wahrzunehmen, sie haben auch Hände und Füße. Wir müssen deshalb die Stärken und Begabungen jedes einzelnen Kindes in den Mittelpunkt stellen, mit dem klaren Ziel, dass jeder Jugendliche einen Schulabschluss schafft. Diese Einsicht ist in Deutschland noch nicht ausreichend verbreitet, sie könnte aber verhindern, dass zu viele Schüler die Schule ohne Abschluss verlassen: Jährlich sind es 70 000. Das sind 70 000 Jugendliche ohne jede Chance auf dem Arbeitsmarkt.

Das schulische Ganztagsangebot muss qualitativ hochwertig und zugleich interessant für die Schülerinnen und Schüler sein. Um all das zu erreichen, ist eine gemeinsame Anstrengung von Bund, Ländern und Kommunen nötig. Denn wir brauchen mehr qualifiziertes Personal, das die Arbeit der Lehrkräfte im Schulalltag unterstützt. Wer wüsste nicht aus eigener Erfahrung, dass ein engagierter und empathischer Lehrer Begeisterung fürs Lernen auslösen kann.

Ich persönlich hatte mit vielen meiner Lehrer großes Glück, sie forderten und förderten mich. Wie Martin Dresler-Schenk, mein Geschichts- und Religionslehrer, der mir jede Woche sein ausgelesenes Exemplar der *Zeit* in die Schule mitbrachte. Da ich die Hälfte der Wörter nicht verstand, legte ich mir ein Vokabelheft an, und meine Mutter bestellte ein rot eingebundenes Fremdwörterlexikon, das ich noch heute besitze und mit dessen Hilfe ich damals jedes mir unbekannte Wort übersetzte. Es war wie das Lernen einer neuen Sprache. Bei der Menge an schwierigen Wörtern wurden aus einem schnell mehrere Vokabelhefte, die für mich wie ein kostbarer Schatz waren. Zwei, drei Jahre lang, bis ich aufs Gymnasium kam, versorgte mich mein Lehrer auf diese Weise mit Informationen, die über das im Unterricht Gelernte weit hinausgingen. Er lag mit seiner Einschätzung richtig, dass sein Einsatz bei meinem Wissensdurst auf fruchtbaren Boden fiel.

Wir werden es nicht schaffen, dass jeder Lehrer so handelt wie Martin Dresler-Schenk. Aber wir sollten alle Lehrer ermutigen, jenseits des Lehrplans auf ihre Schüler einzugehen, und wir sollten alle, die im Schuldienst tätig sind, immer wieder an die große Verantwortung erinnern, die sie mit ihrem Beruf übernommen haben.

Weil auch wir als erwachsene Menschen und als Gesellschaft einen Teil dieser Verantwortung tragen, fordern wir, dass Schülerinnen und Schüler länger gemeinsam lernen können – in integrativen Schulformen, die langfristig das traditionelle, in Haupt- und Realschule sowie Gymnasium gegliederte Schulwesen ablösen, weil dieses bestehende System den Kindern viel zu früh Chancen und Wege verbaut. Davon kann ich selbst ein Lied singen. Mir ist mein Weg zwar nicht verbaut, aber erschwert worden. Ich empfand den Wechsel von der Realschule auf das Gymnasium seinerzeit als nicht einfach. Vier meiner Mitschüler traten ebenfalls aufs Gymnasium über; unsere Lehrer auf der Realschule hatten uns enorme Angst gemacht, sodass wir uns ungemein anstrengten. Am Ende des Schuljahrs gehörten wir alle zum besten Drittel der Klasse. Ein nahtloser Übergang war es trotzdem nicht: In einigen Fächern, insbesondere in Mathematik und in Englisch, mussten wir eine riesige Stofffülle bewältigen, um den Anschluss zu schaffen

Für die Mehrheit der Schulabsolventen wird auch in Zukunft die Berufsausbildung der Einstieg ins Berufsleben sein. Eigentlich müsste man an dieser Stelle im Konjunktiv sprechen, denn viele Jugendliche bekommen gar keinen Ausbildungsplatz mehr und werden damit ins gesellschaftliche Abseits gedrängt. Das führt früher oder später nicht nur zu gesellschaftlichen, sondern auch zu wirtschaftlichen Problemen. Deshalb brauchen alle Jugendlichen ein staatlich garantiertes Recht auf eine Berufsausbildung. Nun kann der Staat die Jugendlichen aber nicht alle selbst ausbilden, weshalb die Wirtschaft die verbindliche Zusage machen muss, in Zukunft genügend Ausbildungsverträge abzuschließen. Menschen, die älter als zwanzig Jahre sind und weder Berufsabschluss noch Abitur haben, sollten in außerbetrieblichen Ausbildungsangeboten eine Chance bekommen.

Die berufliche Bildung im dualen System ist aber nur ein Teil der Aufgabe. Es geht auch darum, einer größeren Zahl junger Menschen den Zugang zu den Hochschulen zu ermöglichen. Ein gebührenfreies Studium bis zum Master steht für mich außer Frage. Ebenso ein modernes BAföG mit Rechtsanspruch, das der Lebenswirklichkeit der Studierenden gerecht wird – Stipendien für wenige greifen viel zu kurz. Das BAföG muss regelmäßig an die Lebenshaltungskosten angepasst werden.

Die Zugangskriterien zur Hochschule sollten bundesweit einheitlich sein, damit Studierende ihre Uni frei wählen können und der Zugang für Fachkräfte ohne (Fach-)Abitur vereinfacht wird. Auch wer eine Berufsausbildung plus Berufserfahrung hat, ist nach meiner Meinung für ein Hochschulstudium ausreichend qualifiziert. Neben den rechtlichen Voraussetzungen ist hier eine kulturelle Öffnung der Hochschulen für Studierende ohne Abitur und aus bildungsfernen Familien notwendig.

Bei all dem darf nicht vergessen werden, dass an den Hochschulen auch die Voraussetzungen für eine höhere Zahl von Studierenden geschaffen werden müssen – das betrifft die Ausstattung der Hochschulen vor allem im Hinblick auf die Qualität von Lehre und Forschung.

Wie in vielen anderen Bereichen gilt auch für die Bildung, dass unsere Ideen nicht an den Grenzen haltmachen dürfen. Deshalb ist der eingeschlagene Weg zu einem europäischen Bildungsraum richtig. Aber die Umsetzung des Bologna-Prozesses in Deutschland sollten wir kritisch überprüfen und etwaige Fehlentwicklungen korrigieren, denn manche neue Anforderung an Studierende verhindert eher, dass diese durch Auslandssemester oder gesellschaftliches Engagement ihren Horizont erweitern. Am Ende sollen für die Studierenden mehr Wahlfreiheit, schlankere Studienordnungen und eine verbesserte Praxisorientierung stehen.

Bildung hört heutzutage nicht mehr mit dem Eintritt ins Berufsleben auf. Vielmehr kommt der Weiterbildung eine wachsende Bedeutung zu. Die Menschen müssen fortlaufend qualifiziert werden, um sich auf die Entwicklungen in Arbeitswelt und Gesellschaft einstellen und sie mitgestalten zu können. Damit insgesamt mehr Menschen an Weiterbildungen teilnehmen, brauchen sie einen Rechtsanspruch darauf. Das gilt auch und besonders für gering qualifizierte Arbeitnehmer.

Weiterbildung kann fehlende Qualifikationen schaffen, manchmal sind diese aber bereits vorhanden, können aber nicht genutzt werden. Zum Beispiel wenn Menschen aus anderen Ländern kommen und hier in Deutschland weit unter ihrer Qualifikation arbeiten müssen – 500 000 Einwanderer haben einen akademischen Abschluss, der in Deutschland nicht anerkannt wird. Und wer sich auf den Weg macht, sich um eine Anerkennung zu bemühen, braucht oft jahrelang, bis er erfährt, ob seine Qualifikation nun akzeptiert wird oder nicht. Ich meine, dass Migranten schneller in den Arbeitsmarkt integriert werden können, wenn sie nach spätestens sechs Monaten wissen, ob ihre Abschlüsse und Qualifikationen auch bei uns anerkannt werden. Dann haben wir weniger promovierte Taxifahrer aber mehr Fachkräfte – die unsere Wirtschaft dringend braucht.

Angesichts dieser vielen wichtigen Vorhaben muss klar sein: Gute Bildung gibt es nicht zum Nulltarif. Wir müssen mehr Geld in Bildung investieren und die gesamtwirtschaftlichen Bildungsausgaben auf ein angemessenes Niveau des Bruttoinlandsprodukts anheben. Das Thema Bildung wird in den nächsten Jahren auf allen Ebenen in den Mittelpunkt rücken. Wenn dabei aber mehr als Sonntagsreden herauskommen soll, muss das Thema Finanzierung auf den Tisch: Ich meine, dass die Bezieher sehr hoher Einkommen einen Solidarbeitrag für Bildung entrichten und damit zusätzliche Mittel für gute Bildung mobilisieren können.

Es ist Zeit für einen neuen Bildungsaufbruch, und diesen Aufbruch zu organisieren, ist eine zentrale Aufgabe sozialdemokratischer Politik. Auch wenn im bundesdeutschen Bildungssystem vieles im Argen liegt und es unredlich wäre, den Eindruck zu erwecken, wir Sozialdemokraten hätten damit nichts zu tun, möchte ich dennoch hervorheben, dass die SPD in den letzten Jahren einige Erfolge in der Bildungspolitik vorzuweisen hat: In den Ländern, in denen Sozialdemokraten regieren, sind Studiengebühren abgeschafft worden. Wir haben das kostenfreie Kita-Jahr eingeführt und das BAföG um 10 Prozent erhöht. Das starre dreigliedrige Schulsystem wurde wesentlich durchlässiger gestaltet, und neue Betreuungskonzepte und Ganztagsschulen wurden eingerichtet. Wir Sozialdemokraten stehen für Gerechtigkeit und Chancengleichheit im Bildungssystem, das der nächsten Generation den sozialen Einstieg in unsere Gesellschaft ermöglicht. Und zwar nicht als angelernte Hilfsarbeiter ohne Abschluss, sondern als qualifizierte Fachkräfte und als Akademiker.

Grüne Technologie

Mag der Abschnitt über die ökologischen Aufgaben der guten Gesellschaft auch am Schluss dieses Kapitels stehen – über die Bedeutung dieses Themas sagt dies nichts aus, denn es geht um den Schutz unserer natürlichen Lebensgrundlagen und auch in diesem Fall um die Lebensperspektive künftiger Generationen.

Sehr viele kluge Menschen, auch und gerade aus der SPD, im Besonderen Sigmar Gabriel, auf dessen mit Frank-Walter Steinmeier zusammen verfasstes Papier ich mich später beziehen werde, beschäftigen sich seit langem und sehr genau mit diesem Thema.

Das alles überragende Thema der Umweltpolitik ist die Frage der Energiegewinnung und der Energieeinsparung. Seit meinen politischen Anfängen setze ich mich entschieden für die Förderung erneuerbarer Energien und für ein Umdenken in der Energieproblematik ein. Das Buch »Sonnen-Strategie. Eine Politik ohne Alternative« des SPD-Bundestagsabgeordneten und Präsidenten von Eurosolar, Hermann Scheer, hat mich und meine Juso-Generation dabei stark beeinflusst.

Angeregt von Hermann Scheer ließ ich bei der Renovierung meines Hofes in Weiler eine Solaranlage installieren, die die Energie für die Fußbodenheizung und die Warmwasserversorgung lieferte. Sie funktioniert hervorragend, und deshalb ist einige Jahre später auf dem Dach meiner Scheune eine 8-Kilowatt-Photovoltaik-Anlage hinzugekommen. Mein Ziel war, von der RWE – die meine Heimatregion mit Energie versorgt – unabhängig zu werden. Mit Erfolg: Meine 8-Kilowatt-Photovoltaik-Anlage macht mich bis heute zum Energielieferanten.

Die Anlage plus der neuen Dacheindeckung, die durch die Installation nötig wurde, hat 37 000 Euro gekostet. Das ist eine Menge Geld, doch betrachte ich dieses Projekt als langfristige Investition. Der gesamte Strom, den ich produziere, wird mir vergütet, denn die RWE ist verpflichtet, ihn abzunehmen und ihr Netz für meine Energieeinspeisung zur Verfügung zu stellen. Die rechtliche Grundlage dafür ist das Erneuerbare-Energien-Gesetz, und es gilt natürlich nicht nur für die RWE, sondern für alle Stromnetzbetreiber in Deutschland. Weil es sich um eine staatlich subventionierte garantierte Mindestvergütung handelt, bekomme ich je nach Anzahl der Sonnentage jährlich zwischen 4000 und 5000 Euro zurück – eine ökologisch sinnvolle und außerdem durchaus lohnende Angelegenheit. Soweit meine eigenen Erfahrungen mit Green Tech. Aber allen persönlichen Erfolgen zum Trotz – mir ist bewusst, dass dieser Beitrag in seiner Wirkung begrenzt ist. Im Klartext: Es ist allerhöchste Zeit zum politischen Handeln, denn die globalen Herausforderungen wachsen. Der Klimawandel, die Ressourcenknappheit und der Verlust an Lebensvielfalt zeigen deutlich, dass wir unseren Planeten an die Grenzen seiner Belastbarkeit getrieben haben.

Die Philosophie des »größer, schneller, mehr« ist überholt. Die Antwort kann aber auch kein »kleiner, langsamer, weniger« sein. Die schöpferische Kraft unserer Wirtschaft muss zu einem »besser, nachhaltiger, fairer« führen. Praktisch heißt das: Wir brauchen Fortschritt durch umwelt- und sozialverträgliches Wachstum.

Die Kosten für rechtzeitige Maßnahmen zum Klimaschutz liegen mit etwa einem Prozent des globalen Sozialprodukts deutlich unter den enormen Belastungen und Risiken, die mit einem ungebremsten Anstieg der Treibhausgasemissionen verbunden sind. Würde nichts getan, kämen enorme Verluste auf die Weltwirtschaft zu.

So fatal sie auch wirkt, die momentane globale Finanzmarkt- und Wirtschaftskrise bietet die Chance für einen nachhaltigen Umbau von Wirtschaft und Gesellschaft: Investitionen werden angeschoben, Geschäftsmodelle kommen auf den Prüfstand. Unternehmen, Investoren, Beschäftigte und Verbraucher spüren, dass wir nicht mehr weiterwirtschaften können wie bisher.

Wir müssen es auch nicht, denn es gibt bereits heute neue Konzepte und Ideen; ökologische und ökonomische Herausforderungen sind in mindestens sechs Leitmärkten der Zukunft aufs Engste miteinander verknüpft. Umweltfreundliche Energieerzeugung, Energieeffizienz, Rohstoff- und Materialeffizienz, Kreislaufwirtschaft, nachhaltige Wasserwirtschaft und nachhaltige Mobilität – das sind die sechs grünen Märkte der Zukunft. Die Umweltwirtschaft hat das Potenzial, zum Garanten eines neuen Wirtschaftsaufschwungs zu werden. Green Tech und Green Services sind Wachstumskatalysatoren, die in den kommenden Jahren allein in Deutschland mehr als eine Million zusätzliche Arbeitsplätze schaffen können.

Gerade der grüne Dienstleistungssektor ist eine wichtige Stütze. Green Services sind unverzichtbar für die Modernisierung unserer Wirtschaft. Sie sind aktiv an der Schnittstelle zwischen Technologieanbietern und -nachfragern tätig und unterstützen damit wesentlich die Nachfrage nach Umwelttechnik-Produkten.

Die deutsche Industrie ist in den Bereichen Innovation und Green Tech hervorragend positioniert, das Potenzial für Innovationen, neue Märkte und neue Beschäftigung ist enorm. Die Welt braucht hocheffiziente Elektromotoren und Pumpen, die mit weniger Energie mehr Leistung bringen. Sie braucht prozessorschonende Software, die mithilft, in den Rechenzentren der Unternehmen Strom zu sparen. Sie braucht neue Dämmstoffe, die Energieeinsparung in Gebäuden noch effektiver gewährleistet. Sie braucht Technologien zur CO_2-Abscheidung und -Speicherung, um Kohlekraftwerke und andere CO_2-intensive Wirtschaftszweige umweltverträglicher zu machen.

Auch auf dem Gebiet der Energiegewinnung bestehen große Wachstums- und Beschäftigungspotenziale. Um beispielsweise im Bereich Offshore-Windparks voranzukommen, sind Spezialschiffe notwendig, mit denen man die riesigen Anlagen transportieren und installieren kann. Dazu braucht es wiederum Menschen, die in der Lage sind, diese Schiffe zu bauen und sie zu bedienen. In die Infrastruktur muss ebenfalls investiert werden, um das Ziel zu erreichen, bis zum Jahre 2020 dreißig Prozent der deutschen Stromproduktion aus erneuerbaren Energien zu erzeugen.

Diese konkreten Beispiele stehen stellvertretend für viele andere und lassen erahnen, welche enormen Möglichkeiten die Green Economy bietet.

Deutlicher noch werden Studien, die zeigen, dass das Weltmarktvolumen für grüne Technologien mittlerweile auf 1400 Milliarden Euro angewachsen ist, sich bis zum Jahr 2020 mit 3300 Milliarden Euro aber mehr als verdoppeln wird. Derzeit beträgt der grüne Anteil an den globalen Konjunkturpaketen insgesamt 15 Prozent, das bedeutet, es werden weltweit rund 430 Milliarden US-Dollar für grüne Investitionen ausgegeben. Nach Berechnungen des Internationalen Währungsfonds zieht jeder »grün eingesetzte Dollar« in den nächsten zwei Jahren einen weiteren Dollar nach sich, die Wirkung grüner Maßnahmen entspricht demnach rund 860 Milliarden US-Dollar.

Diese Zahlen sprechen für sich. Deswegen kann man mit Fug und Recht sagen, die Antwort auf die Frage nach zukunftsträchtigen Geschäftsmodellen heißt: verstärkte Investitionen, verstärkte Forschung und Entwicklung, verstärkte strukturpolitische Anstrengungen im Bereich der grünen Technologien.

Was wir daneben brauchen, ist eine neue Phase der internationalen Zusammenarbeit, die Übereinkünfte im Sinne eines globalen Solidarpakts hervorbringt, unter anderem zur Begrenzung des CO_2-Ausstoßes und zur Sicherung der biologischen Vielfalt. Das Zusammenspiel vieler Politikbereiche – Umweltpolitik, Wirtschaftspolitik, Forschungspolitik und Außenpolitik – wird zum Schlüssel für die Erreichung der globalen Ziele.

Modernisierung und Erneuerung ist eine gesamtgesellschaftliche und eine internationale Aufgabe. Überall auf der Welt – in Industriestaaten wie den USA, in Transformationsländern wie Russland und in Entwicklungsländern wie Nigeria – müssen die Entwicklung sauberer und nachhaltiger Energie-Technologien sowie die Förderung von Energie-Effizienz-Projekten Priorität erhalten.

Zur globalen Minderung von Treibhausgasen und zur Gewährleistung eines fairen Wettbewerbs brauchen wir dringend ein globales Emissionshandelssystem. Bestimmte Umweltgüter und -dienstleistungen müssen von

Handelsbeschränkungen oder Zöllen befreit werden, denn offene Märkte für den Einsatz grüner Technik sind zum Nutzen aller.

Auch wenn die Versuchung groß sein mag, die Green Economy angesichts der derzeitigen ökonomischen Verwerfungen als Heilsbringer anzusehen, dürfen wir nicht vergessen, dass die großen Herausforderungen in der Umwelt- und Wirtschaftspolitik nichts mit der Wirtschaftskrise zu tun haben. Diese Herausforderungen heißen Klimawandel und Bevölkerungswachstum, Endlichkeit fossiler Brennstoffe und globaler Energiehunger, Preisexplosionen auf den Rohstoffmärkten und Verlust an biologischer Vielfalt.

Die Reise in die Green Economy ist eine Reise ohne Rückfahrticket. Die Folgen werden drastisch sein, wenn wir nicht lernen, ökologisch zu denken und nachhaltig zu handeln. Doch die Ideen und Potenziale, die ich hier gestreift habe, stimmen mich optimistisch. Ich bin guten Mutes, dass wir – und diesmal meine ich nicht die Sozialdemokraten oder die Deutschen, sondern alle Menschen dieser Welt – diese riesigen Herausforderungen meistern werden. Ganz im Sinne dessen, was John Cruddas und ich als gute Gesellschaft skizziert haben.

Generationenwechsel

Das 20. Jahrhundert war nach den Worten des Historikers Eric Hobsbawn ein »kurzes« Jahrhundert, denn es reichte nur von 1914 bis 1989. Es war in seiner ersten Hälfte durch zwei Weltkriege und danach durch ein mehrere Jahrzehnte währendes goldenes Zeitalter des wohlfahrtstaatlich gezähmten Kapitalismus geprägt. Das 20. Jahrhundert war ohne Zweifel beides: ein »age of extreme« und ein »age of capital«. In seiner zweiten Hälfte war es aber vor allem ein sozialdemokratisches Jahrhundert. Zehn Jahre, nachdem wir die Schwelle zum 21. Jahrhundert überschritten haben, wissen wir: Die Stabilität und scheinbar ungebrochene Prosperität der Phase von 1945 bis 1989 erreichen wir so bald nicht mehr. Die Welt ist seit der Auflösung der Blockkonfrontation unübersichtlicher geworden. Kriegsherde entflammen dort, wo wir es vor zwanzig Jahren noch nicht für möglich gehalten haben. Die Globalisierung entfacht eine nie da gewesene wirtschaftliche Dynamik und verwirbelt Armut und Reichtum rund um den Globus. Nationalstaaten verlieren die Hoheit über die Kapital- und Menschenströme. Eine neue Welt entsteht, und wir wissen noch nicht, wie sie aussehen wird.

Politik hat sich unter diesen Bedingungen grundlegend verändert. Sie ist internationaler geworden, auch fragiler. Was Staaten früher einfach beschließen konnten, müssen sie heute mühsam mit Nichtregierungsorganisationen, transnationalen Konzernen und lokalen Anspruchsgruppen aushandeln – und treffen dabei oft auf das Veto von »big capital«. Auch deswegen hat sich Politik ökonomisiert.

Bis zum Regierungsumzug von Bonn nach Berlin 1999 war bundesdeutsche Politik in erster Linie Geschichtspolitik. Das heißt, sie war darum bemüht, Deutschland nach Weltkrieg und Holocaust einen neuen Platz in der Völkergemeinschaft zu sichern. Darum ging es Adenauers West- ebenso wie Willy Brandts Ostpolitik, dies war der Urgrund, aus dem heraus Helmut Kohl die Europäische Integration vorantrieb. Gerhard Schröder war wohl der letzte Regierungschef der Bundesrepublik, der zur Generation der Kriegswaisen gehörte, für den die Folgen des Zweiten Weltkriegs in der eigenen Familie unmittelbar spürbar waren. Nie werde ich das Bild vergessen, wie er – schon als Kanzler – zum ersten Mal am Grab seines Vaters in Russland stand. Das war der ruhige, der in sich gekehrte Schröder.

Doch es gab auch den anderen Schröder. Den, der angeblich einmal an den Zäunen des Bonner Kanzleramts gerüttelt und lautstark gefordert hat: »Ich will hier rein.« Dieser Satz ist wohl prototypisch für das ungebrochene Selbstbewusstsein und den ausgeprägten Machtwillen der Achtundsechziger. Meine Generation ist da anders. Wir sind nicht so machtversessen, aber vielleicht ein bisschen zu sehr machtvergessen, um ein Wort Richard von Weizsäckers zu gebrauchen. Ich glaube, unter meinen Altersgenossen dominiert heute vor allem Skepsis gegenüber der Politik. Die Skepsis, ob Politik in der Welt von heute überhaupt noch Gestaltungsmacht besitzt. Sie empfinden die Politik als Theater, in dem die Protagonisten um sich selbst kreisen, ihr Einfluss auf die Welt aber beschränkt bleibt. Das führt bei vielen dazu, dass sich die Skepsis vor der Gestaltungsmacht von Politik ausweitet in eine grundsätzliche Skepsis gegenüber Politik, ja geradezu einen moralischen Ekel vor Politik.

Viele Menschen meines Alters glauben nicht, dass man durch Engagement etwas zum Besseren wenden kann. Vielleicht, weil unsere Generation zu viel Gegenteiliges erlebt hat. Sie wuchs noch im festen Koordinatensystem des Ost-West-Konflikts auf. In der Schule haben wir die Regierungsbezirke der DDR und die Namen der sozialistischen Sowjetrepubliken auswendig gelernt. Viele von uns demonstrierten Anfang der 1980er-Jahre mit ihren Eltern gegen den Nato-Doppelbeschluss. Dann, in unserer Abiturzeit, kam die Zeitenwende von 1989, und die Welt war plötzlich eine andere. Der Kapitalismus hatte gesiegt und schien auf Jahrzehnte hinaus ohne Alternative zu sein. DDR-Regierungsbezirke gab es nun ebenso wenig mehr wie sozialistische Sowjetrepubliken. Dafür fabulierte Francis Fukuyama in den USA vom »Ende der Geschichte«. Doch bald darauf zeigte sich die Brüchigkeit der neuen Weltordnung: Afrika versank immer tiefer in Hunger und Chaos. China kartätschte seine Demokratiebewegung zusammen; im vormaligen Ostblock etablierte sich ein harter Raubtierkapitalismus, und auch in den westlichen Gesellschaften wurde der wohlfahrtsstaatliche Kapitalismus der Nachkriegszeit mehr und mehr in Frage gestellt. Das hatte übrigens schon zehn Jahre vorher mit Margret Thatcher in Großbritannien begonnen, doch zur hegemonialen Ideologie wurde der Neoliberalismus erst in den 1990er-Jahren.

Vielleicht sind es diese Brüche, die meine Generation vom Engagement in der Politik abhalten. Das Bewusstsein, Veränderungen eher erdulden zu müssen als sie selbst gestalten zu können, ist stark ausgeprägt in meiner Altersgruppe. Das ist ein Problem, denn die Gesellschaft zum Guten gestalten kann man nur mit Leidenschaft und so etwas wie einer inneren Mission. Dabei sind wir, die heute um die Vierzigjährigen, nun unweigerlich gefragt, auch in der Politik das Ruder zu übernehmen, denn die Achtundsechziger treten nach über vier Jahrzehnten, in denen sie so ziemlich alle Bühnen des Landes bespielt haben, ab. Sie waren die politischste Generation, die es je in Deutschland gegeben hat – und auch die langlebigste. Doch nun sind wird dran. Und ich bin fest davon überzeugt, dass wir die Verantwortung, die uns zuwächst, auch tragen können. Denn der Wertekompass meiner Generation ist stabil. Menschlichkeit, Verlässlichkeit, Wahrhaftigkeit, Nachhaltigkeit, Anstand und Solidarität – dies waren schon immer zentrale Begriffe meines politischen Denkens, und ich weiß aus zahlreichen Gesprächen, dass viele meiner Altersgenossen diese Haltungen teilen. Die Achtundsechziger dagegen begannen ihr politisches Leben mit wirren Parolen, deren ideologischer Verblendungsgehalt aus heutiger Sicht reichlich skurril anmutet. Wir dagegen mussten nicht unzählige Häutungsprozesse durchlaufen, um am Ende gute Demokraten zu werden – wir waren es von Anfang an. Und wir sind teamfähiger, weniger auf individuelle Profilierung bedacht. Das sind gute Voraussetzungen. Denn jetzt heißt es, anzufangen und die Geschicke unseres Landes selbstbewusst in unsere Hände zu nehmen!

Zu tun gibt es genug. Zunächst einmal müssen wir die politische Karte des Landes neu vermessen. Keine Frage: Die bundesdeutschen Politiker-Generationen vor uns haben Deutschland einen angesehenen Platz in der Welt erarbeitet. Als geachtetes Mitglied der Völkergemeinschaft, als demokratischer und sozialer Rechtsstaat, der in Frieden mit seinen Nachbarn leben will. Sie taten dies unter den Bedingungen einer vergleichsweise stabilen Weltordnung und eines ausgeprägten innerstaatlichen Grundkonsenses über den sozialen Charakter des rheinischen Kapitalismus.

Meine Generation dagegen ist mit einer ungleich komplexeren Gemengelage konfrontiert. Zwar ist vieles einfacher geworden – wenn ich als Deutsche ins Ausland reise, fühle ich mich nicht mehr unter ständigen Rechtfertigungszwängen für unsere Geschichte –, doch die Bedingungen, unter denen wir heute Politik machen, sind so unübersichtlich geworden, dass allein das Sortieren der Welt mitunter schwerfällt. Piraten, die wir längst in den Tiefen der Geschichte wähnten, machen der Schifffahrt das Leben schwer, Iran und Nordkorea sind im Begriff, sich selbst zu Atommächten zu deklarieren. Migrationswellen haben die Dritte Welt erfasst und konfrontieren die Industriestaaten mit Zuwanderern, die nur im reichen Norden noch eine Hoffnung sehen. Derweil zieht der Sturm der Globalisierung über Arm und Reich gleichermaßen hinweg. Das hat gerade uns, der Sozialdemokratie, schwer zugesetzt. Denn die Globalisierung hat viele jener sozialstaatlichen Antworten, die entwickelt waren für die übersichtliche Welt industrialisierter Nationalstaaten, als überholt erscheinen lassen. Und dort, wo Sozialdemokraten in den 1990er-Jahren versuchten, die Konzepte zu ändern, sich auf den harten internationalen Wettbewerb einzustellen, da erlebten sie ein kurzes Hoch, wurden aber rasch von der eigenen Anhängerschaft bestraft. So erging es den Sozialdemokraten in den Niederlanden und in Schweden, so erging es nun der SPD, und so wird es auch New Labour in Großbritannien ergehen. Als ich einem britischen Labour-Abgeordneten neulich die Situation der SPD nach der verlorenen Bundestagswahl schilderte, sagte er nur: »Deine Analyse wird man fast genau so nach der Wahl in Großbritannien im kommenden Frühjahr verwenden können. Man muss dann nur das Wort SPD durch Labour ersetzen.«

Die Ursachen der aktuellen SPD-Krise sind nicht nur, aber doch ganz maßgeblich in der Agenda 2010 zu suchen. Dabei steht für mich außer Frage, dass viele Bereiche der Agenda-Politik im Grundsatz richtig und auch in der Ausführung handwerklich ordentlich waren. Das eigentliche Problem der Agenda-Politik scheint mir darin zu bestehen, dass sie nicht einem eigenen sozialdemokratischen Gestaltungsanspruch entsprang, sondern in einer Situation der (vermeintlichen) Getriebenheit defensiv lanciert wurde. Genau das hat Gerhard Schröder in seiner damaligen Regierungserklärung ja auch so skizziert, als er davon sprach, man müsse nun den Sozialstaat selbst reformieren, damit man nicht von anderen reformiert werde. Die anderen – damit waren die ungebremsten Marktkräfte gemeint und der Standortwettbewerb der Staaten, den die EU leider auch innereuropäisch seit ihrem Bestehen nach Kräften gefördert hat. Hinzu kam in dieser Situation: Die öffentlichen Kassen waren leer, die Kohl-Regierung hatte die nötigen Reformen 16 Jahre lang nicht angepackt. Zudem hatten sich nach 1989 durch einen neuen Schub der Globalisierung die Gewichte zwischen Arbeit und Kapital verschoben. Das nun weltweit mobile Kapital drohte die in Jahrzehnten erkämpften sozialen Schutzrechte der Menschen einfach zu umschiffen. Eine prinzipielle Alternative zur nationalstaatlichen Antwort auf die Globalisierung wurde damals aber nirgendwo diskutiert. Dabei spürten die Menschen im Land, dass ihnen auch die SPD nicht mehr die soziale Sicherheit bieten konnte, deren Garant sie jahrzehntelang gewesen war. Doch statt dieses Gefühl der Unsicherheit anzunehmen und konsequent nach Rezepten zu suchen, die Sicherheit im Wandel ermöglicht hätten, entwarf die SPD eine Politik, die als Befreiungsschlag gedacht war: durch Senkung der Sozialkosten Spielräume in den öffentlichen Haushalten zu schaffen, durch Druck auf Arbeitssuchende die Arbeitslosigkeit abzusenken und durch das Zusammenspiel dieser Faktoren eine neue Dynamik zu schaffen, die Deutschland als »Standort« attraktiver und damit zukunftsfester machen sollte. Ein Stück weit hat das ja auch funktioniert. Doch eine sozialdemokratische Antwort auf einen ruinösen Standortwettbewerb, der alles nur auf ökonomische Kennziffern reduzierte, war das nicht. Und genau darin lag die Krux: Mit der Agenda 2010 hatte die SPD in einer überaus zentralen Frage den Anspruch aufgegeben, eine gestaltende, ausgleichende Modernisierungspartei zu sein. Sie hatte sich in einem neoliberalen Standortdiskurs einseitig auf die Entfesselung von Marktkräften festnageln lassen. Da war es wieder, das TINA-Prinzip. Der polnische Philosoph Leszek Kolakowski hat eine solche Haltung einmal als die »Erpressung mit der einzigen Alternative« bezeichnet. Mit einem sozialdemokratischen Gestaltungsanspruch war diese Grundhaltung nicht vereinbar. Der oberlehrerhafte Ton, mit dem wir den Menschen die Alternativlosigkeit unseres Handelns schmackhaft machen wollten, hat das alles nicht besser gemacht – ich habe dies im Einzelnen bereits dargelegt. Erst mit dem Hamburger Programm 2007 und der dort enthaltenen Forderung nach einer europäischen Antwort auf die ruinösen Folgen des Standortwettbewerbs hat die SPD wieder einen Politikentwurf gewagt, der einen eigenen emanzipatorischen Anspruch erhebt. Doch da war es schon zu spät.

Nach dem September-Sturm

Es steht außer Frage: Das Wahlergebnis meiner Partei am 27. September 2009 ist wohl das bitterste, das sie in ihrer fast 150-jährigen Geschichte eingefahren hat. Die Niederlage hat viele Gründe, die beileibe nicht nur der Agenda-Politik und den Turbulenzen des letzten Jahres geschuldet sind. Wir werden diese historische Niederlage in den kommenden Monaten gründlich analysieren und dabei unsere ganze Regierungszeit im Bund, die letzten elf Jahre, in den Blick nehmen. Ein vorläufiges Fazit will ich hier dennoch skizzieren.

Beginnen wir mit einigen Zahlen, so sehr es auch schmerzt, sie sich vor Augen zu führen: Im Vergleich zu 2005 hat die SPD bei dieser Bundestagswahl mehr als sechs Millionen Wählerinnen und Wähler verloren – in allen Altersklassen, in allen Bildungsniveaus und in allen Berufsgruppen. Es gibt kein einziges Milieu, in dem wir unser Ergebnis von 2005 halten konnten. Die stärkste Zuwanderung von enttäuschten SPD-Wählern verzeichnete die Gruppe der Nichtwähler.

Doch auch in andere Richtungen sind uns die Wählerinnen und Wähler davongelaufen: zur Linken, zu den Grünen, zur CDU/CSU und auch zur FDP. Diese Abwanderung betraf selbst unsere Kernklientel: Bei den Arbeitern haben wir 13 Prozent verloren, bei den Angestellten 15 Prozent. Und unter den Arbeitslosen lag die Linkspartei als stärkste Kraft klar vor uns. Auch bei den Gewerkschaftsmitgliedern haben wir 13 Prozent verloren, wenn wir auch unter den DGB-Mitgliedern von allen Parteien immer noch die höchste Zustimmung bekamen. Damit ist die SPD in keiner Bevölkerungsgruppe mehr die stärkste politische Kraft.

Die schlimmsten Verluste erlitt die SPD bei den jungen Wählerinnen und Wählern. Je jünger die Wähler, desto stärker fielen bei dieser Wahl die SPD-Verluste aus. In der Gruppe der 18- bis 24-Jährigen verlor die SPD 20 Prozentpunkte. Und bei den jungen Frauen waren es minus 21 Prozentpunkte – der stärkste Rückgang in allen Wählergruppen. Dabei wissen wir aus Studien, dass gerade junge, gut ausgebildete Frauen eigentlich große Sympathien für die SPD haben.

Wohlgemerkt: Bei all diesen Zahlen ist die Bundestagswahl des Jahres 2005 der Referenzpunkt. Blicken wir zurück auf unsere gesamte Regierungszeit seit 1998, so hat die SPD in elf Jahren mehr als 10 Millionen Wählerinnen und Wähler verloren. Wählten uns 1998 noch mehr als 20 Millionen Menschen, taten dies 2009 nicht mal mehr die Hälfte. Verlor die SPD nach ihrer ersten Legislaturperiode 1998 bis 2002 in erster Linie an das rechte Lager, waren ihre Verluste nach der zweiten Regierungszeit stark auf Verluste an die Linkspartei zurückzuführen. Die dramatischen Verluste nach der dritten Regierungsbeteiligung haben keine Richtung mehr: Die SPD verlor an alle anderen Parteien.

Was ist da geschehen? Klar, es hat Probleme im vergangenen Wahlkampf gegeben, die mit unserer Bündnispolitik und den daraus resultierenden Machtoptionen zu tun hatten. So ist es der SPD nicht gelungen, eine realistische Perspektive für ein Ende der großen Koalition beziehungsweise für eine eigene Kanzlermehrheit im Bundestag zu entwickeln. Wir konnten nicht glaubhaft aufzeigen, mit welcher Strategie und mit welcher Koalitionsoption wir Angela Merkel im Kanzleramt ablösen wollten. Wir haben dann immer auf die Ampel, ein rotgrün-gelbes Bündnis verwiesen, woraufhin die FDP stets erklärte, als Koalitionspartner für uns nicht zur Verfügung zu stehen. Das hat die Menschen verwirrt. Vor allem aber gab es auch unter unseren eigenen Anhängern keine wirkliche Übereinstimmung darüber, mit wem die SPD ein Bündnis bilden solle und mit welcher politischen Konstellation sozialdemokratische Politik am besten durchgesetzt werden könne. Das verweist dann schon auf tiefliegende Schwierigkeiten, nämlich auf die mangelnde Klarheit und Eindeutigkeit der politischen Ausrichtung der SPD. Politisches Profil drückt sich in Positionen zu Einzelthemen aus, aber auch in einer Grundhaltung, einer Art Weltanschauung, und daraus resultierend in Bündnisoptionen, die man anstrebt.

Bei der Wählerschaft der Union (zu 70 Prozent) und der FDP (zu fast 90 Prozent) bestand eine hohe Einigkeit darüber, welche politische Konstellation das Land regieren solle, nämlich eine schwarz-gelbe Bundesregierung. Auch bei den kleinen Parteien des linken Spektrums gab es eine verhältnismäßig große Klarheit über die angestrebte Wunschkonstellation. So sprachen sich 83 Prozent der Linkspartei-Wähler für eine rot-rot-grüne Koalition aus und 71 Prozent der Grünen-Wähler für eine Variante von »Rot-Grün-Plus«. Die Wählerschaft der SPD war sich jedoch völlig uneins über die gewünschten Machtoptionen ihrer Partei. Es existieren drei fast gleich große Gruppen (für eine große Koalition, für die Ampel, für Rot-Rot-Grün), die nur noch der Wunsch einte, dass die SPD irgendwie an der Regierung beteiligt sein soll. Entsprechend saß die Partei zwischen Baum und Borke.

Nun könnte man argumentieren, das sei doch eine komfortable Situation, denn dann könne sich die SPD bei künftigen Wahlen von Fall zu Fall ihre Wunschpartner aussuchen. Diesen Tenor schlugen nach der Bundestagswahl viele Kommentatoren in den Medien an, wenn sie schrieben, dass das nun etablierte Fünf- beziehungsweise

Sechs-Parteien-System den Parteien mehr Flexibilität in ihren Koalitionsoptionen ermögliche. Die Wählerinnen und Wähler haben das am 27.9.2009 ganz offensichtlich anders gesehen und sich eher für Klarheit, Verlässlichkeit und Berechenbarkeit in den Koalitionsaussagen entschieden. Da lag dann die Wahl von Schwarz-Gelb nahe, denn CDU/CSU und FDP hatten deutlich gesagt, was sie anstrebten. Die Lehre für die SPD, die nur eine Koalition, nämlich mit der Linkspartei, kategorisch ausgeschlossen hatte, lautet: Wer glaubt, unter möglichst vielen Stühlen wählen zu können, kann auch leicht zwischen diesen Stühlen landen. Diese Erfahrung wirft grundsätzliche Fragen auf: Denn prinzipiell gibt es für die SPD zwei zukünftige mögliche Positionen im Parteiensystem: als flexible Mitte-links-Partei hätte sie eine Zukunft als Mehrheitsbeschaffer und Juniorpartner in diversen Koalitionen. Vermutlich wäre sie dann häufiger an Regierungen beteiligt, doch wirkliche Gestaltungskraft könnte sie nicht entfalten, denn über 25 Prozent Stimmenanteil käme sie so schwerlich hinaus.

Die Alternative dazu besteht darin, wieder linke Volkspartei zu werden, mit einem klaren Profil und klarer Orientierung. Nur so kann die SPD wie einst zum Motor von Fortschritt und Zusammenhalt in der Gesellschaft werden. Dann wären auch sozialdemokratische Mehrheiten wieder möglich. Eine linke Volkspartei müsste die Solidarität mit den Benachteiligten betonen, den Appell zur Schaffung von Gerechtigkeit aber an die ganze Gesellschaft adressieren und für dieses Ziel um Zustimmung werben. Dies wäre der entscheidende Beitrag der SPD zum Zusammenhalt der Gesellschaft, denn das Versprechen, einen gerechten Ausgleich zwischen den verschiedenen Gruppen zu schaffen und damit allen ein Leben in Freiheit und Würde zu ermöglichen, ist nach wie vor das

Kernanliegen sozialdemokratischer Politik. Dies unterscheidet die SPD auch von den diversen Klientelparteien des Landes: dass sie nicht Einzel-, sondern Allgemeininteressen vertritt. Denn trotz der Verluste der letzten Jahre ist die SPD nach wie vor die Partei in Deutschland, deren Wählerpotenzial alle Teile der Gesellschaft umfasst. Als Sozialdemokratinnen und Sozialdemokraten bekennen wir uns zu unserer Gesamtverantwortung, denn wir machen Politik für alle. Entscheidend ist nun, dass wir das Gemeinsame und Verbindende wieder in den Mittelpunkt unserer Politik stellen.

Genau diese Fähigkeit, die Gesellschaft zu integrieren und zusammenzuhalten, wird uns momentan nicht zugesprochen. Hatten uns die Menschen 2002 und 2005 noch Kredit gegeben, so war am 27. September 2009 endgültig Kassenschluss. Die Bürgerinnen und Bürger waren nicht mehr überzeugt, dass die SPD die Kraft hat, die anstehenden Probleme des Landes zu lösen. Es scheint sich also vor allem um einen Verlust des »Grundvertrauens« in die Problemlösungskompetenz und die Durchsetzungsfähigkeit der SPD zu handeln. Schaut man sich die demoskopischen Untersuchungen über die einzelnen Kompetenzfelder der Politik an, wird man feststellen, dass die SPD in den für sie wichtigen Bereichen wie soziale Gerechtigkeit, Bildung, Gesundheit, Löhne und Steuern ihre Werte im Wahlkampf weitgehend konstant halten konnte und von den Wählerinnen und Wählern hier als kompetenteste Partei angesehen wurde. Deutlich zulegen konnte die SPD sogar im Bereich der Sicherung und Schaffung von Arbeitsplätzen. Allerdings verlor sie schmerzhaft in der für die Bürger bei dieser Wahl wichtigen Frage nach der Wirtschaftskompetenz. Insgesamt habe ich den Eindruck: Es liegt nicht so sehr an Einzelpolitiken, dass wir derart abgestraft wurden.

Vielmehr ist das einende Band zwischen uns und unseren Stammwählern gerissen, das Urvertrauen, das in allen Schichten in die Sozialdemokratie bestand, ist erodiert. Der von der SPD einst verkörperte Doppelklang von Modernisierung und Gerechtigkeit ist offenbar verstummt und das Gerechtigkeitsversprechen der SPD für viele Menschen nicht mehr glaubhaft. In den letzten vier Jahren ist jener Anteil der Wähler um 12 Prozentpunkte gewachsen, der der Meinung ist, dass die SPD im Zuge der von ihr eingeleiteten Sozialreformen ihre sozialdemokratischen Prinzipien aufgegeben habe.

Der bei uns SPD-Aktiven weit verbreitete Eindruck, dass der Zenit der Kritik mit dem Ende der rot-grünen Regierungszeit überschritten gewesen sei und die SPD durch die erfolgreiche Durchsetzung sozialdemokratischer Projekte in der großen Koalition (zum Beispiel der Schutz vor Lohndumping für rund 3,5 Millionen Menschen) wieder an Akzeptanz bei ehemaligen Wählern gewonnen habe, erwies sich als Trugschluss. Durch die Ausweitung der Leiharbeit im Rahmen der Hartz-Reformen haben wir gerade bei unseren gewerkschaftlichen Freundinnen und Freunden viel Porzellan zerbrochen.

Die SPD hat die Ausweitung der Leiharbeit in guter Absicht als Instrument zur Flexibilisierung des Arbeitsmarktes durchgesetzt. Es ist ihr allerdings nicht gelungen, zu verhindern, dass Leiharbeit nicht vielfach nur als billiger Ersatz für reguläre Beschäftigungsverhältnisse missbraucht wird. Die betroffenen Arbeitnehmerinnen und Arbeitnehmer haben einen Anspruch darauf, dass die SPD diesen Missbrauch nicht tatenlos hinnimmt.

Vor allem aber wurde die Rente mit 67, ein Produkt aus der dritten Regierungsbeteiligung der SPD der letzten elf Jahre, zum Synonym für die endgültige Abwendung der SPD von den Gefühlen und Problemen der kleinen Leute. Dabei gab es objektive Gründe für die Rente mit 67: Aufgrund längerer Ausbildungszeiten treten die Menschen später ins Berufsleben ein, Phasen der Arbeitslosigkeit reißen zunehmend Löcher in die Versicherungsverläufe. Zusammen mit geburtenschwächeren Jahrgängen erforderte dieser demografische Wandel eine Anpassung des Renteneintrittsalters, um die Rentenkassen langfristig zukunftsfest zu machen.

Auf der anderen Seite gibt es aber eine unumstößliche Realität in der Arbeitswelt, die besagt, dass es einem erheblichen Teil der Arbeitnehmer wegen der Art ihrer Tätigkeit nicht möglich ist, bis 67 zu arbeiten. In vielen Berufen registrieren wir eine immer stärkere Verdichtung der Tätigkeiten, beileibe nicht nur in der Industrieproduktion, wo die Taktzeiten regelmäßig erhöht werden, sondern auch in Pflegeberufen oder etwa bei Postdienstleistungen. Diese Verdichtung zieht unweigerlich erhöhten Verschleiß nach sich. Deswegen sehen wir die Tendenz, dass das reale Renteneintrittsalter zwar leicht angestiegen, aber immer noch weit von den heute geltenden 65 Jahren entfernt ist. Die Kluft zwischen der formalen Altersgrenze und dem realem Renteneintritt verringern zu wollen, ist ein legitimes Anliegen. Hierfür ist aber eine von oben verordnete Erhöhung des Renteneintrittsalters für alle, die dann über Umwege einen späteren Beginn der Frühverrentungen nach sich zieht, ein denkbar ungeeigneter Weg. Von uns Sozialdemokratinnen und Sozialdemokraten wäre eine kreative Lösung gefordert gewesen und wir werden zur Neugestaltung des Renteneintritts noch ein politisches Angebot unterbreiten. Ein Schlüssel dazu liegt in der Arbeitszeitpolitik, die gemeinsam mit einer verbesserten Gesundheitsprävention die Beschäftigungsfähigkeit der Menschen länger erhalten kann. Parallel dazu lassen sich mit flexiblen Renteneintritten, die sich an der realen Belastung bestimmter Berufe orientieren, mit einer Öffnung der Erwerbsminderungsrente und dem Ausbau von Teilrenten Angebote für individuelle Austrittsregelungen aus dem Erwerbsleben schaffen. Zudem werden wir das von vielen Menschen gefürchtete Problem der Altersarmut in diesem Kontext viel stärker thematisieren. Das alles aber haben wir in der Vergangenheit nicht oder viel zu zahm und defensiv getan und uns dabei obendrein in technischen Details verheddert, die die Leute nicht mehr verstanden haben. Solange es nicht gelingt, das reale Renteneintrittsalter durch geeignete Maßnahmen zu erhöhen, wird die »Rente mit 67« weiterhin als schlichte Rentenkürzung wahrgenommen werden.

Auch das gehört zur Analyse: In den Kämpfen um die Agenda 2010 und die Rente mit 67 hat sich die SPD – ohne es zu wollen – darauf verengt, Sozialstaatspartei zu sein. Gleichzeitig hat sie die Auseinandersetzung um die Zukunft des Sozialstaats aber in einer technizistischen und detailversessenen Manier geführt, die ihr eigentliches Anliegen – die Bewahrung und Modernisierung des Sozialstaats – nicht mehr erkennen ließ. Ganz unabhängig davon, wie gut die Einzelpolitiken waren, die wir gemacht haben.

Das Fazit aus der Niederlage im September 2009 muss lauten: In ihren Jahren als Regierungspartei im Bund hat die SPD offenbar große Teile ihres Vertrauenskapitals verspielt. Seit 1999 hat sie viele, viel zu viele Wahlen verloren, mehrfach im zweistelligen Bereich. Die Regierungsmehrheiten in den wichtigen Bundesländern Niedersachsen (2003) und Nordrhein-Westfalen (2005) gingen verloren, sowie bereits 1999 in Hessen und im Saarland, ebenso in Schleswig-Holstein. Bei den Landtagswahlen 1999 in Hessen büßte die SPD elf Prozent ein, 2002 in Sachsen-Anhalt verbuchte die Landes-SPD ein Rekordminus von 15,9 Prozent. Spätestens mit den eklatanten Verlusten bei den Landtagswahlen in Niedersachsen (– 14,5 Prozent) und Hessen (– 10,3 Prozent) und der Kommunalwahl in Schleswig-Holstein (– 12,9 Prozent), war die »Ergebniskrise« der SPD auch in den westdeutschen Ländern angekommen.

Der Verlust von Vertrauenskapital bei den Wählerinnen und Wählern, der nicht nur durch unsere Politik und deren Kommunikation, sondern auch durch den offensichtlichen Bruch von Wahlversprechen bei Koalitionsaussagen herbeigeführt wurde, ist nicht durch kurzfristigen Aktionismus, sondern nur durch eine kontinuierliche und überzeugende politische Arbeit der SPD über längere Zeiträume wiedergutzumachen. Das Vertrauen in Personen und ihre Programme muss reifen – zehn Parteivorsitzende in zwanzig Jahren zu »verschleißen«, hat einen solchen Prozess der Vertrauensbildung sicherlich behindert. Überdenken müssen wir auch, auf welche Art und Weise wir den Dialog mit unseren Wählerinnen und Wählern, ja selbst mit den Mitgliedern der SPD, gesucht haben. Mein eigener Eindruck ist manchmal, dass wir ihnen durch die Blume gesagt haben: Wenn euch unsere Politik nicht passt, dann geht doch woanders hin. Und genau das haben sie dann ja auch getan.

Das ist die Analyse. Jetzt heißt es in bester sozialdemokratischer Manier: »Ärmel aufkrempeln, zupacken, aufbauen«!

Aufbruch und Erneuerung

Für eine Erneuerung der Sozialdemokratie stehen die Zeichen nicht schlecht. Denn die Themen der sozialen

Demokratie haben Konjunktur. Viele Menschen spüren, dass es Zeit für einen Wandel ist, Zeit für die Verwirklichung von mehr Demokratie, mehr sozialer Gerechtigkeit und mehr ökologischer und intergenerativer Nachhaltigkeit.

Die Finanzkrise hat uns nicht nur die Verantwortungslosigkeit und Unfähigkeit einer selbsternannten Elite vor Augen geführt, sondern auch eine neue Gerechtigkeitsdebatte im Land entfacht. Die Gutverdienenden aus den Mittelschichten fragen sich genau wie die Arbeiter und Angestellten, warum sie mit ihren Steuergeldern für die blinde Gier der Banken haften sollen.

Die Bewältigung der Finanzkrise, die noch längst nicht abgeschlossen ist, bietet zugleich die Chance, ein neues sozialdemokratisches Jahrzehnt einzuläuten.

Dafür braucht eine erneuerte SPD klare Leitsätze. Sie muss die Zeit in der Opposition für einen Aufbruch nutzen. Sie muss sich nicht nur personell, sondern auch programmatisch neu aufstellen. Nach wie vor hat die SPD keine emanzipatorische Antwort auf die drängendste aller Herausforderungen: die Globalisierung, den damit einhergehenden Machtverlust des Nationalstaats und das erstarkte Gewicht der Kapitalseite in den industriellen Beziehungen. Schlimmer noch: Sie hat in den TINA-Jahren den Glauben daran verloren, dass Gesellschaft durch Menschenhand gestaltet werden kann. Die SPD ist sich nach 1989 ihrer historischen Mission und Identität unsicher geworden. Wenn sie diese aber langfristig verliert, büßt sie auch ihren festen Platz im Parteienspektrum ein.

Das heißt für mich: Die SPD muss ihre Grundwerte wieder selbstbewusst nach vorn tragen und sich dabei einem breiteren Spektrum von Themen öffnen. Sie muss neue Allianzen schmieden und neue Problemlagen in ihre Programmatik aufnehmen. Gleichzeitig muss sie sich deutlich von einer sozialdemokratisierten Union absetzen. Denn eines scheint mir sicher: Die historische Mission der SPD ist nicht erfüllt. Die Schaffung einer gerechten Gesellschaft ist eine »dauernde Aufgabe«, wie vor exakt fünfzig Jahren das Godesberger Programm meiner Partei treffend feststellte. Dieser wertegeleitete Gestaltungsanspruch der SPD in der pluralistischen Gesellschaft besteht ständig und fortwährend. Denn wenn wir das Erreichte nicht verteidigen und fortentwickeln, werden wir bald dessen Demontage besichtigen können. Doch worum geht es konkret?

Eine gute Arbeit, ein gutes Leben, eine gute Gesellschaft – das ist für mich der Dreiklang sozialdemokratischer Politik, an diesem Ziel für alle müssen wir uns messen lassen. Fortschritt zu organisieren, mit den Menschen im Gespräch zu sein und Mehrheiten zu erringen – dafür braucht es eine glaubwürdige Ausrichtung der Programmatik und des politischen Handelns. Es braucht klare, auf Werten beruhende Leitsätze. Einige, von denen ich überzeugt bin und für die ich kämpfe, lauten:

- Wir Sozialdemokratinnen und Sozialdemokraten denken Freiheit und Gleichheit als Einheit. Wir wollen gleiche Chancen und gleiche Rechte für alle. Damit alle ein selbstbestimmtes Leben in umfassender Teilhabe führen können und dafür auch die nötigen sozialen Voraussetzungen haben. Das ist das sozialdemokratische Versprechen für das nächste Jahrzehnt.
- Wir müssen die Rolle des Staates nach dem Ende der neoliberalen Hegemonie neu definieren. Der Staat kann bestimmt nicht alles selbst leisten, aber er muss die Versorgung mit den wichtigsten öffentlichen Gütern sicherstellen. Selbstbestimmt leben zu können,

setzt einen gut funktionierenden öffentlichen Sektor voraus. Aufgaben wie Bildung, Mobilität, Energieversorgung müssen wieder stärker in gesellschaftliche Verantwortung übernommen werden. Unter diesen Voraussetzungen kann eine selbstbewusste Zivilgesellschaft ihre Belange besser als bisher selbst in die Hand nehmen. Dafür müssen wir lernen, den Menschen wieder mehr zu vertrauen und auf ihre Selbstorganisationsfähigkeit zu setzen.

- Wir möchten einen neuen Zusammenhalt schaffen und eine gerechte Gesellschaft organisieren. Dazu brauchen wir eine faire Verteilung der Risiken und eine solidarische Verteilung der Einkommen und Vermögen. Sozialer Fortschritt muss in der Steuerpolitik sowie in der Wirtschafts- und Sozialpolitik konkret werden. Auch das setzt einen handlungswilligen und handlungsfähigen Staat voraus.

- Kein Fortschritt ohne Demokratie. Es darf keinen gesellschaftlichen Bereich geben, der nicht demokratisch verfasst oder kontrolliert ist. Nicht die Märkte, nicht die Betriebe. Mehr Transparenz ist nötig. Der Ausbau der Mitbestimmung ist wesentlich für eine neue demokratische Wirtschaftskultur. Aber auch rechtsstaatliche Freiheiten für den einzelnen Bürger dürfen nicht immer wieder Sicherheitsaspekten geopfert werden. Und konsequenter Datenschutz ist kein Luxusgut, sondern eine verdammte Notwendigkeit.

- Kein ökonomischer Fortschritt ohne ökologischen Fortschritt. Alle spüren: Wir können nicht mehr wirtschaften wie bisher. Nachhaltiges Wachstum ist ein Schlüsselbegriff für eine Politik, die Klimaschutz, Umweltverträglichkeit und Zukunftsfähigkeit miteinander zu einer neuen Einheit verbindet.

- Weniger Spin, mehr Sinn. Unsere politische Kultur

muss einer Revision unterzogen werden. Das Absetzen inszenierter Botschaften hat auch in Deutschland weitgehend den Dialog mit den Bürgerinnen und Bürgern ersetzt. Es ist Zeit für einen neuen Anfang. Menschen müssen an der Lösung der sie betreffenden Probleme direkter beteiligt werden. Das Lamentieren über die Politikverdrossenheit darf nicht mehr Raum einnehmen als Diskussionen über eine Politik, die gutes Leben ermöglichen soll. Politische Parteien müssen Foren schaffen für echte Diskussionen mit den Bürgerinnen und Bürgern.

Im Zentrum unserer Arbeit der kommenden Monate werden zwei große Aufgaben stehen: Die Wiederherstellung des Vertrauens in die handelnden Personen und die Neubegründung einer programmatischen Glaubwürdigkeit der SPD. Dafür ist eine Auseinandersetzung mit der Regierungspolitik der letzten elf Jahre zwingend notwendig. Ohne eine selbstbewusste, aber auch selbstkritische Bewertung dieser Zeit lassen sich skeptische Wählerinnen und Wähler kaum davon überzeugen, erneut für die SPD zu votieren. In der Diskussion der nächsten Jahre wird es nicht nur um wirtschafts-, arbeits-, und sozialpolitische Einzelfragen gehen – so wichtig die auch sind! –, es geht um nicht weniger als darum, der sozialen Demokratie wieder zum Erfolg zu verhelfen. Mit klaren Leitlinien, mit einem geklärten Selbstbild, mit neuen Ideen zu frischen Perspektiven: Die SPD räumt den Weg frei und blickt nach vorn.

Die unmittelbaren Fragen, die wir lösen müssen, lauten:

- Wie kann die SPD wieder so im Parteienspektrum positioniert werden, dass sie von den Wählern als Partei mit einer eigenen, unverwechselbaren Identität wahrgenommen wird?

- Wie löst die SPD den vermeintlichen Gegensatz auf, Volkspartei zu sein und als Partei ein klares Profil zu entwickeln? Wie sieht der Weg zu dieser profilierten Volkspartei aus?
- Wie kann die SPD – angesichts der in der Anhängerschaft durchaus kontrovers diskutierten Koalitionsfragen – sich glaubwürdig und im Dialog mit den Mitgliedern und für die Anhängerschaft nachvollziehbar neue Koalitionsoptionen erarbeiten?

Diese Fragen werden wir in der kommenden Zeit im offenen Dialog gemeinsam klären müssen. Die Menschen haben uns im Jahr 2009 keine Regierungsverantwortung mehr zugetraut. Zu Recht, wie wir anerkennen müssen. Nun liegt es an uns, die SPD wieder auf die Straße des Erfolgs zu führen. Das wollen alle, die sich in der SPD engagieren.

Wir sind uns auch einig, dass wir jetzt zusammenhalten müssen. Das ist auch eine Forderung an die neue Führung der Partei: voranzugehen und dennoch den ständigen Willen zum Dialog zu zeigen, zu einen, auszugleichen und zu überzeugen, damit die gesamte Partei einig hinter dem großen Projekt der sozialen Demokratie steht. Denn immer dann, wenn die SPD einig und stark war, wenn sie über alle Flügel und Gruppierungen hinweg eine Politik der Gemeinsamkeit verfolgte, ließen die Wahlerfolge nicht lange auf sich warten.

Die Lagerbildung in Sachen Agenda 2010 hat der SPD nicht gutgetan. Unsere Unfähigkeit, einen pragmatischen Diskussionsprozess einzuleiten, der Stärken und Schwächen der Agenda-Politik gegeneinander abwägt, hat erheblich dazu beigetragen, dass die SPD viel zu lange hinter ihren Möglichkeiten zurückgeblieben ist. Und obwohl längst eine neue Zeit angebrochen ist, kauen Parteimitglieder und Anhänger immer noch auf dieser unabgeschlossenen Debatte herum. Diese Dialog-Blockade werden wir auflösen. Denn Gemeinsamkeit gibt es in der heutigen SPD hinreichend. Die Partei wird nach wie vor geeint von der Überzeugung, dass man, wenn man sich zusammentut und organisiert, an Stärke gewinnt und etwas bewegen kann. Von dem Wissen, dass die Organisation kein Selbstzweck ist, sondern Träger der gemeinsamen Macht, einer Macht, die nur dann groß ist, wenn sie aus vielen kleinen Teilen zusammengesetzt ist.

Unsere Aufgabe ist es jetzt, die Organisation zusammenzuhalten, sie nicht nur als Steinbruch zu benutzen, aus dem man nach Bedarf Quader herausschlägt und woanders hinstellt, um sein eigenes Häuschen zu bauen. Das bedeutet Arbeit, und das verlangt den Willen zur Verständigung. Wenn jemand einen Stein aus dem großen Baukasten SPD wegnimmt – etwa indem er eine bestimmte Koalition eingeht oder sich gegen diese entscheidet –, muss gefragt werden: Was fügt er oder sie als Gegenleistung hinzu?

Es muss mithin verhindert werden, dass der Steinbruch irgendwann einmal ausgebeutet ist und nur noch die Stilllegung bleibt. Das ist die Kunst des ständigen Ausgleichs von Interessen in einer Volkspartei. Dazu gehört ein Grundvertrauen in die Glaubwürdigkeit und Berechenbarkeit des jeweils anderen.

Die vielen Menschen, die ihre kostbare Freizeit in die Arbeit für die SPD vor Ort investieren, müssen von uns, die wir an der Spitze der Partei stehen, wieder ernst genommen werden. Wir werden in den kommenden Monaten darüber nachdenken, wie wir mehr innerparteiliche Demokratie ermöglichen können und wohin wir die SPD als Organisation entwickeln wollen. Denn die Attraktivität der Partei und ihre positive Ausstrahlung in die Gesellschaft hängen unmittelbar mit demokratischen und nachvollziehbaren Willensbildungsprozessen in der Partei und ihren einzelnen Gliederungen zusammen. Nur wer sich darauf verlassen kann, mit seiner politischen Arbeit vor Ort auch Einfluss auf die politischen Diskussionen in der SPD nehmen zu können, wird auf Dauer für eine aktive Mitarbeit zu gewinnen sein. Gerade für die jungen Menschen, die in den letzten Monaten ihren Weg zur Sozialdemokratie gefunden haben, brauchen wir neue Wege der Partizipation an politischen Prozessen. Dem Internet kommt dabei eine wichtige Rolle zu, denn die Art und Weise des politischen Engagements hat sich in der jungen Generation geändert. Dem werden wir Rechnung tragen.

Eines ist für mich klar: Einen Abschied von der Mitgliederpartei SPD wird es nicht geben. Solche Pläne werden ja immer mal wieder diskutiert. Der CDU-Wahlkämpfer Peter Radunski forderte zum Beispiel schon 1994 den »Abschied von der Mitglieder- und Massenorganisation«, und wollte die CDU in eine »moderne Dienstleistungspartei« verwandeln. Für sie wären nach Radunskis Plänen nur drei Aufgaben verblieben: Spendenwerbung, Dialog mit den Bürgern und die Organisation der Wahlkämpfe.

Eine Traditions-Partei wie die SPD kann diesen Weg nicht beschreiten. Die Flexibilisierung all ihrer Positionen, das Eingehen auf die schnell wechselnden Meinungen einer diffus gewordenen Wählerschaft – eine solche Form der sozialdemokratischen »Angebotspolitik« wäre wohl das Ende der SPD. Sie muss Mitgliederpartei bleiben, und sie braucht auch ihre Funktionäre. Nur mit aktiven Mitgliedern kann sie den gesellschaftlichen Diskurs führen und Menschen überzeugen – auch in der Mediendemokratie.

Parteimitglieder sind das Bindeglied zwischen der Zivilgesellschaft und der Parteiorganisation und vermitteln zwischen ihnen. Sie gleichen den Einfluss der Massenmedien aus und leisten die eigentliche Arbeit der Meinungsbildung. Denn: »Nur Menschen können Menschen überzeugen.« An dieser Erkenntnis von Paul F. Lazarsfeld, dem Altmeister der Kommunikationsforschung, hat sich seit den 1940er-Jahren nichts geändert.

In ihrer Struktur als Mitgliederpartei, die bei weitem am gleichmäßigsten, quer durch alle Milieus, in der Gesellschaft verankert ist, liegt auch die große Chance der SPD. Sie muss sich aber über die neuen Anforderungen klar werden, die an sie gestellt werden. Generell gilt:

Parteien müssen nicht nur in einem unübersichtlicher gewordenen politischen Feld klare Orientierung vermitteln, sondern sie müssen dies auch noch unter der Anspruchshaltung einer deutlich verbesserten inneren Kommunikation und Willensbildung leisten. Diesen Herausforderungen müssen wir uns bei der Öffnung und Demokratisierung der Partei stellen. So werden wir Urabstimmungen im Parteistatut verankern, damit kontroverse Themen durch alle Parteimitglieder entschieden werden können.

Die IG Metall hat in den letzten zwei Jahren vorgemacht, wie man die interne Diskussion öffnet und demokratisiert, dadurch an Energie und Attraktivität gewinnt und so wieder in das Zentrum der gesellschaftlichen Diskussion zurückfindet. Gelingt dieser Weg, steigen auch die Mitgliedszahlen wieder, und die Partei wird lebendiger. Das Dogma, das nur eine SPD erfolgreich ist, die die Klappe hält, sollte endlich entsorgt werden.

Nur mit Friedhofsruhe erreicht man die Menschen im Land nicht. Zu einer lebendigen Partei gehört politische Leidenschaft und auch Streit in der Sache. Dieser sollte freilich geordnet geführt werden. Dafür brauchen wir eine solidarische Streitkultur und neue Beteiligungsformen. Wir brauchen künftig ein engagiertes Ringen um die beste Lösung statt dekretierter Zustimmung. Wenn es uns als Sozialdemokratinnen und Sozialdemokraten gelingt, solidarisch und fair eine breite Diskussion um die wesentlichen Themen und Herausforderungen der Zukunft zu führen, trägt das zur Öffnung der Partei nach innen bei und ist gleichzeitig ein Dialogangebot an die ganze Gesellschaft. Das kann und soll zur Revitalisierung der politischen Debatte beitragen.

Der Politologe Wilhelm Hennis hat einst festgestellt: »Kraftvolle Parteien sind das Ergebnis kraftvoller Anstöße, die sich aus historischen Lagen ergeben.« Wenn es uns, die wir nun in der Verantwortung für die neue SPD stehen, in den kommenden Monaten und Jahren gelingt, einen solchen Anstoß zu geben, dann will ich zufrieden sein.

Um erfolgreich zu sein, müssen wir Sozialdemokratinnen und Sozialdemokraten die Lebenswelt der Menschen wieder in den Blick nehmen. Wir müssen eine neue Bündnispolitik mit den Organisationen der Zivilgesellschaft entwickeln. Und wir müssen unser Verhältnis zu den Gewerkschaften reparieren und auch wieder verstehen, was in Betrieben und Behörden, an der Basis politischer Willensbildung, vor sich geht. Kurz: Wir müssen zurückfinden an den Puls der Gesellschaft.

Wenn die SPD wieder die Volkspartei der linken, aufgeklärten Mitte sein will, muss sie nicht nur ihre Kernklientel zurückgewinnen, sondern auch Angebote an die aufgeklärten, an rationaler Politik interessierten Mittelschichten, die Akademiker und Beamten machen. Dafür müssen wir eine moderne, der Zukunft zugewandte und weltoffene Partei sein.

Wir dürfen uns nicht darauf reduzieren lassen, nur gute Sozialpolitik zu machen. Peter Glotz hat in seinen Memoiren »Von Heimat zu Heimat« geschrieben: »Für mich war die SPD (in dieser Reihenfolge) eine Partei der Aufklärung, des wissenschaftlichen Fortschritts, der Bürgerrechte und der sozialen Gerechtigkeit. Die ›Seele‹ der Partei hing für mich nicht von der Höhe des Kindergeldes oder des Mutterschaftsgeldes ab. Die ›Sopos‹ (Sozialpolitiker; A.N.), getragen von den altruistischen, wirtschaftsfernen Mittelschichten im Apparat und in unseren Versammlungen, sahen das anders. (…) So wurde der breite, helle Weg der Sozialdemokratie zum Hohlweg der Sozialpolitik.«

Das mag ein bisschen übertrieben sein. Auch rechne ich mich selber zur Spezies der von Glotz kritisierten »Sopos«, denn die Arbeits- und Sozialpolitik ist eindeutig mein Kerngeschäft. Und trotzdem ist mir klar, dass gute Sozialpolitik allein nicht ausreicht. Schon deswegen nicht, weil Verteilungsfragen eben erst dann anstehen, wenn Gewinne erwirtschaftet werden. Also müssen auch wir »Sopos« uns auf eine Debatte über Wertschöpfung, Wettbewerbsordnung und Produktivitätsgewinne einlassen.

Anfang des Jahrtausends waren wir Sozialdemokraten zum Beispiel ganz erfolgreich darin, den Makroökomomischen Dialog in Europa voranzubringen. Der Makroökomomische Dialog wurde 1999 vom Europäischen Rat auf dem Kölner Gipfel als Koordinierungsinstrument für die europäische Wirtschafts- und Fiskalpolitik ins Leben gerufen. Im Rahmen dieses Gremiums diskutieren halbjährlich Vertreter des Ministerrates, der Kommission, der Europäischen Zentralbank, der Gewerkschaften und der Arbeitgeber die zentralen ökonomischen Fragen in Europa. Erklärtes Ziel des Makroökomomischen Dialogs ist es, Wachstum ohne Inflationsdruck zu fördern und einen Anstieg der Beschäftigung zu erreichen. Dies soll vor allem durch eine Abstimmung der Geld-, Lohn- und Fiskalpolitik in den EU-Mitgliedstaaten geschehen. Wir Sozialdemokraten haben dem Makroökomomischen Dialog klare keynesianische Impulse gegeben und damit ein Gegengewicht zur rein angebotsorientierten Wirtschaftspolitik der EU-Kommission geschaffen. Deshalb ist der Makroökomomische Dialog eine sozialdemokratische Erfolgsgeschichte. Solche schreiben wir aber leider viel zu selten.

Denn Gerhard Schröders Diktum, dass es keine rechte oder linke, sondern nur eine moderne oder unmoderne Wirtschaftspolitik gäbe, ist unzutreffend. Eine linke und dabei gute Wirtschaftspolitik ist möglich. Man braucht dafür nur die richtigen Rezepte. Die Schablonen der Neoliberalen zu variieren, führt nicht zum Dritten Weg der Sozialdemokratie, sondern zum Verzicht auf eigene Gestaltungsmacht. Wir brauchen in der SPD klare Rezepte für eine sozialdemokratische Wirtschaftspolitik und müssen diese mit Kompetenz unterlegen.

Um zukunftsfähige Konzepte zu entwickeln, sollten wir uns vom Ballast der Vergangenheit freimachen und systematisch überlegen, wie viele Themen nach der jahrelangen und auszehrenden Auseinandersetzung um die Agenda 2010 im sozialdemokratischen Diskurs brachliegen.

Denn eines ist klar: Die SPD wird ihre Stärke nicht dadurch wiedererlangen, dass sie Einzelinteressen und

Einzelthemen addiert. Schon jetzt besitzen wir schließlich in vielen Bereichen politische Antworten, die gesellschaftlich mehrheitsfähig sind. Für gesetzliche Mindestlöhne, die Sicherung der Arbeitnehmerrechte, den Atomausstieg oder die Bürgerversicherung sprechen sich weit mehr als die Hälfte der Bürgerinnen und Bürger aus.

Die SPD muss vielmehr eine politische Leitidee entwickeln und vertreten, die Meinungsführerschaft und damit die Mehrheitsfähigkeit begründet. Dafür müssen wir neue Antworten geben, zum Beispiel auf die Frage, wie wir die Bürgerrechte in Zeiten des Terrors verteidigen und weiterentwickeln wollen, oder wie wir die Freiheit im Internet bewahren können, obwohl wir wissen, dass sie auch für schmutzige und kriminelle Dinge missbraucht werden kann. Eine Antwort benötigen wir auch darauf, wie wir die von uns gewollte tolerante und multikulturelle Gesellschaft damit in Einklang bringen, dass wir von der Existenz von Parallelgesellschaften wissen. Auch das Verhältnis von Zivilgesellschaft und öffentlicher Daseinsvorsorge verlangt nach neuen innovativen Antworten, denn wir wollen der Gesellschaft neue Verantwortung geben und wissen doch zugleich, dass der Staat auf vielen Ebenen weiter gebraucht wird.

All diese Themen müssen wir in den kommenden Jahren nach vorn bringen und sozialdemokratische Antworten finden. Ich habe nichts dagegen, wenn wir uns auf dem Weg dahin, beim Ringen um die beste Lösung, auch streiten – freilich in solidarischer Grundhaltung. Denn Streit gehört zur Demokratie. Und die SPD muss wieder Demokratie wagen. Demokratie nach innen und außen. Sie muss sich trauen, mit ihrer Wählerklientel zu streiten, und sie muss den Mut haben, auch nach innen abweichende Meinungen auszuhalten. Nur dann ist sie eine lebendige und leidenschaftliche Partei. Nur dann wird sie ihrer großen Tradition gerecht. Es geht in den kommenden Jahren um nichts Geringeres als die Wiedererlangung der gesellschaftlichen Meinungsführerschaft. Dafür muss die SPD eine dauerhafte Kommunikation in die Gesellschaft hinein eröffnen – auch außerhalb ihrer Wahlkämpfe. Sie muss einen Dialog über grundsätzliche Fragen des Zusammenlebens führen. Gelingen wird dies nur, wenn wir die Menschen in immer größerer Zahl in ihrer Lebenswelt »abholen«, denn im Moment wollen sie von der SPD nicht viel wissen.

Wenn die SPD aus ihrer bitteren Niederlage lernen will, muss sie sich auf ein ernsthaftes Zuhören und Verarbeiten des Gehörten einlassen. Sie muss ein lernendes System werden. Dafür braucht es eine andere Kommunikationskultur. Daran werden wir arbeiten.

Doch selbst wenn sich in den kommenden Jahren vieles ändern wird, bleibt das Fundament doch das alte. Es gilt, was bei uns schon immer galt: Die SPD ist die deutsche Demokratiepartei. Sie macht Politik für die Mehrheit der Menschen. Sie garantiert Sicherheit im Wandel. Und sorgt dafür, dass der Fortschritt sozial ist. Dass sie das kann, hat sie in fast 150 Jahren bewiesen.

Das sozialdemokratische Zeitalter ist nicht beendet, schon deswegen nicht, weil die Aufgabe, eine Balance herzustellen zwischen einer ins Egoistische abdriftenden Freiheit und gesellschaftlicher Solidarität niemals endet.

Spätestens die umwälzenden Ereignisse seit Beginn der Finanzkrise machen klar: Die Globalisierung ist eine Realität, die auch internationale soziale Spielregeln unumgänglich macht.

Sollen Gesellschaft und Politik nicht unter die Räder geraten, muss es regulierte Märkte geben, mehr Transparenz, mehr Demokratie, auch auf den Weltfinanz-märkten. Da ist auch weiterhin keine Aussicht auf die Rückkehr in die 1970er-Jahre per Parteitagsbeschluss, wie es sich die Linkspartei erträumt. Da gibt es kein Ver-sprechen, dass wir ohne klare Regeln im Wettbewerb einfach so bestehen, wie es die Liberalen glauben. Aber Deutschland hat eine große Chance, die eng mit dem von SPD und Gewerkschaften geprägten Gesellschafts- und Produktionsmodell verknüpft ist: Unser System von hoher Produktivität durch gut ausgebildete Fachkräfte, großer Stabilität durch gute soziale Standards und einer starken Sensibilität für die Begrenztheit der natürlichen Ressourcen hat Zukunft. Und diese deutsche Dreifaltig-keit ist eine sozialdemokratische. Wer außer uns kann in Zeiten irritierender und beängstigender Veränderungen die notwendige und verlässliche Fortschreibung genau dieser drei Stärken gewährleisten?